Per Linn e Tessa, due ragazze forti

INDICE

La vita è diventata dura nel XXI secolo. Nonostante un grande benessere, minori difficoltà fisiche e ogni sorta di risultati tecnici, che dovrebbero rendere il tutto più semplice, siamo costantemente sotto pressione. Nella vita lavorativa quotidiana sono forti le richieste di velocità, professionalità e precisione. Chi prima aveva una settimana per preparare una proposta commerciale ben ponderata, oggi deve profondersi in scuse se risponde a un messaggio di posta elettronica solo il giorno dopo. Le critiche dei superiori o dei clienti, che arrivano in messaggi digitali scritti a gran velocità, sono senza pietà. "Noi curiamo uno stile di comunicazione aperto," si dice spesso nelle aziende moderne. Al contempo il volume del lavoro aumenta continuamente e insieme cresce il timore di perderlo – anche solo perché il numero dei colleghi nella maggior parte dei settori, in conseguenza dei ripetuti tagli dei costi, persiste a diminuire. Chi non riesce a tenere il passo deve temere per il suo posto di lavoro. Crisi finanziarie e recessioni, che continuano a presentarsi da anni, non alleggeriscono certo la costante minaccia alle strutture economiche e spirituali della vita.

Il mostro della spirale delle prestazioni non si annida solo nella quotidianità del lavoro. Una capacità di relazione – e non di relazioni qualsiasi, ma di buone relazioni – appartiene del tutto ovviamente al repertorio che una persona di oggi deve esibire per soddisfare le aspettative sociali. E poi partner e dipendenti perfetti devono essere anche buone madri e padri profondamente coinvolti, che fanno crescere i loro figli non solo con tanto amore, ma anche in modo libero e ben ragionato dal punto di vista pedagogico, anche se non hanno alcuna probabilità, attraverso la formazione soprattutto in campo linguistico, artistico e sportivo, di prepararli al meglio alla vita professionale globalizzata. Il fatto poi che non esistano praticamente più le tradizionali strutture della famiglia allargata (e con loro la collaborazione di zie, zii e nonni) rende ancor meno facile adempiere a tutti i compiti.

Fiaschi, critiche e autocritiche sono componenti inevitabili di questo programma quotidiano, il che non di rado comporta conseguenze pesanti. I casi di malattie derivanti da problemi psichici hanno raggiunto un livello senza precedenti; ci sono anche i casi di burn-out e depressione delle stelle del pop e dei calciatori professionisti – persone che, prima del loro crollo psicologico, avevano ottenuto successi enormi nella loro attività.

Non si può sfuggire tanto facilmente alle richieste del mondo moderno. Siamo esseri sociali e ci facciamo immancabilmente influenzare dagli ideali e dalle attese delle persone che ci circondano, e molto facilmente li facciamo anche nostri. Sfortune e frustrazioni minacciano infine anche chi decide di ritirarsi in cima a una montagna o di rifugiarsi in un monastero zen. L'allontanamento può eliminare la pressione professionale, ma non impedisce le sconfitte personali, le malattie gravi o la perdita del partner. Tutti prima o poi vivono dei problemi, a volte anche gravi, inattesi e ricorsivi.

Che bello sarebbe avere qualcosa come una corazza sull'anima! Una difesa contro le costanti spine della vita lavorativa con le sue esigenze e le pretese, spesso difficili da contrastare, della quotidianità. Un atteggiamento che permetta di guardare avanti con fiducia, invece che rivolgere sempre lo sguardo indietro con dolore. Una fiducia in se stessi, che faccia rimbalzar via la maggior parte delle critiche e punti con decisione solo a ciò che è costruttivo.

Ci sono persone che hanno tutte queste caratteristiche. Come rocce in mezzo ai flutti, non si lasciano abbattere. Gli psicologi chiamano "resilienza" la loro forza misteriosa, che permette di resistere alle pressioni dell'ambiente o di tornare a una vita piena uscendo da una situazione deprimente.

Uno degli esempi più inquietanti del nostro tempo è la storia di Natascha Kampusch, la giovane austriaca che a dieci anni è stata rapita mentre tornava a casa da scuola e che per otto anni è stata tenuta segregata (vedi pp. 63 sgg.). Quando, due sole settimane dopo la sua fuga, è comparsa in televisione, ha lasciato gli spettatori a bocca aperta. Tutti si erano aspettati una vittima impotente, invece si sono visti davanti una giovane donna sicura di sé e autoconsapevole. Può darsi che Natascha Kampusch sia solo riuscita a nascondere bene le sue ferite interiori, ma anche questo, in una situazione come la sua, avrebbe richiesto una forza psicologica tale da suscitare ammirazione. La questione della forza della resilienza, con la comparsa di Natasha in televisione, comunque ha assunto una dimensione del tutto nuova.

Com'è possibile che un'adolescente abbia saputo superare un tale calvario, mentre ci sono persone che solo dopo qualche piccolo colpo di sfortuna perdono il coraggio di vivere? Perché un imprenditore, dopo il fallimento della sua azienda, torna a sfornare nuove idee mentre un altro crolla? Perché una cattiveria detta da un collega di lavoro tormenta una persona per tre giorni, mentre a un'altra non fa quasi effetto? Perché quando finisce un grande amore una persona cade in depressione mentre un'altra trova subito un nuovo senso alla sua vita?

Che cosa renda così forti certe persone è uno dei maggiori rompicapo a cui psicologi, pedagogisti e neuroscienziati cominciano a dare soluzioni. Troppo a lungo si sono occupati solo degli abissi dell'anima e hanno studiato quali fattori con l'avanzare degli anni favoriscano delirio, depressione e attacchi di panico; dalla fine degli anni novanta però alcuni si sono dedicati finalmente alla psicologia positiva e ora esplorano come i migliori navighino nelle crisi e si sono dedicati allo studio delle strategie e delle risorse che le persone più forti si costruiscono e sfruttano.

Questo libro vuole raccontare, attraverso degli esempi, di quali scudi siano dotate molte persone; esplora, sulla base delle ricerche scientifiche più recenti, come si formi questa forza di resistenza; e vuole mostrare a tutti quelli che non l'hanno a disposizione come si possano affrontare meglio, seguendo l'esempio di chi si sa muovere bene, le grandi e piccole crisi della vita. I fondamenti della forza di resistenza psicologica si gettano già nella prima infanzia, ma si possono rafforzare anche più avanti negli anni. Basta sapere come.

1.

Forza cercasi

Essere pigri è totalmente escluso, l'ozio è lo spauracchio della società della prestazione. "Sono stressato" è una frase che si sente così spesso, che già i bambini piccoli la biascicano con entusiasmo. Hanno la sensazione che tutti quelli che lo dicono in qualche modo siano importanti e riconosciuti. Che un po' di pigrizia e di non far nulla generino nuove forze e creatività è una cosa che viene generalmente ignorata. Di molta considerazione gode invece chi può esibire successi paralleli nella professione, nei rapporti personali e in hobby strepitosi.

Certo, un po' di stress non fa male. Favorisce l'efficienza e alla fine genera quella piacevole sensazione di aver portato a termine qualcosa sotto pressione. Ma il costante innalzamento delle prestazioni, richieste oggi in molti settori della vita, alla lunga porta a una sensazione sempre più negativa, che a un certo punto non si attenua più. Non ci può essere successo quando le pretese sono così alte che quasi risulta impossibile soddisfarle.

Chi è abbastanza robusto psicologicamente non vive lo stress come qualcosa di negativo, o non se ne lascia abbattere. Per chi è meno stabile, invece, le costanti condizioni di stress alla fine rappresentano un rischio per la salute. Spesso il dolore della psiche si trasmette con sintomi sgradevoli al corpo e ai suoi organi: la schiena fa male, vengono i crampi allo stomaco. Se si cerca di ignorare i sintomi, spesso la conseguenza è il crollo psichico.

Di una maggiore capacità di resistenza hanno bisogno non più solo i manager che devono battere quotidianamente i concorrenti, in settori in cui la competizione è spietata, o persone che subiscono gravi disgrazie. Pretese elevate dominano ovunque – sul posto di lavoro, in famiglia, nei rapporti di coppia e naturalmente anche in caso di crisi personali determinate da problemi affettivi, perdita del posto di lavoro, problemi finanziari, malattie, momenti di scoraggiamento e lutti.

Spesso le energie non sono più sufficienti per affrontare costruttivamente, accanto ai problemi professionali, anche quelli privati. Depressioni e burn-out da tempo sono patologie assai diffuse. Proprio con questi disturbi si vede che la zona di confine tra forza e debolezza si è molto ridotta. Molti cercano la salvezza negli alcolici o negli stupefacenti. Solo con la bottiglia serale di vino riescono alla fine a sentirsi ancora bene e liberi.

Servono una solida consapevolezza di sé e un forte senso del proprio valore o almeno delle efficaci tecniche di ausilio, per poter resistere ai costanti attacchi alla propria salute psichica. Questo capitolo mostra come operino le diverse minacce alla salute psichica e racconta la storia di persone che, ciononostante, ce l'hanno fatta a uscire dagli abissi in cui sono finite.

Lo stress quotidiano

"Sono così stressato!" Ognuno di noi pronuncia almeno una volta alla settimana questa frase, che ottant'anni fa nessuno ancora conosceva. Solo nel 1936 Hans Selye, medico viennese, ha formulato quel concetto di stress, che oggi conosciamo così bene. "Ho regalato a tutte le lingue una nuova parola," diceva Selye alla fine della sua vita. Aveva scritto già 1700 articoli specialistici e trentanove libri su quel fenomeno, che in precedenza non era mai stato descritto scientificamente. Eppure lo stress è cosa nota sin dall'Età della pietra. In fin dei conti ci sono state sempre situazioni difficili e faticose, e un tempo non poche erano assai più pesanti da sopportare delle difficoltà odierne. La disperazione che derivava da una ricerca infruttuosa di qualcosa di commestibile, su una scala dei sentimenti negativi, dovrebbe comunque stare al di sopra del timore di fare una brutta figura parlando davanti a un nutrito pubblico. E cercare di sfuggire a una tigre dai denti a sciabola, nessuno ne dubita, batte come livello di stress i problemi della riunione del mattino.

Così nasce lo stress: perché in una situazione difficile reagiamo rapidamente, invece di farci semplicemente divorare. La pressione sale, il battito cardiaco aumenta, la respirazione diventa più veloce. Si produce l'ormone adrenalina, il quale fa sì che cervello e muscoli siano ben riforniti di energia. L'organismo è pronto a lottare – o a darsi alla fuga. "Lo stress fa sì che nelle condizioni più varie siamo in grado di fornire le prestazioni migliori," sintetizza il biopsicologo Clemens Kirschbaum. Però tutte queste reazioni fisiche dovrebbero rapidamente attenuarsi, non appena il pericolo è passato.

Oggi però lo stress fa parte della quotidianità. "Fa quasi parte del bon ton ripetere che non si sta con le mani in mano, ma che si è importanti e che si ha molto da fare," dice la psicologa Monika Bullinger. "Così non si fa più distinzione tra la sensazione eccitante di essere costantemente in tensione e la sensazione negativa permanente che nasce quando alla fine della reazione di stress non sta l'esperienza del successo. Si sottovaluta il fatto che questo stress che non viene mai superato rappresenta un rischio per la salute."

Quando il corpo è costantemente in condizioni di allerta, le conseguenze inizialmente si avvertono sul piano mentale: le persone stressate si sentono male, sono ansiose o anche tristi. Altri reagiscono con irritazione ed eccitazione, ma presto diventano instabili. Chi soffre di stress cronico in genere non riesce più a fermarsi: i periodi in cui non è sotto pressione gli risultano rapidamente insopportabili. Ha semplicemente disimparato a riprendersi. Alla lunga, ai primi segnali mentali di allarme si aggiungono i problemi fisici. Quali, dipende moltissimo da persona a persona. "Ciascuno ha il suo tallone di Achille," dice Christoph Bamberger, specialista della prevenzione. Alla fine il peso sull'animo non è più sostenibile. Poi arrivano disturbi psichici come le depressioni, o quel burn-out di cui negli ultimi tempi si sente tanto parlare, e che per lo più non è altro che una leggera forma depressiva.

Quanto è stressante però una giornata piena, difficile, frenetica? Ciascuno la vive a modo suo. Per uno può essere già troppo coordinare due appuntamenti, un altro cede solo quando la tensione raggiunge livelli alti. E per un terzo va tutto bene.

Quanto stress e quanta pressione sopporta una persona dipende in misura notevole dalla sua forza di resistenza psichica, che sviluppa sin dall'infanzia. Vi contribuiscono anche caratteristiche personali, come l'ambiente sociale e l'istruzione. Esistono però anche strategie utili, che rendono più facile affrontare lo stress quotidiano e così anche in seguito possono rafforzare la resistenza personale contro le difficoltà della vita. Gli psicologi della personalità sono giunti alla conclusione che il nostro essere non sia così scolpito nella pietra come si ritiene comunemente: le persone possono cambiare! (Vedi p. 185 sgg.)

I trainer anti-stress professionisti cercano di trasmettere ai loro clienti quella che definiscono "competenza allo stress". Chi partecipa ai loro corsi deve imparare a riconoscere i diversi tipi di stress che incontra quotidianamente – lo stress negativo, distruttivo, così come quello costruttivo, che aiuta ad affrontare meglio le situazioni difficili. Solo chi sa distinguere bene l'uno dall'altro può superare in modo mirato lo stress che fa ammalare (vedi p. 218 sgg.).

In caso di stress acuto, distruttivo, sono indispensabili tecniche in grado di procurare immediatamente rilassamento. Molti trainer si basano su processi di rilassamento come il training autogeno oppure il rilassamento muscolare progressivo di Jacobson. Altri utilizzano metodi orientali come lo yoga, varie tecniche di meditazione, a cui appartengono anche il training dell'attenzione, o esercizi di rilassamento con il movimento come il chi-gong e il tai-chi-chuan. Molti trovano modi del tutto personali, come lunghe passeggiate o una pausa quotidiana obbligatoria intorno a mezzogiorno. Quale sia il metodo più efficace dipende non solo dai problemi effettivi, ma anche dalle preferenze di chi cerca aiuto contro lo stress. In ogni caso l'obiettivo è abbassare la pressione, diminuire le pulsazioni cardiache e l'energia cerebrale, aumentare la calma, il buon umore e il benessere. Sull'ordine in cui dovrebbero verificarsi queste cose, i creatori dei diversi processi di rilassamento hanno sviluppato idee differenti. I procedimenti a orientamento fisico, come il rilassamento muscolare progressivo di Jacobson, ritengono che i processi psichici dello stress si modifichino quando si lavora sulle funzioni dell'organismo. Chi vuole rilassarsi in questo modo si esercita a mettere in tensione selettivamente singoli gruppi di muscoli, per poi rilasciarli. La concentrazione necessaria dà riposo allo spirito: non c'è spazio né tempo per pensare al carico delle incombenze dell'indomani; ci si dedica immancabilmente solo a se stessi.

Nel caso del training autogeno, si cerca viceversa di modificare i processi psichici e in questo modo di esercitare un influsso sulle funzioni fisiche. Così la persona stressata pratica l'autosuggestione, concentrandosi sempre sulle stesse immagini, che ripete lentamente nella sua testa. "Le braccia e le gambe sono pesanti," dice a se stessa, oppure "il respiro diventa tranquillo e regolare." Chi si applica con costanza, un giorno può far sì che diventi vero. E come si può pensare ancora a quello che produce stress?

Il pericolo però è che, non appena si pensa di nuovo alle attività ancora incombenti, anche lo stress si ripresenta. Possono rivelarsi utili tecniche come il training dell'attenzione (vedi p. 224 sgg.), perché riescono a generare un nuovo modo di guardare alla quotidianità, così che ciò che disturba venga valutato di nuovo e, se tutto va bene, non venga più percepito come indesiderato. Facilitano anche la percezione di quali eventi possano essere modificati e quali invece siano inevitabili.

Distinguere fra ciò che è importante e ciò che non lo è: è una delle doti chiave che gli specialisti nel campo della gestione dello stress cercano di sviluppare nei loro clienti. A questo appartiene anche la capacità di innalzare ancora una netta separazione fra lavoro e tempo libero, che in precedenza era del tutto scontata. In un mondo del lavoro fra smartphone e tablet, costantemente raggiungibili via telefono e posta elettronica, è un passo incredibilmente difficile staccarsi dalla schiavitù elettronica anche solo la sera. "Sono offline" – una piccola vacanza per l'anima. Senza dubbio le fasi di riposo sono importanti. Molti stressati cronici lo hanno dimenticato e dovrebbero imparare nuovamente quanto faccia bene ogni tanto staccare la spina (vedi p. 228 sgg.)

Tuttavia, con tutto l'addestramento anti-stress, non bisogna però cadere nella mancanza di ambizione: un po' di stress fa addirittura bene. Stress significa, alla fine (come davanti alla tigre dai denti a sciabola), motivazione, creatività ed energia. Diventa un nemico quando persiste troppo a lungo e non si scioglie più a sufficienza attraverso il riposo, il movimento e il rilassamento.

Con qualche forma di stress bisogna comunque fare i conti, poiché esistono abbastanza problemi e difficoltà a cui semplicemente non si può sfuggire: le relazioni possono finire, i bambini possono far uscire dai gangheri, il datore di lavoro può decidere improvvisamente di trasferire la produzione all'estero.

Restare senza lavoro è uno degli eventi negativi peggiori nella vita di una persona. La sensazione di non essere più necessari incide così tanto sull'autostima come praticamente nessun'altra crisi nella vita. Gli psicologi Michael Eid e Maike Luhmann hanno studiato questa situazione più da vicino. Le persone non trovano meno sgradevole la perdita del lavoro quando capita loro per la seconda o la terza volta. Per decenni gli scienziati hanno pensato che le persone si abituassero a tutto, anche quando la loro vita poteva cambiare moltissimo. Poco tempo dopo aver vinto alla lotteria, o dopo un incidente che li ha resi tetraplegici, i soggetti di un famoso studio stimavano la felicità della loro vita in maniera non dissimile da prima. "Ma questo effetto di abitudine non si dà sempre," sostengono Eid e Luhmann. "Il tempo non risana tutte le ferite."

Con la perdita del lavoro sembra si dia anche una sorta di effetto di sensibilizzazione. "È come una spirale, che trascina sempre più giù," dice lo psicologo dello sviluppo Denis Gerstorf. I tre esperti lo sanno bene: la perdita del lavoro non porta con sé solo una perdita dell'autostima, ma anche la perdita di contatti sociali. Spesso diventano più tesi anche i conflitti con amici e parenti, quando mancano i soldi. La partecipazione a molte attività non è più possibile. "La nostra società ha bisogno urgente di programmi, che attenuino le conseguenze della perdita ripetuta del lavoro," dicono Eid e Luhmann. Non capita più tanto di rado che ci siano persone che perdono il lavoro più volte.

Lo stress però si annida anche là dove non è affatto facile riconoscerlo. Già la vita in una grande città è un pericolo per la salute dell'anima: chi abita in una metropoli si ammala psichicamente più spesso di chi vive in un contesto rurale, e questo nonostante l'assistenza medica in città sia di norma migliore che in campagna. Fra gli aspetti negativi della vita in città ha un ruolo importante la costante iperstimolazione, insieme al fatto che nell'arco della giornata si incontrano innumerevoli persone che non si vorrebbe proprio incontrare. I volti umani sono interessanti per il cervello, che cerca di percepirne il maggior numero possibile; chi vive con centinaia di migliaia di altre persone in uno spazio relativamente ristretto, paradossalmente, le eviterà il più possibile.

Così sembra che le regioni cerebrali responsabili per l'elaborazione dello stress e il controllo delle emozioni, in chi abita in città lavorino sempre al massimo delle prestazioni. La conseguenza: il rischio di essere colpiti dalla depressione è superiore del 39 per cento, il rischio di un disturbo legato all'ansia è maggiore del 21 per cento. E la probabilità di sviluppare una schizofrenia è tanto maggiore quanto più grande è la città in cui si vive, come hanno scoperto Florian Lederbogen e Andreas Meyer-Lindenberg.

I due psichiatri hanno potuto addirittura stabilire che gli abitanti delle grandi città sono automaticamente stressati. Hanno fatto sdraiare nello scanner di un tomografo a risonanza magnetica funzionale persone psichicamente sane e hanno osservato che cosa succedeva nel loro cervello quando venivano insultate malamente e al tempo stesso dovevano effettuare difficili operazioni matematiche. Per tutti i partecipanti questo significava stress: il cuore batteva più veloce, la pressione sanguigna saliva, nel sangue aumentava la quantità di cortisolo, l'ormone dello stress. Anche i neuroni nel centro dell'ansia del cervello (una struttura a forma di mandorla che si chiama amigdala) erano tanto più attivi quanto più grande era la città da cui proveniva la persona.

È certo peraltro che l'amigdala è coinvolta in parecchi disturbi psichici. Un trasferimento in campagna può aiutare – ma ci vogliono anni, prima che l'attività cerebrale intensificata ritorni lentamente a ritmi più tranquilli.

Che altro fare? Per ridurre lo stress bisogna ritirarsi in un convento silenzioso, in un paesino remoto, o su un'isola sperduta? Liberarsi dall'ansia prima di essere licenziati? Trattare sempre il partner nel modo migliore, perché non ci lasci? Anche questo produce ancora stress. Le infinite possibilità di scelta, che oggi la vita offre agli esseri umani, guastano il benessere. Riflettere su quello che è importante per noi ed essere soddisfatti di quello che si è ottenuto fa parte delle grandi sfide in un mondo pieno di presunte occasioni. "Stabilire le proprie priorità personali, vivere di conseguenza e non farsi distogliere da altro, dovrebbe essere questo l'obiettivo," dice Friedrich Lösel, psicologo dello sviluppo e ricercatore nel campo della prevenzione di Erlangen.

Un tempo quasi tutte le persone crescevano nella casa o nell'appartamento dei genitori, senza mai allontanarsene; quando ne uscivano per la prima volta, spesso si trasferivano nelle immediate vicinanze; facevano il loro apprendistato in una delle numerose botteghe locali, che offrivano questo tipo di formazione; se andavano a studiare all'università in una grande città vicina tornavano in seguito a casa; ovviamente poi spedivano i loro figli alla stessa scuola a cui erano andati loro. Oggi questo stile di vita tranquillo è diventato raro.

La libertà di scelta intanto è diventata così grande da trasformarsi in un obbligo: l'uomo moderno deve costantemente chiedersi se non debba ancora approfittare di una delle molte opzioni che gli si offrono: è giusto continuare a lavorare per dieci anni per la stessa azienda? Non esiste un impiego migliore, che venga magari anche meglio remunerato? Che fare del denaro risparmiato? Non è meglio mandare i figli in una scuola privata? Non si avranno rimpianti, alla fine della vita, se non si sarà passato almeno un periodo all'estero? Il matrimonio è ancora così soddisfacente, come si è sempre sognato? Il sesso è frequente e abbastanza gratificante? In una vita con così tanti gradi di libertà raramente entra la tranquillità.

La fuga però è inutile. Meglio rendere più forte la nostra anima.

Quando all'anima manca l'armatura

Tutti ammiravano quella donna. Architetto di successo, lavorava in un grande studio nella parte settentrionale di Monaco e aveva tre figli: rispettivamente di sei, tre e un anno, e dopo la nascita di ciascuno era tornata dopo solo una breve pausa per maternità a lavorare trenta ore alla settimana. In ufficio era sempre di buon umore, efficiente e ben curata nell'aspetto. Raccontava volentieri con quanto talento organizzativo riusciva a gestire la casa, il matrimonio e un lavoro logorante. Erano veramente tutti pieni di ammirazione. Lo erano. Fino a che da un giorno all'altro non si è fatta più vedere in ufficio. Crollata. In malattia per sei mesi e ricoverata in una casa di cura. Nei fine settimana, le aveva consigliato con forza il medico, semplicemente non doveva tornare a casa a far visita alla famiglia. Meglio se la volta seguente non fossero venuti a farle visita marito e figli. Aveva bisogno di staccarsi completamente da tutto, tanto brutti erano i risultati dei suoi esami clinici.

Quello che le persone normali oggi pretendono da se stesse spesso non è fattibile. Vogliono essere all'altezza dello sguardo critico di vicini e colleghi e allo stesso tempo soddisfare le richieste del datore di lavoro, del partner, dei figli e magari anche dei genitori anziani. E non in un modo qualsiasi, ma alla perfezione, come in un film di Hollywood. La pressione prestazionale è cresciuta e molti, come l'architetto di Monaco, non se ne rendono conto finché il loro organismo non si rifiuta di andare avanti e all'ultimo secondo tira il freno d'emergenza.

Al superlavoro segue spesso il burn-out, l'esaurimento completo. Il concetto, che in poco tempo è arrivato sulla bocca di tutti, è stato coniato dallo psicoterapeuta di New York Herbert Freudenberger negli anni settanta. Freudenberger aveva condotto le sue osservazioni soprattutto su persone che svolgevano un'attività sociale. Queste persone, che avevano intrapreso la loro professione in genere con grande impegno e idealismo, dopo un po' di anni si sentivano spesso stanche e oppresse, erano svogliate e anche fisicamente malate. Molte sviluppavano un atteggiamento cinico e distaccato verso il lavoro che un tempo amavano così tanto.

Oggi la sindrome da burn-out non è più limitata ai lavori sociali, è un pericolo potenziale per tutte le professioni, come scrive la Società tedesca di psichiatria, psicoterapia, psicosomatica e neurologia, che ritiene particolarmente esposti i genitori single e quanti assistono a casa i loro parenti.

Il fatto è che la sindrome viene diagnosticata così spesso da diventare fonte di paura. Non esistono dati affidabili per la Germania, ma in Finlandia è stata condotta un'inchiesta a livello di tutta la popolazione e il risultato è stato che un adulto su quattro soffre di una forma leggera di burn-out e il 3 per cento degli adulti ne soffre in modo grave. Manuali e riviste sul tema si vendono come il pane. Molti si sentono direttamente chiamati in causa, perché provano almeno una parte dei sintomi descritti.

Questo dipende anche dal fatto che il lavoro oggi in genere richiede molto alle persone, anzi, spesso richiede troppo. "Il mondo del lavoro deve tornare a essere a misura d'uomo, invece di mirare a soddisfare le attese del profitto," come hanno dichiarato all'unanimità gli specialisti partecipanti al Convegno nazionale dei medici tedeschi nel 2012. Curano ogni giorno pazienti che sviluppano sempre più spesso questi disturbi di natura psichica, come depressioni e stati d'ansia, oppure che vengono dall'anima, ma si manifestano anche come sintomi fisici. A queste malattie psicosomatiche non appartengono solo, come si legge spesso, acufene e mal di schiena. Anche i disturbi del sistema cardiocircolatorio hanno spesso una causa psichica.

Un lavoratore su due lamenta un carico lavorativo pesante. Il 52 per cento si sente sottoposto a forte pressione, costretto a lavorare molto e in fretta, come si dice nello Stressreport 2012 dell'Ente federale per la protezione e la medicina del lavoro. Il 44 per cento dei dipendenti intervistati per la ricerca nella propria giornata lavorativa incorre sovente in elementi di disturbo come le telefonate e i messaggi di posta elettronica. Uno su tre dichiara di rinunciare alla pausa pranzo per sbrigare il lavoro accumulato.

La via di scampo spesso sta in un piccolo foglietto. Quando la pressione diventa troppa, la maggior parte dei tedeschi cerca un sollievo dal proprio medico. Il certificato di malattia procura almeno un paio di giorni di tranquillità; grazie a una firma e a un timbro tutti i doveri sono allontanati: ore di vuoto, libertà improvvisa, possibilità di decidere da soli anziché essere eterodiretti. Anche quando non c'è febbre, non c'è nulla di rotto e il cuore batte regolarmente, i medici compilano senza tante storie il certificato, perché lo sanno bene: un paio di giorni di libertà possono essere una valvola di sfogo per un lavoratore sottoposto a eccessiva pressione. Possono rimettere in forma, consentire all'anima di ricostituire le proprie forze per proseguire nella follia quotidiana.

Molti medici la chiamano prevenzione psichica: prevenire, invece di aspettare che i pazienti che chiedono il loro aiuto vadano in pezzi.

In realtà poi i giorni di tregua legittimati dal medico non aiutano molto, se lo stress è costante e non cambia qualcosa nelle condizioni di lavoro. Possono al massimo ritardare un po' la discesa verso il burn-out.

Molte aziende si sono rese conto di dover cambiare qualcosa. La Unilever, grande azienda anglo-olandese che opera nei settori dell'alimentazione e dei prodotti per l'igiene e la pulizia, valuta i suoi dirigenti anche in base al numero delle assenze dei loro collaboratori. "Naturalmente una maggiore frequenza delle assenze per malattia non indica necessariamente una cattiva direzione," dice Olaf Tscharnezki, medico aziendale. Alla fine si arriva all'età, al sesso e alla storia pregressa del lavoratore. Si sarebbe però scoperto che non pochi dirigenti, in caso di trasferimento, portano con sé il livello di assenze per malattia anche nella nuova squadra. Quando quel livello è a lungo troppo alto, la direzione dell'azienda convoca il responsabile della squadra per un colloquio.

Anche il ministero del Lavoro tedesco aggiorna le statistiche sulle assenze per malattia, da cui si ricava che le malattie dell'anima hanno un influsso significativo sulla produttività. Chi ne è colpito, come l'architetto di Monaco, spesso rimane assente dal lavoro per mesi e ha bisogno di cure intensive o di soggiorni in casa di cura e poi può essere reintrodotto nella quotidianità del lavoro solo lentamente. I costi, prodotti dalle malattie psichiche, secondo le stime, in Europa ammontano ogni anno a circa 300 miliardi di euro, e sono in aumento.

Secondo il ministero del Lavoro tedesco, nel 2001 le giornate di assenza dal lavoro per disturbi psichici e del comportamento sono state 33,6 milioni; nel 2011 erano già 59,2 milioni. E in queste cifre non sono compresi i disturbi psicosomatici. Rispetto a tutte le giornate di assenza, quelle dovute a malattie psichiche nel 2001 rappresentavano il 6,6 per cento; ma nel 2010 la percentuale era già salita al 13,1: si era raddoppiata. Parallelamente, i disturbi psichici costituiscono la ragione più comune per il prepensionamento per motivi di salute.

Non per nulla l'Oms, l'Organizzazione mondiale della sanità, ha definito lo stress lavorativo "uno dei maggiori pericoli del xxi secolo". Molti stati dell'Unione europea hanno introdotto misure per la tutela rispetto alle pressioni psicologiche che possono mettere a repentaglio la salute sul posto di lavoro e le hanno equiparate ad altri rischi professionali. Lo stress costante sul posto di lavoro sarebbe nocivo quanto il rumore, la cattiva illuminazione o le sostanze tossiche. La Germania però non fa parte di questi stati dell'Ue. "Solo un cambiamento dell'orientamento sociale, con conseguenze politico-sociali, riforme politiche e leggi corrispondenti creerebbe di nuovo condizioni di lavoro umane e compatibili con la salute," si legge nella dichiarazione dell'Associazione dei medici tedeschi. Ma, invece di prendere iniziative adeguate, la politica spesso non riconosce o nega il rapporto fra la situazione lavorativa dannosa e l'insorgere di disturbi di natura psichica.

L'aspetto più brutto del burn-out è che si tratta di un processo strisciante, che si può sviluppare in molti modi. Se qualcuno soffre di dolori alla schiena, di difficoltà di concentrazione, di problemi digestivi, di tachicardia, di scarsa memoria, di cefalee, di irrequietezza o di disturbi del sonno, il suo corpo probabilmente si sta già ribellando alle costanti pretese eccessive, alla regolare frustrazione, alla delusione e alla mancanza di riconoscimento.

Purtroppo, però, tutti questi sintomi possono avere anche cause di tutt'altra natura. A molti perciò risulta difficile rendersi conto di aver preteso troppo da se stessi. Così combattono il vuoto interiore, il sentimento di mancanza di senso che subentra e il costante travaglio interiore, impegnandosi ancora di più nel lavoro, prendendo ancora più appuntamenti, concedendosi pause sempre più rare e sempre più brevi, con stimolanti al mattino e sonniferi la sera. Qualche volta cedendo anche a sostanze peggiori. Se non interviene nessuno, si precipita sempre più giù nella spirale, finché non funziona più niente.

Spesso neanche gli specialisti riconoscono che cosa non va nei loro pazienti. Questo dipende anche dal fatto che psichiatri e psicologi fino a oggi non hanno trovato una definizione univoca e chiara di questa forma di esaurimento. Quella di burn-out, condizione di esaurimento totale, non è più una diagnosi a sé stante: nel sistema di classificazione internazionale delle malattie, ICD-10, viene considerato "una condizione che influenza lo stato di salute dell'individuo ma non è attualmente una malattia o un trauma". Secondo la concezione odierna, quindi, non è necessariamente preceduto da una fase di energia ed entusiasmo: anche chi non è mai stato particolarmente entusiasta del suo lavoro può "esaurirsi".

I medici quindi possono usare il concetto di burn-out solo in aggiunta a una diagnosi. E in effetti spesso spunta anche qualcos'altro – nella maggior parte dei casi una leggera depressione. Questo però spesso i medici non lo dicono ai loro pazienti, perché "sindrome da burn-out" suona in qualche modo meglio, come qualcosa di più moderno. Chi è colpito viene visto come attivo e impegnato, una persona che un tempo davvero bruciava di passione per qualcosa, prima di crollare, e non come una vittima immotivata e debole, immagine che molti collegano alla depressione. Per questo spesso i medici preferiscono comunicare ai loro pazienti la diagnosi di moda, il burn-out: i malati l'accettano più facilmente.

Bisognerebbe però stare attenti a non separare da quel concetto la depressione, ammonisce Ulrich Hegerl, psichiatra e presidente della Lega tedesca contro la depressione, perché una errata comprensione della situazione può portare a strategie di superamento errate – come il certificato di malattia per una breve fuga dalla quotidianità del lavoro, che spesso viene ritenuta responsabile del male psichico.

Ma, se dietro il senso di esaurimento non sta il sovraccarico sul posto di lavoro bensì una depressione lieve, quella può essere proprio la strategia sbagliata. "Dormire a lungo o stare a letto a rimuginare è più facile che peggiori la depressione," ammonisce Hegerl. Molte cliniche propongono contro le depressioni una terapia della veglia, in cui i pazienti non trascorrono a letto la seconda parte della notte, ma devono alzarsi. Anche andare in vacanza non sarebbe saggio: "La depressione viaggia con voi," dice Hegerl. Deve essere affrontata e poi quello che prima era motivo di stress diventa di nuovo motivo di gioia.

Mangiare sano, fare sport, addestramento al rilassamento e una nuova gestione del tempo aiutano chi è solo oberato, ma questo non basta per le depressioni, ammonisce anche il direttore della clinica universitaria di Bonn, Wolfgang Maier. In questo caso è necessario un aiuto terapeutico o medico, per poter avere risultati positivi anche sul lungo periodo.

Si potrebbe pensare che alle persone interessate oggi venga offerto rapidamente un aiuto, o che se lo cerchino subito da sole. I disturbi psichici sono argomento costantemente presente nei media e nel pubblico. Non avrebbero dovuto perdere già da tempo la caratterizzazione sociale negativa? Nonostante i molti medici che si sono impegnati in questo senso, nonostante i pazienti coraggiosi – come l'ex calciatore del Bayern Monaco Sebastian Deisler, colpito da depressione o Miriam Meckel, esperta di scienze della comunicazione e partner della giornalista Anne Will, colpita da sindrome da burnout, o Peter Plate, cantante del gruppo rock Rosenstolz – hanno reso pubblica la loro storia, molti hanno ancora la sensazione che queste malattie, a differenza per esempio dell'infarto, presunta malattia del manager, debbano essere tenute nascoste. Anche il governo non prende ancora abbastanza sul serio i disturbi psichici.

In Germania dal 2009 il ministero federale dell'Istruzione e della ricerca ha fatto nascere una serie di Centri per la ricerca sulla salute, che dovrebbero far fare "passi avanti rispetto alle malattie più diffuse", come ha detto l'allora ministro della Ricerca Annette Schavan alla presentazione del programma. I sei centri, che da allora sono stati scelti, si dedicano esclusivamente alle malattie fisiche. Per primo è stato istituito un Centro tedesco per la ricerca sul diabete, poi uno per le malattie neurodegenerative, fra le quali rientra anche l'Alzheimer. Poi ne è seguito uno per la ricerca sui disturbi cardiocircolatori, uno per le malattie infettive, uno per quelle polmonari e naturalmente anche uno per la ricerca sul cancro. Neanche una parola per i disturbi psicologici. Da poco è stato pubblicato uno studio che ha valutato dati relativi a trenta diversi stati europei: ne risulta che oltre un europeo su tre ha problemi psichici una volta all'anno. Anche le malattie dell'anima sono malattie di grande diffusione fra la popolazione, ma non godono di alcuna considerazione politica.

Le malattie psichiche riducono l'aspettativa di vita più di tutte le altre: è il risultato di uno studio recente condotto da una équipe internazionale di ricerca diretta dallo psichiatra Hans-Ulrich Wittchen e dallo psicologo Frank Jacobi. I disturbi psichici sono anche quelli che riducono al massimo il numero di anni che una persona può sperare di vivere senza grandi problemi di salute. Particolarmente diffusi sono i problemi d'ansia, che colpiscono il 14 per cento della popolazione; seguono l'insonnia (7 per cento), depressioni (7 per cento), malattie psicosomatiche (6 per cento) e infine la dipendenza da alcol e sostanze stupefacenti (4 per cento). Mentre le donne soffrono molto più spesso di depressione, attacchi di panico ed emicranie, per le malattie da alcol sono in testa gli uomini. Non è che le malattie psichiche diventino più frequenti in generale, come si dice spesso: purtroppo aumentano le depressioni, e i ricercatori sono spaventati dal fatto che ne siano sempre più colpiti i più giovani. "La frequenza con cui troviamo una depressione piena in persone che hanno meno di diciotto anni è aumentata di circa cinque volte," dice Hans-Ulrich Wittchen.

D'altra parte i ricercatori non hanno potuto trovare alcuno sviluppo drammatico. Il numero delle malattie psichiche sarebbe aumentato significativamente negli anni immediatamente successivi alla Seconda guerra mondiale e poi sarebbe calato nuovamente. Ma i certificati di malattia per mali psichici aumenteranno, perché Wittchen e Jacobi hanno stimato che al momento venga curata solo una persona colpita su tre.

Spesso passano anni prima della terapia. Questa è la vera difficoltà nella lotta per la salute psichica della popolazione, come dice Wittchen: la scarsa consapevolezza del problema.

Queste malattie però vengono sempre più spesso diagnosticate: vent'anni fa i medici di famiglia riconoscevano la depressione in metà dei pazienti colpiti, dice Jacobi. Ora ne identificano circa due terzi.

Probabilmente nel lavoro di oggi le persone con problemi psicologici si rivelano semplicemente prima, perché spesso nelle professioni moderne il far fronte a mansioni molto esigenti con una malattia psichica non è più possibile. Verosimilmente, con una leggera depressione raccogliere il fieno è più facile che parlare di marketing con un cliente difficile; spesso un lavoro molto strutturato come quello alla catena di montaggio lascia più pause di una professione nel settore dei servizi o in campo artistico, dove sono indispensabili motivazione, creatività e flessibilità. Così chi è colpito oggi probabilmente si rende conto più rapidamente anche da solo quando le sue forze non gli permettono più di svolgere al meglio la sua professione.

Quanto spesso dietro una malattia dell'organismo ci sia un sovraccarico psichico appare sempre più chiaramente dal lavoro della medicina psicosomatica. Questo ambito, che affronta l'insorgere di disturbi fisici con cause psichiche, esiste solo da una ventina di anni, ma ormai nessuno dubita più che un animo che soffre possa avere effetti anche gravi sull'organismo. Sono effetti in parte anche sorprendenti: è stato osservato che le depressioni aumentano persino il rischio di osteoporosi.

A essere chiamato in causa più spesso però è il cuore: lo hanno stabilito già parecchi studi. Così per chi è sottoposto a stress professionale il rischio di infarto cardiaco raddoppia, rispetto a chi ha un impiego senza quel tipo di sovraccarico. E una depressione può raddoppiare il rischio di infarto cardiaco o di ictus. In questi casi le condizioni psichiche influiscono significativamente anche sulle possibilità di guarigione. Per chi è depresso ed è colpito da ictus, il rischio di morte è triplo di quello di un paziente che non abbia malattie della psiche, secondo quanto hanno pubblicato recentemente scienziati dell'Università della California meridionale.

Come siano collegati i disturbi della psiche, del cuore e del cervello fino a oggi non è stato studiato fino in fondo. Esistono però numerose possibilità di spiegazione. È verosimile che il dolore psichico abbia effetti direttamente sulla biochimica dell'organismo: le depressioni influenzano la produzione dei trasmettitori nel cervello e producono l'innalzamento dei valori di vari fattori di infiammazione nel sangue, come la proteina c-reattiva (CRP, c-reactive Protein), l'interleuchina-1 o l'interleuchina-6; queste portano con sé un rischio più elevato di infarto.

Sono possibili anche meccanismi indiretti, perché chi soffre di depressione o di altri disturbi psichici spesso non si prende abbastanza cura della propria salute. Gli manca lo stimolo a fare sport, a nutrirsi bene o a smettere di fumare, tutte cose che a loro volta portano a pressione elevata del sangue e malattie legate agli zuccheri, noti fattori di rischio per infarto e ictus.

"Però non è importante soltanto evitare le condizioni negative, bisogna anche promuovere quelle favorevoli," sostiene Julia Boehm dell'Università di Harvard. Epidemiologa, ha da poco presentato uno studio sorprendente su circa 8000 impiegati di Londra. Il suo lavoro fa parte del famoso Whitehall Study, che dal 1967 indaga sui determinanti sociali della salute. Al cuore dei lavoratori soddisfatti va meglio che a quello di chi non è soddisfatto, dice Boehm. Così il rischio di infarto cardiaco per chi è soddisfatto è del 13 per cento minore rispetto a quello di chi è insoddisfatto. E il cuore è anche tanto più sano quanto maggiore è la soddisfazione. "È importante non solo la soddisfazione per il lavoro, ma anche quella nell'amore, negli hobby e nello standard di vita," spiega Boehm. I medici, dice, non devono pensare sempre solo a pressione, sovrappeso e dipendenza da nicotina, quando parlano di rischio di infarto con i loro pazienti, ma anche al benessere psichico.

Come si è detto, però, dipende in misura notevole anche dal tipo di stress: essere presidente degli Stati Uniti, si penserebbe, deve significare sopportare uno stress micidiale. Con Bill Clinton e Barack Obama non si è quasi visto, da una volta all'altra, come diventavano grigi i loro capelli mentre erano in carica? Ma in generale i presidenti americani non si ammalano gravemente e sostanzialmente vivono a lungo quanto gli altri esseri umani. Un demografo, Stuart Jay Olshansky, ha confrontato l'età media di morte dei presidenti americani defunti da George Washington in poi con la speranza di vita generale negli anni della loro nascita (non ha incluso nel conto i quattro presidenti che sono stati assassinati). Ha scoperto che in media i presidenti sono arrivati a 73 anni, mentre i "comuni mortali" sono arrivati a 73,3 anni.

D'altra parte gli esempi di persone in vista, che soffrono di burn-out e depressioni, potrebbero portare alla conclusione che chi occupa una posizione di rilievo sia particolarmente vulnerabile a disturbi psichici. Il burn-out però non è affatto una malattia da manager, dice Ulrich Hegerl, professore di Psichiatria a Lipsia. Lo stress maggiore non è prodotto dalle scadenze autoimposte, bensì dalla sensazione di essere solo una rotella dell'ingranaggio. Soffre di più chi ha meno voce in capitolo. Chi si sente soffocato e controllato dal suo capo, chi non può modificare le proprie presentazioni, chi è impotente di fronte alle perdite materiali. I fattori che innescano più facilmente lo stress sono situazioni su cui non abbiamo di fatto alcun influsso o pensiamo di non averlo.

Nonostante i numeri preoccupanti, una cosa è sicura: non tutti quelli che vivono sotto stress, sotto pressione e attraversano crisi gravi sviluppano sintomi fisici o psichici. Molti ne escono in buona salute (vedi pp. 88 sgg.). E da queste persone che riescono a resistere possiamo imparare.

Test: quanto sono stressato?

In qualche modo ci sentiamo tutti stressati. Ma quanto veramente? Lo psicologo austriaco Werner Stangl, assistente all'Istituto di psicologia e pedagogia dell'Università di Linz, per scoprirlo, ha sviluppato un test, che dà una risposta significativa a questa domanda importante. Sul suo sito (http://arbeitsblaetter.stangl-taller.at/) presenta anche altri tipi di test, sull'autoconsapevolezza, la personalità, i desideri, gli interessi, il controllo e i tipi di apprendimento.

Ma veniamo al test dello stress: rispondete a tutte le quaranta domande, non trascuratene nessuna! Altrimenti non potrete calcolare correttamente il risultato. Rispondendo, fate riferimento sempre alla vostra situazione personale in questo momento.

		Sì	In parte	No
1.	Il tuo peso è superiore per più del 10% al tuo peso forma?			
2.	Mangi spesso dolci?			
3.	Mangi molti cibi grassi?			
4.	Fai poco movimento?			
5.	Fumi più di 5 sigarette al giorno?			
6.	Fumi più di 20 sigarette al giorno?			
7.	Fumi più di 30 sigarette al giorno?			
8.	Bevi più di tre tazze di caffè forte al giorno?			

9.	Dormi male o troppo poco?			
10.	Al mattino ti senti "morto"?			
11.	Prendi calmanti, sonniferi o psicofarmaci?			
12.	Hai spesso mal di testa?			
13.	Sei meteoropatico?			
14.	Hai spesso mal di stomaco, congestioni o diarrea?			
15.	Hai spesso disturbi cardiaci?			
16.	Sei sensibile al rumore?			
17.	A riposo le tue pulsazioni sono più di 80 al minuto?			
18.	Hai spesso le mani sudate?			
19.	Sei spesso agitato, nervoso, irrequieto?			
20.	Rifiuti interiormente il tuo lavoro?			
21.	Non ti piacciono i tuoi superiori?			
22.	Sei insoddisfatto della tua situazione?			
23.	Ti arrabbi facilmente?			
24.	I tuoi colleghi se la prendono con te?			

25.	Sei molto meticoloso nel tuo lavoro?			
26.	Sei molto ambizioso?			
27.	Hai particolari paure o inibizioni durature?			
28.	Diventi facilmente impaziente?			
29.	Ti risulta difficile decidere?			
30.	Sei invidioso?			
31.	Sei facilmente geloso?			
32.	Trovi che il tuo lavoro sia un onere grave?			
33.	Sei spesso costretto a lavorare con vincoli di tempo?			
34.	Soffri di senso di inferiorità?			
35.	Sei diffidente nei confronti degli altri?			
36.	Hai pochi contatti con i colleghi?			
37.	Non riesci più a gioire delle piccole cose di tutti i giorni?			
38.	Pensi di essere sfortunato o un fallito?			
39.	Hai paura del futuro (amicizie, famiglia, lavoro)?			
40.	Trovi difficile rilassarti?			

Valutazione

Per ogni "Sì" calcolate due punti, per ogni "In parte" un
punto, zero per i "No". Sommate tutti i punti e valutate il
risultato finale con l'aiuto della tabella seguente:

Punti	Interpretazione
Fino a 19	Al momento siete poco provati e stabili rispetto allo stress.
20-26	Avete al momento un carico di stress limitato. Dovete però confrontarvi criticamente con i singoli fattori che possono produrre stress.
27-33	Al momento soffrite di un carico medio di stress. Dovete cercare di rilassarvi regolarmente e sistematicamente, o cercare di ridurre i fattori permanenti di stress.
34-41	Al momento siete molto stressati. È urgente un rilassamento sistematico, dovete cercare di eliminare dalla vostra vita alcuni dei fattori che vi opprimono.
42 o più	Se la condizione attuale dovesse prolungarsi, è consigliabile un cambiamento di vita. Se non è possibile, dovete cercare aiuto in un centro di consulenza psicologica o da un medico.

Le crisi

Le persone forti esistono. Trovano nuovo coraggio, quando perdono il posto di lavoro, un partner a cui volevano bene o arrivano quasi a perdere la vita. Non smarriscono una
misteriosa forza interna, contrastano il loro destino e alla
fine magari stanno meglio di prima. Spesso queste persone
particolarmente dotate di resistenza non sanno spiegare agli
altri che cosa succede dentro di loro. Solo da alcune loro affermazioni si riesce a capire grazie a che cosa, quando tocca-

no il fondo, riescono a trovare ancora la speranza, a differenza di molti altri. Da decenni gli scienziati cercano di scoprire i segreti di queste persone forti, per metterli a disposizione di tutti. Grazie alle vicende dei singoli e con l'aiuto di indagini condotte con intelligenza, psicologi e pedagogisti cercano di svelare quelle caratteristiche e quei fattori che aiutano le persone in crisi a trovare nuovamente la forza di vivere.

La vita ha in serbo per ciascuno di noi molte prove; i rovesci del destino possono assumere molte forme diverse. I disastri personali più pesanti, che si presentano a noi nel nostro mondo occidentale, sono il fallimento delle relazioni sentimentali, le malattie gravi, i problemi finanziari, la morte di una persona cara, la perdita della patria, della libertà o dell'identità, la costante mancanza di riconoscimento nell'attività professionale, i maltrattamenti o un incidente grave. In tutte queste situazioni le persone hanno bisogno di una capacità di resistenza psicologica, se non vogliono finire al tappeto. Ne ha bisogno chiunque lavori; chiunque ami; e anche chiunque abbia successo.

Questo capitolo vuole mostrare, in base ad alcuni esempi reali, come ci siano persone che hanno saputo emergere bene dalle crisi più diverse. Cerca di presentare senza filtri la valutazione personale delle persone interessate: che cosa pensano, come sono riuscite a superare contraccolpi del destino che a tutta prima sembravano intollerabili? Si sono mai chieste se ce l'avrebbero fatta davvero, dopo il loro rapimento, la morte del figlio o un attacco terroristico, che ha minacciato la loro vita, a essere di nuovo felici? Quali condizioni del loro ambiente, quali fra i loro tratti caratteriali le hanno aiutate di più?

Le singole vicende sono senza dubbio soggettive e sono raccontate per scelta dagli interessati o da quanti sono loro più vicini. Perché la reazione ai colpi del destino è estremamente individuale. Non è irrilevante quale sfortuna colpisce e chi colpisce. Chi, dopo l'improvvisa perdita di un parente stretto, trova nuovamente la forza di vivere, non è necessariamente in condizione di superare una sventura personale, la perdita della mobilità o un fallimento professionale.

Nonostante siano esempi particolari, le storie di vita raccontate in questo capitolo gettano luce sulle caratteristiche più importanti, che fanno la forza d'animo. Vi appartiene per esempio la capacità di costruire relazioni sociali fidate; ma vi appartengono anche l'autoconsapevolezza, l'intelligenza, la giovialità, l'autostima, la forza, la conoscenza di sé, la resistenza alle frustrazioni e la consapevolezza di poter ottenere qualcosa nella vita. È di aiuto anche essere fondamentalmente aperti ai cambiamenti – anche a quelli che non sembrano molto piacevoli.

Non bisogna possedere necessariamente tutte queste caratteristiche per poter affrontare con successo le crisi. Spesso bastano anche solo alcune di loro, come mostrano gli esempi che seguono. La cosa principale che in tempi di crisi le persone devono capire è di quali risorse dispongono e come nel momento di delusione e di sofferenza possono attingervi.

La madre che ha perso il figlio

Quando Dennis si ammalò di tumore a tre anni, sua madre non sospettava che il destino avesse in serbo per lei una prova ancora più dolorosa. Dennis non è morto per il tumore. Il bambino ha superato con pieno successo l'operazione, con cui gli è stato rimosso il tumore al cervello, già grande cinque centimetri. "Il tumore era stato asportato completamente. Sembrava che stesse andando tutto nel modo migliore," racconta la madre Ute Hönscheid con voce amichevole, piena di vita, squillante. È quasi incredibile quello che ha dovuto passare durante i mesi successivi all'operazione e fino a oggi.

A tutta prima sembrava che le cose andassero bene per la sua famiglia. Poco dopo il grave intervento nel 1997 Dennis riusciva di nuovo a mettersi in bocca il biberon, a risolvere rompicapo da bambini e mettere le cassette nel suo registratore. Quando i medici gli hanno tolto i tubi e gli hanno fatto male, il bambino ha avuto addirittura la forza di arrabbiarsi: "Cattiva mamma," l'ha rimproverata. I genitori erano più che felici.

Non c'è voluto molto, però, prima che il destino si accanisse nuovamente. Nella stanza d'ospedale c'era buio, troppo buio. La lampada sopra il letto di Dennis era rotta già da giorni e di notte le suore non volevano accendere la luce principale, per non disturbare il sonno del bambino. "Accenda la luce," ha detto la madre quando una suora entrò nella stanza una notte per assistere Dennis. Forse una premonizione, ma non le piaceva quel muoversi al buio. La suora però non ha acceso la luce e ha commesso un errore fatale.

I due farmaci erano troppo vicini sul comodino di Dennis. Facile prenderne uno al posto dell'altro. Ancora più facile in una stanza al buio. E il disastro è davvero accaduto: l'infermiera ha immesso nella flebo il potassio invece dell'antibiotico. E così il potassio è sceso troppo rapidamente nel braccio del bambino, al ritmo di 80 invece di 3 millilitri l'ora. Se ne usa meno della metà, negli Stati Uniti, per eseguire le condanne a morte.

Inevitabilmente il cuore di Dennis ha smesso di battere. Per quarantotto lunghissimi minuti, durante i quali il suo cervello non ha ricevuto abbastanza ossigeno. I medici sono riusciti comunque a rianimarlo, ma non si è più risvegliato del tutto, non è più stato cosciente. Da quel momento Dennis è stato tormentato dalle convulsioni, evidentemente afflitto da dolori indicibili. Non poteva urlare, ma il suo piccolo corpo si raggomitolava sul fianco, si inarcava all'indietro. "Avevamo paura che da un momento all'altro si spezzasse," dice sua madre.

Presto la "spaventosa verità" è diventata evidente, come racconta Ute Hönscheid. I medici hanno sottoposto il cervello di Dennis alla risonanza magnetica e il risultato è stato inequivocabile: il bambino era in stato vegetativo. La proba bilità che potesse tornare cosciente, data la vastità dei danni cerebrali, era decisamente minima.

"Eravamo tornati da poco nella camera con Dennis, che la porta si è aperta ed è entrato un primario con il suo seguito," ricorda Ute Hönscheid. "Mi è arrivato vicino e mi ha guardato negli occhi: 'Dennis non potrà più stare seduto. Non potrà più parlare. Non potrà più correre. Portatelo a casa e fatelo stare bene per un po' di tempo'." Le sue parole, in dialetto di Francoforte, sono suonate come frustate addosso a Ute Hönscheid e a suo marito Jürgen, ci racconta. "Ha pronunciato la sua condanna a morte. Che andassimo al patibolo. Le sue frasi ci hanno annientato."

Alla fine gli Hönscheid hanno fatto quello che con così poco tatto aveva consigliato loro il medico. Sono tornati a casa, a Sylt, con Dennis. Il bambino è morto pochi mesi dopo, una notte, nel suo letto. E il suo viso, contorto dal dolore, si è finalmente disteso.

Quando ci parliamo, la morte di Dennis risale ormai a sedici anni prima. Oggi sarebbe maggiorenne. Sua madre appare allegra, leggera, piena di gioia di vivere e di energia – anche quando racconta di quelle vicende spaventose del 1997. A chi la incontra la cosa appare incredibile. Come è possibile che una persona che ha subìto un simile colpo riesca a lasciarsi alle spalle il dolore?

È possibile, dice Ute Hönscheid: "Bisogna essere ancora felici!". Per lei è questa la cosa più importante che può dire a chi è messo alla prova dal destino in modo tanto duro, come è capitato a lei. "Anche se non si riesce a immaginarlo, quando ci si trova nell'abisso più profondo del dolore e della disperazione: un giorno si può tornare a essere felici. Non importa quanto è stata grave la disgrazia che ci ha colpiti." Quando ho l'occasione di incontrarla ha cinquantotto anni, e ne è convintissima.

All'inizio lei stessa non ci avrebbe creduto. Dopo quel fatale errore questa donna, alta e magra, che oggi irradia così tanta voglia di vivere, era fisicamente prostrata. "Tutta la famiglia era prigioniera del dolore," racconta. Dennis era il loro unico figlio maschio, quarto dopo tre femmine, che oggi hanno fra i trentaquattro e i ventidue anni. Erano sempre stati la "Famiglia California", come li aveva chiamati una volta Jürgen Fliege, teologo evangelico e conduttore di una trasmissione televisiva. Niente avrebbe potuto abbattere quella famiglia di surfisti raggianti, biondi e abbronzati. Il padre, surfista di livello mondiale, una volta era addirittura riuscito a sopravvivere a un salto mal eseguito sul Mare del Nord: se l'era cavata con due vertebre fratturate, ma aveva rischiato di rompersi l'osso del collo. E a quel punto sembrava che la fortuna li avesse abbandonati: c'erano giornate in cui non riuscivano a fare altro che piangere. Fino al giorno in cui Jürgen Hönscheid ha preso una decisione. "Nel momento in cui avevamo toccato il fondo," racconta Ute, "ed eravamo tutti seduti sul pavimento del bagno in casa di mia suocera a Sylt, Jürgen se ne è uscito con questa frase: 'Vogliamo essere ancora felici!'."

Dapprima Ute Hönscheid ha reagito con irritazione: aveva perduto suo figlio. Ma poi si è resa conto che non poteva andare avanti in quel modo e che il suo dolore non giovava a nessuno. "Abbiamo deciso che a quel punto il tempo del lutto doveva chiudersi. Che volevamo vedere ancora quello che c'è di bello nella vita." Gli Hönscheid hanno aperto un negozio di articoli per il surf a Fuerteventura, dove già soggiornavano regolarmente in inverno. La mattina Jürgen scompariva nel suo laboratorio high-tech, dove realizzava a mano speciali tavole da surf di alta qualità di sua progettazione. Le donne si dedicavano a loro volta ad attività creative, dipingevano e addirittura allestivano una propria collezione di moda.

Tutti i membri della famiglia hanno ricominciato ad apprezzare consapevolmente le cose belle della vita: il mare e le passeggiate sotto il sole, i trionfi delle figlie, che vincevano le loro prime competizioni di surf, la sensazione di felicità che provavano quando al mattino facevano jogging sulla spiaggia in riva al mare. "Ma molto egoisticamente ci siamo disinteressati dei problemi dei nostri amici e non guardavamo nemmeno più il telegiornale," racconta la madre. "Così ci siamo tirati fuori."

Con questo consapevole allontanamento da tutto ciò che era negativo la vita ha ricominciato a sembrare una buona cosa. Un aspetto davvero importante è stata la coesione della famiglia, che genera forza e sicurezza: "Siamo un vero clan!". Già in ospedale le infermiere si meravigliavano di come potesse essere allegra la famiglia di un bambino malato di cancro, come si abbracciassero a vicenda e diffondessero uno stato d'animo positivo. "Bisogna saper affrontare ogni situazione nuova e ricavarne il meglio," aveva detto allora Ute Hönscheid.

In qualche modo Ute Hönscheid aveva recuperato così tanta forza da essere di nuovo nelle condizioni di intraprendere una battaglia dolorosa. Non poteva fare più nulla per suo figlio, ma la sua morte tanto prematura per lo meno non doveva essere invano. Voleva risparmiare ad altri un destino simile, portare all'attenzione di tutti gli errori che vengono compiuti nelle strutture sanitarie e le loro conseguenze, e fare in modo che gli ospedali istituissero un registro degli errori, per prevenire ulteriori disgrazie. Così gli Hönscheid hanno fatto causa alla clinica universitaria di Francoforte, che aveva cercato di occultare quello sbaglio. Era un crimine vero e proprio con documenti scomparsi, testimoni intimiditi e un giudice parziale. Medici senza scrupoli cercavano di far credere agli Hönscheid che le condizioni di loro figlio erano dovute ancora al suo tumore e non a un errore nella somministrazione dei farmaci.

Ute e Jürgen Hönscheid hanno lottato per sette anni per far emergere la verità. Ute ha scritto addirittura un libro sulla vicenda (*Drei Kinder und ein Engel*, Tre bambini e un angelo). Alla fine il tribunale ha emesso la sentenza: Dennis era morto in conseguenza di un errore nel trattamento. La madre non ha mai nutrito odio, neanche nei confronti dell'infermiera, che ha perdonato già molto tempo fa. "Infermiere, medici e professori ci hanno aiutato spesso e molto e per questo siamo loro infinitamente riconoscenti," dice nella Prefazione al suo libro. "Ce l'abbiamo solo con il tentativo di occultare i casi di malasanità, come è successo nel caso di nostro figlio Dennis." Alla fine del processo gli Hönscheid hanno ricevuto un risarcimento di 40.000 euro che hanno devoluto in beneficenza – metà al reparto tumori della clinica universitaria di Francoforte, dove è avvenuta la vicenda. "È importante riconciliarsi con le persone, con il destino," dice la madre.

"Certe cose non spariscono. Ti accompagnano e ti cambiano," dice Ute Hönscheid senza amarezza. "Ma chi lo capisce può provare una gioia di vivere, può affrontare meglio le cose della vita quotidiana. Ora sappiamo che possiamo resistere a molto, senza andare in pezzi. E questa consapevolezza ti rende forte."

Oggi dice che può solo consigliare a chiunque "di prendere una decisione come quella che abbiamo preso noi in quel momento, una decisione radicale, coraggiosa". La fine di una crisi ha qualcosa a che vedere anche con la volontà. "Molto dipende dalla testa. Bisogna essere attrezzati per sopravvivere bene alla crisi." Aiuta iniziare una nuova fase della propria vita. Ute Hönscheid ha trovato qualcosa di nuovo anche per se stessa: "Adesso faccio la modella, come best-age-model," racconta. "È gratificante fare qualcosa in un certo senso di banale, di bello, di sereno, di leggero, di divertente. E so che devo farlo."

L'uomo che pretendeva troppo da se stesso

È riapparso con la stessa rapidità con cui era scomparso. Alla fine di settembre del 2011 Ralf Rangnick, allenatore dello Schalke 04, squadra di calcio militante nella Bundesliga tedesca, aveva annunciato la sua rinuncia all'incarico, con effetto immediato. Uno dei più duri in un mondo duro aveva dichiarato di essere esaurito, di non avere più appetito, di mangiare ormai pochissimo e non riuscire più a dormire. Non era più in grado di raggiungere il "livello di energia" necessario per guidare la sua squadra con quella forza che poteva portarla alla vittoria.

Ma già nel giugno 2012, solamente nove mesi più tardi, Rangnick era di nuovo alla ribalta del grande calcio: era diventato direttore sportivo addirittura di due club, il Red Bull di Salisburgo, più volte vincitore del campionato austriaco, e lo RB Lipsia, di proprietà della stessa società e militante allora nella quarta divisione tedesca. "Oggi si riparte da zero," ha dichiarato nell'accettare il nuovo incarico. Era di nuovo pieno di entusiasmo, assicurava Rangnick. "Sto bene come non mai."

Rangnick è sempre stato considerato un uomo pieno di energia. Come "professore di calcio" è entrato nella storia della Bundesliga perché nel 1998, quando era ancora un giovane allenatore di successo con lo SSV Ulm, in una trasmissione sportiva della ZDF (*Aktuellen Sportstudio*) aveva illustrato con piglio accademico i fondamenti essenziali della teoria del calcio. Aveva spiegato il significato della difesa a zona e della difesa a uomo e il motivo per cui il ruolo del libero non è più attuale nel calcio moderno. Era apparso così concentrato, così competente e quasi al limite dell'ossessione, che già allora era chiaro che si sarebbe impegnato per raggiungere le sue mete professionali, a qualsiasi costo, con tutte le sue forze.

In poco tempo Rangnick aveva raggiunto il successo atteso: era diventato uno degli allenatori più apprezzati della Bundesliga. È stato il primo allenatore a riuscire a portare il TSG 1899 Hoffenheim, un club di terza divisione, fino alle prime posizioni nella classifica della Bundesliga. Rangnick non pretendeva tutto solo dai suoi giocatori. Era famoso anche per arrivare lui stesso al limite, con il suo perfezionismo e la radicale fedeltà ai suoi princìpi. Nel suo ruolo di allenatore si occupava di prenotare personalmente gli hotel per l'intera squadra. Staccare la spina gli era quasi impossibile. "Ci sono situazioni in cui sono stressante," ammetteva. "Quando provo la sensazione di tranquillità, divento sgradevole!"

Non ha mai fatto mistero del suo orgoglio spiccato. Racconta spesso di quando da bambino aveva preso a calci per tutto il quartiere un'automobilina giocattolo, solo perché aveva perso giocando contro il nonno – e proprio a "Non t'arrabbiare". Le sconfitte lo disturbavano molto – più di quel che è normale in un mondo competitivo come quello del calcio. "Ralf è quello che dà sempre il duecento per cento, per arrivare all'ottimo, e si aspetta lo stesso, come si sa bene, anche da quanti lo circondano," ha detto il suo consigliere Oliver Mintzlaff.

E poi all'improvviso non è più riuscito ad andare avanti. Rangnick si sentiva spompato. Con il suo orgoglio ha continuato ancora per settimane a ignorare i suoi problemi, ma nel settembre 2011 il medico sportivo dello Schalke 04, Thorsten Rarreck, ha diagnosticato a Rangnick una sindrome da affaticamento cronico. Gli sarebbe costato un bel po' di lavoro di persuasione, prima che il suo assistito lo accettasse, ha raccontato poi Rarreck; ma alla fine l'allenatore si è arreso alla diagnosi e ha deciso di prendersi, come gli consigliava il medico sportivo, una pausa.

Rarreck era stupito che Rangnick "non fosse ancora completamente a terra". Era necessario tirare la cordicella del paracadute. Anche lo stesso Rangnick in seguito ha detto: "Fermarsi era una brutale necessità". Solo chi si è dato fuoco può spegnere le fiamme. Ma si sentiva come se qualcuno gli avesse staccato la spina. "Si pensa: stringi i denti. Ma a un certo punto non funzionava più," racconta. I valori delle sue analisi del sangue erano "arrivati a livelli catastrofici", gli ormoni impazziti, il sistema immunitario affaticato. "Era un crollo fisico totale."

I primi segnali li aveva avvertiti lui stesso mesi prima: nel marzo 2011, prima di accettare l'incarico di allenatore dello Schalke, in realtà si era riproposto di prendersi una pausa più lunga. Avrebbe voluto fermarsi per più mesi, dopo la separazione dal suo precedente datore di lavoro, il TSG Hoffenheim, a gennaio. Ma poi era arrivata l'offerta dello Schalke: adesso o mai più, gli avevano detto. E Rangnick aveva accet-

FORZA CERCASI   49

tato, nonostante quel vuoto che già avvertiva. Ha preteso
troppo da se stesso. "Si è semplicemente sovraccaricato," ha
detto Rarreck. "Ha fatto come uno sportivo che si allena
troppo. Tutto l'organismo si è completamente prosciugato."

La pressione maggiore non gli veniva dall'esterno,
Rangnick se la generava da solo. Lo angustiava molto il fatto
di non aver vinto ancora neanche un titolo, nonostante i suoi
successi. Semifinale di Champions League con lo Schalke,
campione d'inverno con lo Hoffenheim... era sempre solo la
metà di quello che avrebbe davvero voluto raggiungere. È
molto facile perdersi nel perfezionismo per chi è impegnato
in professioni creative o negli sport ad alto livello. Gode del
successo, ma si sente anche il solo responsabile degli insuccessi. Assurdamente, sfruttatore e sfruttato sono nella stessa
persona. "È un uomo che ha moltissimo potere, e proprio per
questo è più a rischio," dice il medico sportivo Rarreck.

Al tempo stesso Rangnick è estremamente suscettibile:
alle critiche reagisce spesso sentendosi ferito, in modo emotivo. Quanto sia sensibile lo ha dimostrato il ricovero in clinica del padre nel 2010, che lo ha angustiato fortemente per
settimane, e anche il tumore che ha colpito un suo amico lo
ha messo a dura prova. Nei confronti della squadra, però,
non è mai stato altrettanto partecipe. Quando i suoi giocatori festeggiavano con grandi bevute, Rangnick è sempre rimasto sulle sue. Può darsi che anche questo abbia congiurato
contro di lui.

Alla ripresa, dapprima sembrava che Ralf Rangnick non
avesse imparato un granché. Si è dato subito di nuovo degli
obiettivi da togliere il fiato: sarebbe stato pressoché impossibile riuscire "ad arrivare in un anno alla Bundesliga" con la
squadra di Lipsia impegnata nella lega regionale. "Ma sono
convinto," ha dichiarato, "che le cose si possono sviluppare
molto rapidamente, quando si creano le giuste condizioni nel
contorno." Sembrava che un ulteriore esaurimento fosse già
programmato.

Però Rangnick ha saputo anche raccontare come aveva
superato la sua crisi. "Non ce la si fa, senza cambiare un pa-

io di cose fondamentali," ha dichiarato ad *Aktuelles Sportstudio*. "E fra queste ci sono l'impegno a prendersi momenti di tranquillità, l'alimentazione giusta e anche il tempo di fare sport in prima persona." In futuro si sarebbe preso ulteriori periodi di stacco. "Bisogna farlo con regolarità. Questo sarà determinante." Due concetti avevano per lui un significato nuovo: autodisciplina e capacità di delegare. "Non bisogna tenere il telefonino vicino al piatto quando si mangia e quando si torna a casa dalla famiglia lo si può anche spegnere," ha detto Rangnick. "Bisogna prendersi cura di se stessi, in un lavoro come il mio."

Il medico sportivo della squadra, Thorsten Rarreck, ha sempre formulato una prognosi positiva per il suo paziente. "Rangnick non è il tipo che si lasci sopraffare. Affronta le cose in modo attivo." Inoltre ha molte qualità, ed è una persona intelligente. "Dopo una pausa tornerà forte come prima," aveva profetizzato già il giorno in cui aveva comunicato il burn-out di Rangnick.

L'esiliato

Erwin (non è il suo vero nome) apparteneva alle riserve di Adolf Hitler. Aveva diciannove anni quando il Führer decise che anche lui doveva andare in guerra, per permettergli di ottenere, contro ogni previsione, la vittoria finale. Fino a quel punto Erwin aveva condotto una vita idilliaca nella campagna della Pomerania. I suoi genitori possedevano una grande fattoria, la sua era una famiglia benestante, come molte altre famiglie tedesche nella regione. Ai figli più giovani degli agricoltori (come era il suo caso) era stato risparmiato l'invio al fronte. Erano necessari per i raccolti, quando c'erano già i fratelli maggiori che combattevano per la patria. E così anche durante la Seconda guerra mondiale Erwin aveva potuto condurre una vita pacifica. Ma a quel punto, nell'inverno del 1944-45, anche a lui toccava partire per il fronte. Aveva sempre avuto paura della guerra, ma nelle trin-

cee gelate del fronte orientale le cose erano anche più orribili di quello che si era mai immaginato.

Ci sarebbero voluti quasi dieci anni prima che Erwin potesse tornare indietro. Ma indietro dove? La Pomerania era
diventata polacca da tempo, la grande fattoria dei genitori
era stata espropriata. Quei dieci anni Erwin li aveva trascorsi prima nel gelo delle trincee, dove aveva vissuto momenti
indescrivibili di orrore, vedendo morire i suoi commilitoni, e
poi nei campi di lavoro dell'Estonia, dove, denutrito e mezzo
congelato, aveva dovuto lavorare per i sovietici.

Nell'estate del 1955 è finalmente potuto tornare dalla
guerra. Ha cercato a lungo i suoi genitori, ma la madre era
morta durante la fuga. Alla fine ha trovato il padre vicino a
Magdeburgo, in una piccola fattoria che apparteneva al fratello della madre. E lì sono arrivati anche Erwin e l'altro
fratello rientrato dopo la fine della guerra. Erwin ci è rimasto
fino alla fine dei suoi giorni.

Il giovane ha sposato una ragazza del paese vicino: era il
suo grande amore, ma la cosa non è stata facile. Suo suocero
non sopportava quel ragazzo che non aveva più nulla, che
aveva dovuto lasciare tutti i suoi averi, casa e fattoria, in
Pomerania e a quel punto era un semplice lavorante nella
fattoria dello zio. Non ha mai accettato Erwin; non gli ha
voluto parlare nemmeno una volta.

Ciononostante Erwin era felice con la moglie. Non vivevano nell'abbondanza, ma avevano tutto quello che serviva.
Hanno avuto due figli, una femmina e un maschio. Poi la
famiglia è stata colpita dalla disgrazia: quando ancora non
aveva compiuto i trent'anni, la moglie di Erwin è morta di
leucemia ed Erwin si è ritrovato da solo con due figli piccoli.
Non avrebbe mai avuto aiuto o sostegno da parte dei suoceri: come sarebbe riuscito a tirar su i suoi figli?

Conoscenti, a loro volta originari della Pomerania, hanno avuto un'idea: far conoscere Erwin e Brigitte (anche
questo non è il nome vero). Non avevano sofferto entrambi
un destino simile? Anche Brigitte era nata in una grande
fattoria della Germania orientale, era originaria della Sle-

sia. Anche lei era stata esiliata quando aveva nove anni, insieme con il resto della famiglia. E in effetti Erwin e Brigitte sono diventati amici, poi si sono sposati e hanno avuto anche un figlio. Si comprendevano a vicenda, ma su una cosa sono stati divisi per tutta la vita: il rapporto con la patria perduta.

Ancora quarant'anni dopo, nella piccola casa di Erwin e Brigitte era appesa una fotografia della fattoria nella Slesia in cui Brigitte era cresciuta. Quasi tutti i giorni parlava della perdita che aveva subìto da bambina e non aveva mai perdonato i polacchi, a differenza di Erwin. Per lei la fattoria dei genitori era più della patria, della propria casa attuale o della sicurezza economica. Era il simbolo di un'appartenenza, di una identità, la cui perdita non riusciva a superare. Sembrava fosse stata scacciata non semplicemente dalla casa dei genitori, ma anche dalla sua stessa felicità.

Erwin invece parlava sempre bene dei polacchi, degli estoni e persino dei russi, che lo avevano tenuto prigioniero così tanti anni. Che con molti di loro avesse avuto esperienze spiacevoli non era per lui motivo di odio e di amarezza. Gli orrori della guerra facevano parte della storia della sua vita, ma non della sua vita quotidiana; la fattoria di famiglia era il passato; il rifiuto da parte dei suoceri una cosa non bella, ma un fatto che non poteva cambiare; la morte prematura di sua moglie una fatalità che era successa.

Gli occhi di Erwin brillavano, quando rievocava incontri amichevoli durante la prigionia, faceva battute in russo; e quando raccontava di come aveva ritrovato il padre, gli aspetti tristi e la morte della madre durante la fuga venivano superati nel racconto rapidamente e senza rabbia. Attribuiva molto più valore alla descrizione della fortuna che aveva avuto di poter trovare ancora il padre.

Anche dopo aver compiuto gli ottant'anni Erwin riusciva a gioire come un bambino. "Va come deve andare," diceva sempre. "La vita scrive le sue storie." La sua vita, in cui indubbiamente è stato colpito più volte duramente dal destino, per lui era giusta così. Non ne era tormentato e non aveva la sensazione che altri avessero colpa della sua sfortuna. È sopravvissuto di parecchio anche alla moglie, più giovane di lui di dieci anni.

La donna che ha perso la sua identità

I suoi conoscenti erano irritati che lei fosse così poco irritata. In fin dei conti ci sono continuamente articoli di giornale e ricerche scientifiche che dicono come le persone possano andare in crisi, quando all'improvviso non sanno più da dove veramente arrivano. Qualche volta è conseguenza di un test genetico, qualche volta dipende dalle rivelazioni dei genitori, che alla fine non riescono più a nascondere un segreto: da un giorno all'altro una persona scopre di essere stata adottata, di essere il frutto di un'avventura o di essere stata concepita con lo sperma di uno sconosciuto, arrivato da una banca del seme. E all'improvviso viene a mancare quella conoscenza, in base alla quale molti definiscono se stessi: chi sono i miei genitori? Chi è mio padre? Che aspetto ha? Gli assomiglio? In breve: da dove arrivo?

Nel caso di Sabine (non è il suo vero nome) di Monaco la perdita dell'identità è stata un caso o l'emergere di una cosa lungamente taciuta. "Curioso," le ha detto sua madre qualche settimana dopo che Sabine aveva avuto una bambina, evidentemente stupita. Le donne stavano parlando di cartelle cliniche, ecografie, braccialetti numerati e rispolverando tutta una serie di ricordi del periodo della gravidanza e del parto. E la neononna se ne esce con questa faccenda dei gruppi sanguigni. "È davvero divertente, il tuo gruppo sanguigno è B?! Tuo padre e io siamo entrambi del gruppo A!"

Anche Sabine lo ha trovato curioso, ma meno divertente. Da scienziata sapeva che non era possibile. Qualcosa non funzionava affatto. O il gruppo sanguigno di uno dei tre era stato determinato male, oppure non poteva essere figlia dei suoi genitori. Sabine era troppo incuriosita per lasciar perdere e tornare semplicemente alle sue faccende quotidiane. Non era possibile, che magari fosse stata scambiata con qualcun altro nella clinica dove era nata? Voleva venire a capo di quell'assurdità.

Dapprima i suoi genitori pensavano fosse del tutto inutile. La scienza qualche volta sbaglia, dicevano. Fra cielo e terra ci sono sempre cose che sfuggono ai metodi della scienza moderna. E poi il medico che aveva stabilito il gruppo sanguigno della madre era stato notoriamente un alcolista, poteva darsi benissimo che avesse commesso un errore. E che probabilità c'era che il padre fosse un altro? Nessuna. Erano stati sempre fedeli, le assicuravano i genitori. L'unica cosa che congiurava a sollecitare l'interesse della ricerca di Sabine era la faccenda del possibile scambio. La levatrice, subito dopo la nascita di Sabine, aveva fatto le sue congratulazioni alla madre perché aveva messo al mondo un bel bambino e solo dopo un po' era arrivata al letto della puerpera dicendo che il neonato era in effetti una bambina.

Nei mesi successivi ulteriori analisi del sangue hanno dimostrato che nella determinazione del gruppo sanguigno non c'erano stati errori e infine due test genetici hanno portato alla luce la verità: Sabine era figlia di sua madre, ma non di suo padre. Era una cosa che non aveva previsto, e inoltre sua madre è rimasta ferma nel sostenere la sua fedeltà assoluta al marito. Solo mesi dopo il test genetico le è tornata in mente una scappatella che evidentemente aveva del tutto rimosso.

E poi: la novità per lei completamente sorprendente, di non essere figlia naturale di suo padre, aveva scosso Sabine, ma senza spingerla a buttarsi sotto un treno. Dal suo punto di vista non era cambiato nulla nella sua relazione con il padre putativo, mentre questi era stato molto colpito dalla notizia. Aveva reagito male e lottava con la paura di non essere più accettato dalla figlia e dai nipotini.

Gli amici e la sorella chiedevano continuamente a Sabine se non fosse sconvolta dall'accduto. Se non volesse scoprire chi fosse il suo padre naturale e non volesse conoscerlo. Doveva dedicarsi alla "ricerca del suo Io". Mentre il padre era quasi andato in pezzi di fronte a quella nuova realtà, lei aveva la sensazione che non fosse cambiato nulla di sostanziale. La notizia era arrivata al suo cervello, ma nel suo intimo non se ne sentiva turbata. "Io sono quella che sono," diceva convinta. "Non cambia niente, solo perché evidentemente mio padre è un altro."

La stragrande maggioranza delle persone che si trova in una situazione simile la vede in maniera completamente diversa da Sabine. Molti, come una giovane donna, Sonja, che a ventisette anni ha scoperto di essere figlia di un donatore di sperma, cadono in una grave crisi di identità. Il giorno in cui lo vengono a sapere è "il giorno peggiore della vita", come scrive Sonja in internet. Si sente come se "le fosse franato il terreno da sotto i piedi". Anche i giudici della Corte costituzionale tedesca si sono interessati al problema, e già nel 1989 hanno riconosciuto a tutti il diritto di sapere le proprie origini. L'abbandono di un neonato e il parto in anonimato per questo motivo sono sempre esposti alle critiche. La donazione anonima di sperma, intanto, in Germania è stata proibita. Giustamente, dice Petra Thorn, terapeuta familiare, che segue clienti che hanno scoperto all'improvviso le loro origini. Spesso ci vuole molto tempo "perché le persone si riprendano dopo aver ricevuto una notizia del genere," dice.

Sabine invece ha trovato la nuova situazione in qualche modo anche interessante. Era una caratteristica di se stessa di cui si era accorta già da tempo. Quando qualcosa cambiava nella sua vita, lo trovava stimolante – anche nei casi in cui il cambiamento fondamentalmente era da giudicare in maniera negativa. Le era successo persino quando era morto il nonno, a cui aveva voluto molto bene. Si era svegliata una mattina e lo sapeva: qualcosa è cambiato; non è una bella cosa. Eppure le dava uno stimolo per ragioni che lei stessa non riusciva a comprendere.

Ora, dopo lo sconvolgimento di quello che pensava delle sue origini, le era successa la stessa cosa. Lo accettava. Le cose erano come erano. Al massimo trovava svantaggioso non sapere quali malattie erano comuni nella "sua famiglia".

Se il rischio di tumore al seno era alto o basso. Se era più probabile che morisse in tarda o in giovane età. Le era chiaro, però, perché avesse gambe diverse da quelle di tutti gli altri in famiglia. Ma non da dove avessero origine e chi avesse quelle stesse gambe. E tuttavia si diceva: "Io conosco me stessa. E questo è molto più importante che conoscere il mio padre naturale".

Quelli che sono sfuggiti all'omicida

Chi ha acceso la televisione il 25 luglio 2011 e sul canale inglese della Bbc ha potuto sentire un giovane che, davanti al Tribunale di Oslo, raccontava gli orrori di Utøya, magari ha pensato che si trattasse di un giornalista. Quel ventisettenne con i capelli lunghi, color sabbia, sembrava completamente distaccato dalle atrocità di cui parlava. Ma quale norvegese, quale persona in quel momento poteva essere già serena? Solo tre giorni prima l'estremista di destra Anders Behring Breivik, sulla piccola isola norvegese di Utøya, dove si svolgeva il campo estivo dei giovani del Partito socialdemocratico, aveva compiuto un massacro di proporzioni mostruose.

Tranquillo e sicuro di sé, senza difficoltà a trovare le parole, Vegard Grøslie Wennesland raccontava quello che era successo sull'isola, ma non era un giornalista. Wennesland era sull'isola di Utøya, quando Breivik nel giro di settantacinque minuti aveva ucciso sessantanove persone; lui stesso si era salvato per un pelo. Che il giovane socialdemocratico solo tre giorni dopo fosse in condizioni tali da poter parlare davanti a una telecamera degli eventi di cui era stato testimone era davvero degno di nota. Ancora più notevole, sapendo come era andata.

"Quando si sono sentiti i primi spari, io ero nella tenda. Non potevo vedere chi stesse sparando," raccontava ai telespettatori in tono controllato. Solo i suoi occhi, che continuavano a guardarsi intorno, non erano tranquilli: lo sguardo che mostrano molti che non sono abituati a stare davanti a una telecamera. "Ma quando sono uscito, è stato subito chiaro che era una cosa grave," continuava Wennesland. "Ho visto i miei amici che correvano verso di me, allontanandosi da lui." Qualcuno è caduto e Wennesland ha visto come Breivik si avvicinava e lo finiva con un colpo in testa. Così ha cominciato a correre.

Si è rifugiato in una capanna di legno, dove si è barricato con altri quaranta giovani. Breivik ha tentato di entrare nella capanna; ha sparato attraverso la finestra e attraverso le pareti per alcuni interminabili minuti, poi si è allontanato per andare in cerca di altre vittime all'aperto. I ragazzi chiusi nella capanna hanno sentito urla e altri colpi, hanno sentito i loro amici e conoscenti chiedere pietà e si sono chiesti se gli aiuti sarebbero potuti arrivare in tempo su quell'isoletta remota. Aiuti che fossero preparati ad affrontare una simile mostruosità. "Penso di essere rimasto lì per un'ora, sotto il letto, sperando e pregando. Era spaventoso. Era spaventoso," ha detto alla televisione.

Non era che Wennesland avesse sepolto nel profondo di sé quel che aveva vissuto e ne parlasse come se fossero cose che non lo riguardavano personalmente: chiaramente era animato da una forza interiore. A un certo punto, gli sono scese le lacrime. La giornalista della Bbc, dalla sua poltrona rossa nello studio gli ha chiesto come avesse potuto in quella situazione mandare degli sms alla famiglia e agli amici. "Quando Breivik ha cominciato a sparare attraverso la parete della capanna, ho pensato che di lì a poco saremmo tutti morti. Non volevo turbare inutilmente i miei a casa, ma ho pensato che fosse la mia ultima occasione," ha risposto Wennesland, e lì evidentemente gli si è rotto qualcosa dentro. "Volevo dire loro che li amavo e che speravo di rivederli."

Anche la Bbc mostra rispetto per l'atteggiamento di Wennesland: "Chiunque questa mattina abbia acceso il televisore e la veda qui, sarà colpito dal coraggio che dimostra parlando con noi, e dal modo in cui sta affrontando tutta questa cosa," ha detto il giornalista seduto accanto alla sua collega. Poi ha proseguito: "Ci può spiegare quanto sia duro tutto questo per lei?". Era "estremamente traumatico", ha risposto Wennesland. Il giorno prima, mentre era a casa con la famiglia e la sua fidanzata, aveva detto: "Quello è il momento in cui si crolla e non si fa altro che piangere".

Ma sapeva anche perché ora era così coraggioso. Perché era in grado di stare lì dritto in piedi, invece che rintanato in un letto confortevole: attraverso il partito aveva collegamenti con tutto il mondo, ha spiegato il giovane, che fino al momento del massacro era stato vicepresidente della Lega giovanile dei socialdemocratici nella circoscrizione di Oslo e che con la morte dei suoi amici a Utøya ne sarebbe diventato presidente. Aveva ricevuto un grande sostegno da tutto il mondo. L'incoraggiamento arrivato da ogni parte lo aveva aiutato molto, e anche la possibilità di poter a sua volta sostenere altri. "Viviamo una grande solidarietà," ha detto e in quel momento è spuntato sul suo viso persino un sorriso. "Ci aiutiamo a vicenda. Credo che senza questo aiuto non ci sarebbe possibile superare questa situazione."

Al confronto con le ore più spaventose della sua vita Wennesland non si sottrae neanche nove mesi più tardi, quando incontra una giornalista dell'agenzia Reuters. Porta ancora al braccio la fascia arancione su cui sta scritto, in lettere maiuscole bianche, "UTØYA". Tutti quelli che hanno partecipato al campo estivo sull'isola ne hanno avuta una. "Non riesco a toglierla," dice. Gli ricorda di essere grato di tutto, anche per questo pessimo caffè della mensa, scherza. "E naturalmente la porto per tutti quelli che abbiamo perso."

Per Wennesland i primi tempi dopo l'attentato sono stati difficili. Sulla sua tesi – riguardo ai campi profughi palestinesi in Libano – che era quasi finita al tempo del massacro, non riusciva più a concentrarsi. Andava dallo psichiatra ogni settimana e questo lo ha aiutato a rimettere ordine nei suoi pensieri. Non voleva lasciarsi dominare da quell'esperienza spaventosa.

Wennesland ha trovato la sua strada: ha trasformato la sua paura, il suo dolore e la sua collera in dinamismo. "Quel tipo voleva ammazzarmi, perché credo nella democrazia, nell'apertura, nella tolleranza e nel dialogo," dice alla giornalista della Reuters lo studente in felpa e scarpe da ginnastica. "Bene, allora spara," gli esce improvvisamente dalla bocca. "Se voleva ammazzarmi per questo, io lotterò seriamente per questo!" Altrimenti Breivik avrebbe vinto. "E nessuno in tutta la Norvegia vorrebbe che vincesse," dice Wennesland. "Quelli di noi che sono rimasti saranno più forti. Diventeremo più duri."

Non tutti i sopravvissuti di Utøya sono saldi come Wennesland. Anche Adrian Pracon, ventun anni, ha cercato di trasformare le sue paure in qualcosa di utile. Ha scritto un libro molto apprezzato ("Il cuore contro la roccia", suona il titolo) in cui descrive i minuti più spaventosi della sua vita, "per onorare i morti", come dice, e per dimostrare "che il terrore non può battere l'impegno politico". Tiene instancabilmente conferenze contro l'odio razziale e la discriminazione. A Utøya Pracon si era finto morto per sfuggire a Breivik. Si era sporcato con il sangue di un amico ucciso e si era sdraiato su una roccia. Quando Breivik si era avvicinato, Pracon non era riuscito nemmeno più a respirare, tanto si era sforzato di rimanere immobile e tanta era la sua paura; riusciva a sentire solo come il suo cuore batteva contro la roccia. Poi Breivik ha sparato contro di lui il suo ultimo colpo e Pracon ha avuto una fortuna incredibile: la pallottola ha mancato di poco la sua testa e gli ha perforato solo la spalla.

Le ferite dell'anima però sono grandi. Anche a mesi di distanza dal massacro Adrian Pracon è ancora in malattia. Lotta con la depressione. Dovunque vada, la prima cosa che guarda, spaventato, è se esista una via di fuga. Là in alto, le tre aperture nel tetto del bar – quelle potrebbero essere la salvezza, pensa tra sé. Se non vede queste possibilità di fuga non entra neanche. A Utøya, dice Pracon, alla fine non ha potuto trovare una via d'uscita.

Una cosa però su tutte continua ad angustiarlo: quando ha incontrato la prima volta Breivik, sulla spiaggia, l'omicida lo ha risparmiato. Aveva già puntato le sue armi su di lui e non si lasciava impietosire da nulla. Come una macchina per uccidere li colpiva un giovane dietro l'altro: l'acqua diventa-

va sempre più rossa. Ma quando, all'ultimo, Adrian disperato ha urlato "Non sparare!", Breivik ha abbassato le sue armi ed è passato oltre.

Per quasi tutti i sopravvissuti a una grave disgrazia è infinitamente duro continuare a vivere, mentre così tanti altri
sono morti. Per Pracon però la situazione è quasi insosteni-
bile: non è stato risparmiato da un qualche caso, non dalla
potenza del destino, ma da un disgustoso serial killer. Breivik
ha deciso che lui avrebbe vissuto.

Perché? La domanda continua a tormentarlo. "In certe
giornate non riesco a pensare ad altro che a questo," racconta Adrian Pracon. Breivik aveva bisogno di lui? Per il giovane
socialdemocratico sarebbe una delle possibilità più atroci.

Quattro mesi dopo il massacro di Utøya, nel novembre
2011, Adrian Pracon viene chiamato a Oslo come testimone
dell'accusa contro Anders Breivik. La sera, all'improvviso,
attacca un uomo e una donna davanti a un bar. Non l'hanno
provocato e non c'è un motivo plausibile, ma getta a terra
l'uomo e continua a colpirlo alla testa. Quando Pracon ha
questo attacco, il processo contro Breivik non è ancora iniziato. Nel corso del processo l'omicida dirà di aver risparmiato Adrian perché gli era sembrato "orientato a destra".

Pochi giorni prima del verdetto contro Breivik nell'agosto 2012, anche Adrian Pracon viene condannato a 180 ore
di lavori socialmente utili e a una multa di 10.000 corone
norvegesi (circa 1400 euro). È stata considerata un'attenuan-
te il fatto che il giovane socialdemocratico soffra di disturbi
post-traumatici. Pracon prova rimorso. Dopo gli spaventosi
eventi di Utøya ha dovuto "imparare a conoscersi di nuovo".

L'handicappato grave

Il giovane medico non riusciva quasi più a entrare nella
stanza di quel paziente: vedere quell'uomo in tutta la sua
disgrazia gli generava un sentimento di spaventosa oppressione. Ma non si doveva più dedicare attenzione a un uomo

in quelle condizioni? Non bisognava stare ad ascoltarlo di più? Non bisognava chiacchierare almeno un po' con lui? Quell'uomo non aveva più niente nella vita. Il suo destino doveva essere intollerabile.

Era paralizzato dalla seconda vertebra cervicale in giù; tutto quello che riusciva ancora a muovere erano i muscoli della testa. Poteva parlare e deglutire, poteva aggrottare la fronte, poteva fare l'occhiolino e muovere le orecchie. Ma niente di più. Sul resto del corpo non aveva più alcun controllo, da quando anni prima, durante una vacanza al mare in Spagna, aveva battuto la testa tuffandosi da uno scoglio.

E adesso stava lì e guardava la televisione. Stava lì e ascoltava la radio. Stava lì e si faceva imboccare. Oppure stava semplicemente lì.

La cosa andava avanti da anni. Normalmente quell'uomo, che non aveva ancora compiuto quarant'anni, viveva a casa con la sua famiglia. Viveva? Non poteva mangiare da solo, se voleva bere bisognava che qualcuno gli sollevasse il capo. Leggere un libro, quello sì riusciva a farlo; purché qualcuno gli girasse le pagine. Poche settimane prima era stato ricoverato nella clinica universitaria Grosshadern di Monaco perché era stato colpito da un'infiammazione polmonare, ma ora stava già migliorando. Presto avrebbero potuto dimetterlo e lasciarlo tornare a casa.

Una mattina, poco prima che venisse dimesso, il giovane medico si è deciso a parlargli. E non riusciva a credere alle sue orecchie, ascoltando ciò che quel paziente raccontava di sé. Si era aspettato un uomo disperato, depresso e senza alcuna voglia di vivere. Uno a cui era crollato il mondo addosso e che lamentava l'insensatezza della sua vita. Uno che avrebbe messo fine ai suoi giorni più volentieri oggi che domani.

E invece era tutto il contrario. Il paziente aveva molta più paura che qualcun altro potesse togliergli la vita contro la sua volontà. "Io sono attaccato alla mia vita," raccontava. La sua famiglia lo avrebbe messo in un angolo volentieri, perché per loro curarlo era un peso infinito. Aveva sentito sua moglie che parlava con uno dei medici e gli diceva di non dargli più gli antibiotici, che sarebbe stato meglio lasciarlo morire per la sua infezione polmonare. Lui però voleva vivere. Si gustava la vita – nonostante tutto. E si sentiva bene.

Il giovane medico quasi non ci credeva. Come quasi tutti, anche lui trovava intollerabile l'idea di avere il proprio spirito intatto imprigionato in un corpo pressoché paralizzato. "Preferirei morire, che trovarmi in una situazione del genere," dicono quasi tutti quelli che da sani si vedono proporre ipoteticamente una scelta di questo tipo. Negli anni settanta si pensava che ciascuno avesse un proprio livello personale di felicità. Poteva vincere alla lotteria un premio a sei cifre, oppure dover trascorrere il resto della vita su una sedia a rotelle a causa di un incidente: dopo un breve spostamento verso l'alto o verso il basso sulla scala della felicità, tutti sarebbero tornati al loro vecchio livello e al loro grado innato di soddisfazione per la vita. Ma le cose non vanno così, e il giovane medico lo sapeva bene. E per quello aveva avuto così paura a entrare in contatto con quello sfortunato paziente.

Eppure si parla sempre più spesso di malati gravi che amano la loro vita. Addirittura di persone in condizioni ancora peggiori di quel paziente, che non è più in grado di muovere nessuno dei suoi arti. Da poco il medico aveva letto uno studio belga su pazienti affetti da sindrome *locked-in* (sindrome del chiavistello): sono pazienti imprigionati in un corpo che al 99,99 per cento non è più in grado di muoversi né di avere percezioni. È una condizione che può verificarsi in conseguenza di una malattia degenerativa o di un incidente. Quasi sempre questi pazienti devono essere tenuti in vita con un respiratore e con un'alimentazione artificiale.

Ciononostante, più di due terzi dei sessantacinque pazienti con sindrome locked-in, intervistati nello studio belga, si dichiarano felici. Qualcuno ha potuto dirlo, sia pure a fatica, ma la maggior parte ha risposto con l'aiuto degli unici movimenti che sono rimasti loro possibili: molti possono almeno ammiccare oppure muovere gli occhi. Quando una persona che li assiste o un computer pronunciano l'alfabeto, i pazienti li fermano sulla lettera giusta con un battito delle

palpebre: così comunicano con i medici, lettera per lettera.
Solo il 7 per cento dei pazienti intervistati diceva che avrebbe
preferito essere morto. Forse la percentuale sarebbe stata più
alta, se avessero risposto tutti i pazienti contattati; solo una
piccola parte è stata disposta a partecipare allo studio. Quelli che hanno risposto probabilmente sono stati i pazienti dotati di maggior coraggio. L'indagine però ha dimostrato in
modo inequivocabile che esistono persone con grandi handi-
cap, che sono attaccate alla loro vita. Anche quando quella
vita si riduce a niente altro che al loro Io.

Poco dopo l'incidente, racconta il paziente del giovane
medico nella clinica Grosshadern, aveva pensato al suicidio,
ma non ne era stato capace. Non poteva fare più nulla da
solo: per lui non esisteva più una vita autodeterminata. All'i-
nizio era stato un supplizio, se avesse potuto morire grazie
solo alla forza del pensiero l'avrebbe fatto volentieri.

Dopo qualche mese, però, la sua vita si era orientata in
modo tale che aveva potuto provare di nuovo gioia. Si gode-
va i molti audiolibri che era in grado di ascoltare. Apprezza-
va il fatto di imparare ogni giorno qualcosa di nuovo, la possibilità di poter migliorare continuamente la sua formazione.
E gli piaceva mangiare. Nessun dubbio: se avesse potuto scegliere, avrebbe volentieri evitato quello stupido tuffo, ma da
tempo non ci pensava più. All'epoca era giovane, e i giovani
fanno cose stupide. Nel suo caso senza dubbio era stata una
cosa particolarmente stupida.

Ma non è andata del tutto male. "Sono vivo," dice. E la
sua fantasia, la sua immaginazione, le sue percezioni e i suoi
ricordi sono rimasti intatti.

La sequestrata

La sua reazione era così fuori dal comune che i professionisti erano in disaccordo. Poteva essere effettivamente tutto
vero? Solo due settimane prima quella diciottenne era sfug-
gita al suo sequestratore. L'ultimo giorno in cui era stata li-

bera era ancora una scolaretta: per otto anni Natascha Kampusch era rimasta prigioniera del suo rapitore, era potuta uscire dalla sua casa solo poche volte e a lungo aveva dovuto rimanere chiusa in una cella di cinque metri quadrati in cantina e servire quell'uomo. A volte la lasciava lì al buio e senza mangiare. Poi, nell'agosto 2006, dopo 3096 giorni di prigionia, è finalmente riuscita a fuggire.

Nonostante questa incredibile disgrazia, in televisione compariva una giovane donna forte e sicura che ragionava in modo tanto saggio quanto impressionante su di sé, sul suo comportamento nei confronti del suo carceriere e sugli anni della sua prigionia. Solo quattordici giorni dopo la sua fuga stava già facendo progetti su come affrontare la libertà nuovamente conquistata. Mai una volta la grande eco mediatica, che ha seguito ogni passo di quella giovane con stupore e anche con qualche dubbio, è sembrata turbarla dopo gli anni di isolamento. Dopo poco tempo Natascha Kampusch avrebbe cominciato a condurre un talk-show alla televisione austriaca.

"Mi ha molto colpita. Lì seduta c'era una persona molto forte, intelligente, combattiva e abile a parlare, che è perfettamente in condizione di raccontare di sé e delle proprie esperienze in modo razionale," ha detto la psicologa Daniela Hosser dopo la prima intervista televisiva della Kampusch. "Era genuina. Si è anche visto che non le riusciva affatto facile parlare di certe cose." La diciottenne appariva straordinariamente calma, considerati gli orrori che aveva vissuto. È possibile che quella tranquillità fosse il risultato di anni di riflessioni su di sé e sulla sua situazione, pensava Hosser.

Molti psichiatri e molti psicologi non riuscivano a crederci. Perché Natasha non era l'ombra di se stessa? Dove aveva trovato tutto quel coraggio di vivere? Oppure stava solo recitando?

"Quella ragazza ha sbalordito tutti gli specialisti. Anche me," ha detto poche settimane dopo lo psicoanalista Horts-Eberhard Richter, oggi scomparso. Senza alcun dubbio Natascha Kampusch si comportava "in modo completamente diverso da molte persone traumatizzate," ha detto ancora

Richter. Era irritato però che molti dei suoi colleghi mettessero in dubbio la credibilità della ragazza e sospettassero che avesse imparato tutto a memoria. Prima o poi crollerà, avevano dato per scontato molti. Avrebbe avuto solo bisogno per anni di una assistenza psicologica, dicevano altri. "Può essere che lei lo desideri," ha detto Richter. "Ma può anche darsi di no. In ogni caso dimostra che la sua forza di autoguarigione è molto affidabile."

Per otto anni il suo sequestratore ha determinato ogni particolare della vita di Natascha Kampusch. Decideva che cosa doveva mangiare, come doveva vestirsi e quando spegnere la luce la sera. Le aveva dato addirittura un nuovo cognome, le aveva imposto quanto dovesse pesare e che non avrebbe più dovuto nominare la sua famiglia. Quando non obbediva ai suoi comandi, la picchiava. Ciononostante lei si era rifiutata ostinatamente di chiamare quell'uomo il suo "signore" o "maestro", come lui pretendeva. Aveva messo in conto le percosse e i calci.

Si era illuso, aveva detto lei più tardi pubblicamente. "Non era il mio signore. Io ero altrettanto forte." Così ha scritto Natascha, una settimana dopo la sua fuga, in una lettera aperta che il suo psichiatra ha letto in una conferenza stampa. Già allora il medico si era visto costretto a dichiarare esplicitamente che quelle espressioni erano proprio della paziente. Il rapitore si era anche meravigliato, raccontava poi Natascha nell'intervista. "Si è stupito perché io prendo tutto così senza scompormi." Ma lei era così: "Non serve a niente prendere tutto in modo troppo emotivo. Io resto, nonostante tutto, me stessa".

Natascha Kampusch chiaramente contrapponeva ai vincoli esteriori della sua prigionia una propria personale libertà. Dimostrava che è possibile "anche nell'umiliazione e nella persecuzione più estreme conservare il rispetto di se stessi," come ha detto Horst-Eberhard Richter. Aveva anche la capacità commovente di vedere un lato positivo: sapeva bene di non aver avuto un'adolescenza normale, scriveva nella sua lettera aperta. Ma non aveva la sensazione che le fosse mancato qualcosa. In quelle condizioni, per lo meno non aveva cominciato "a fumare e a bere" e non aveva frequentato "cattive compagnie", diceva del tutto seriamente.

Ma come aveva potuto resistere così a lungo nel suo isolamento? "Ho fatto un patto con il mio Io futuro, che sarebbe arrivato e avrebbe liberato la bambina piccola," ha detto la giovane in televisione. "Non ero mai sola nel mio cuore, la mia famiglia e i ricordi felici erano sempre con me. Ho giurato a me stessa che sarei diventata più grande, più forte e robusta, per potermi un giorno liberare."

Accanto alla sua forza, alla sua fiducia nel futuro e al suo legame con la famiglia, c'era ancora qualcosa di particolare in Natascha Kampusch: la sua compassione. Nonostante nessuno avesse mai avuto compassione di lei per tanti anni, provava un senso di solidarietà verso gli uomini e verso l'umanità. Con le donazioni che le sono arrivate dopo la fuga, ha finanziato un ospedale per bambini in Sri Lanka. Perché proprio in quel paese? "Durante la prigionia ho ascoltato la radio," ha raccontato. "Quando c'è stato lo tsunami nel 2004 e ho sentito le notizie, mi sono rimaste in testa delle immagini terribili."

Persino per il suo sequestratore e sua madre provava compassione. Accanto al cadavere del suo rapitore, che dopo la sua fuga si è suicidato, ha acceso una candela nell'istituto di medicina legale. "Ai miei occhi la sua morte non era necessaria. Era una parte della mia vita, perciò in un certo modo mi dispiace per lui," ha detto – e questo rispecchia anche quell'attaccamento che quasi tutte le vittime finiscono per provare per i loro rapitori. Non era stata una cosa morbosa, ha scritto nella sua autobiografia *3096 Tage* (3096 giorni), bensì "una strategia di sopravvivenza in una situazione senza via d'uscita", o, come ha dichiarato in televisione: "Nella vita vera non succede mai che si possa esistere senza lotte interiori".

2.
Che cosa contraddistingue le persone resistenti?

Al piccolo William nessuno avrebbe mai pronosticato un grande futuro. Era nato in Arkansas, in un paesino che si chiama Hope, ma nella sua giovane vita di speranza ce n'era ben poca. Quando un giorno William ha cercato di difendere per l'ennesima volta sua madre dalla violenza del patrigno, questi ha sparato a entrambi. In stato di ubriachezza, li ha mancati, ma i fori delle pallottole nel muro sono rimasti a testimoniare la vicenda. Nonostante tutto William, chiamato familiarmente Billy, a quattordici anni ha preso il cognome del patrigno: come Bill Clinton sarebbe poi diventato famoso in tutto il mondo.

Un altro bambino, con una costituzione diversa nella stessa situazione probabilmente sarebbe andato in pezzi; William invece è riuscito addirittura a diventare presidente degli Stati Uniti. Come ha fatto a resistere alla tirannia e alle angherie del patrigno? Quali fattori nella sua giovinezza, altrimenti orribile, lo hanno reso forte?

Si sarebbe facilmente portati a cercare il fondamento della grande forza di resistenza del piccolo William nella sua sola personalità. In effetti persone che rimangono sempre in piedi come Bill Clinton assommano in sé molte caratteristiche, che danno loro forza. Chi si rialza dopo un colpo di sfortuna deve senza dubbio saper reagire bene alla frustrazione e saperla elaborare. Contribuiscono ad aiutare anche l'intelligenza e la capacità di entrare in relazione con altri, perché rendono più facile a chi possiede doti di resistenza trovare vie d'uscita dalle crisi e costituirsi una rete di persone in grado di dar loro sostegno nelle situazioni difficili. Aiuta anche non essere troppo attaccati alle proprie abitudini ed essere aperti a cambiamenti nella propria vita, o addirittura saperne trarre un particolare gusto. E infine l'ottimismo e un pizzico di humour aiutano a vedere di nuovo la luce all'orizzonte, dopo una sventura.

Ma la resilienza non è solo una caratteristica, un elemento essenziale o la somma di tratti del carattere. Accanto a questi fattori della personalità, nella formazione della forza psichica di resistenza hanno un ruolo essenziale anche fattori ambientali. Nessuna personalità, per quanto forte, sopravvive in un contesto completamente avverso; e personalità in sé deboli possono essere così rafforzate dal loro ambiente da riuscire alla fine a superare le crisi più facilmente di altre persone più coriacee.

La forza di resistenza poggia su molti pilastri

Le probabilità che il bambino potesse avere una vita bella e piena erano tutt'altro che buone. Fra i nativi dell'isola hawaiiana di Kauai negli anni cinquanta del secolo scorso dominava la malinconia, che colpisce molte popolazioni vicine allo stato di natura, quando vengono dominate da potenze straniere. Il paesaggio era paradisiaco, ma per molti bambini la vita lì era un inferno. Alcolismo e miseria erano la norma. La depressione era endemica già nella seconda generazione: i bambini dei lavoratori poveri delle piantagioni di zucchero di quell'isola giardino venivano regolarmente trascurati se non addirittura maltrattati, non di rado i matrimoni dei loro genitori finivano male, mancava sempre denaro. In quei giovani, ragazzi e ragazze, non avrebbe creduto nessuno.

Eppure alla fine c'è stata una sorpresa: per quarant'anni Emmy Werner, americana, psicologa dello sviluppo, ha intervistato e osservato regolarmente, con la sua équipe dell'Università della California, esattamente 698 ragazzi e ragazze di Kauai. Erano tutti nati nell'isola nell'anno 1955. Duecentouno di loro sono cresciuti sull'isola, già difficile di per sé, in condizioni particolarmente problematiche. Già nella prima infanzia erano stati esposti a esperienze traumatiche, avevano genitori con disturbi psichici o alcolizzati, oppure vivevano in mezzo a continue tensioni familiari. Quei bambini avevano colpito profondamente Werner.

Fra questi, la psicologa ha prestato particolare attenzione a quelli di cui pochi ricercatori prima di lei si erano preoccupati, ossia i due terzi di bambini, che secondo le aspettative non sono riusciti a superare le difficoltà in cui si erano trovati a nascere. Quei 129 giovani corrispondevano alle aspettative negative che tutto il mondo aveva nei loro confronti: già intorno ai dieci anni avevano problemi di apprendimento e di comportamento; prima di arrivare al diciottesimo anno avevano già avuto a che vedere con la legge, oppure manifestavano a loro volta disturbi psichici.

La giovane psicologa ha seguito gli altri, quel sorprendente terzo di ragazzi particolarmente sfortunati: 72 piccoli hawaiiani a cui era riuscito di superare la propria difficile situazione e di condurre, nonostante la cattiva prognosi sociale, una vita normale. Quei bambini in nessun momento avevano mostrato difficoltà comportamentali. Andavano bene a scuola, erano connessi alla vita sociale della loro isola e si proponevano mete realistiche. Raggiunti i quarant'anni, nessuno di questi era senza lavoro, aveva avuto guai con la legge ed era stato affidato all'assistenza pubblica. Un terzo di quei bambini particolarmente sfortunati di Kauai era cresciuto e diventato adulto consapevole, in grado di provvedere a se stesso ed efficiente, aveva successo nel lavoro e sapeva vivere relazioni sane.

Così Emmy Werner ha messo in dubbio la tesi, corrente fino a quel momento, per cui bambini in tali condizioni iniziali non potessero in alcun modo sfuggire a un destino disastroso. La psicologa lo ha formulato in termini scientificamente chiari: anche se le condizioni di partenza sono tanto brutte, ci sono persone che riescono a prendere il controllo della propria vita.

A Emmy Werner interessava capire quali fattori difenda-
no alcune persone dalle avversità della vita. Si chiedeva: che
cosa esattamente rendeva possibile ad alcuni bambini di
Kauai evitare di soccombere ai problemi psichici e di cadere
nella depravazione?

Era una domanda fondamentale non solo per la medicina
e la psicologia, sostiene il pedagogista Michael Fingerle, ma
anche per la pedagogia: "Ci siamo preoccupati a lungo del
perché certe persone non se la cavano bene nella vita," dice.
"Ma per tutti gli educatori è fondamentale sapere come è
possibile raggiungere una buona vita." Nonostante il suo lavoro pionieristico, Emmy Werner a quel punto era ancora
figlia del suo tempo. Nel suo studio iniziale del 1958 valutava la vita buona principalmente in base a fattori esterni, in
base a successi facilmente misurabili.

Chiedeva dei risultati scolastici dei bambini di Kauai e
della loro formazione professionale. Cercava di appurare se
diventavano responsabili e se erano in grado di avere matrimoni che durassero più di un paio d'anni soltanto. Infine
valutava ancora se i giovani sviluppavano o meno disturbi
psichici.

Fingerle avanza una forte critica: è un modo ancora molto
conservatore, orientato alle norme, di vedere la vita umana.
"La scienza deve essere assolutamente avalutativa," sostiene.
Sarebbe stato importante chiedere alle stesse persone interessate se erano contente di sé. Perché nella vita c'è molto di più
di un lavoro sicuro e di un matrimonio con due figli: bisogna
capire se una persona, anche nelle crisi peggiori che le si para-
no davanti, sa come può gestire sensatamente la propria vita;
se alla fine è felice di sé e di quello che è.

La chiave della forza sono i legami

Nonostante le critiche, anche Michael Fingerle riconosce
il valore fondamentale del lavoro pionieristico di Emmy
Werner: "Lo studio di Kauai ci ha indicato i fattori essenzia-

li, che mantengono sane le persone nonostante le condizioni più gravi," dice. Anche Friedrich Lösel la vede allo stesso modo. Lösel, già psicologo e criminologo, è interessato, anche per questa sua formazione, a capire quali possibilità abbiano bambini provenienti da un ambiente sociale difficile di condurre la loro vita in modo diverso rispetto ai modelli offerti loro dalla famiglia. "La difesa più grande in assoluto nella vita è la formazione," riassume Lösel.

I bambini forti di Kauai avevano qualcosa che tutti gli altri bambini, finiti male come i loro genitori, proprio non possedevano: hanno avuto almeno una figura formativa, che si è preoccupata di loro amorevolmente e ha reagito alle loro necessità, che ha fissato confini e ha offerto loro un orientamento.

Anche Bill Clinton ha avuto il sostegno di relazioni strette e affidabili. Fino a quando sua madre non ha sposato il patrigno, è vissuto nella casa dei nonni, che gli volevano molto bene. Eppure lo sapeva: non avrebbe potuto basarsi solamente sui nonni. Nonostante le debolezze, anche la madre era una persona fidata, che era disponibile secondo le sue forze e cercava con lui il modo per contrastare la tirannia del patrigno.

"Anche un solo legame stretto rende così forti da poter fare da contrappeso a molti fattori negativi," dice la pedagogista Monika Schumann, che aggiunge: "Questa è la nostra opportunità pedagogica".

La persona fidata non deve essere necessariamente la madre o il padre, la nonna o il nonno. Una zia, un'insegnante, una vicina possono assumere questo ruolo. "È importante che vada incontro al bambino sul suo terreno," dice Schumann. "Qualcuno deve dargli sicurezza, riconoscere i suoi progressi, stimolare le sue capacità e amarlo indipendentemente dai risultati e dalla buona condotta. Questo rende forti per la vita."

Quindi non è un caso che a Kauai si siano sviluppati positivamente soprattutto i primogeniti e quelli che avevano relativamente pochi fratelli o sorelle. È andata bene in particolare a quei bambini che avevano già almeno due anni prima di dover condividere l'attenzione dei genitori con altri fratelli.

L'amore è un dono. Ma anche i bambini spesso non lo ricevono senza dare qualcosa in cambio. Fondamentalmente, la resilienza è la capacità di affrontare relazioni esigenti e di trovare sostegno in persone o istituzioni, dice la psicologa di Zurigo Ulrike Borst, terapeuta di coppia. Molti non devono neanche darsi molto da fare: chi da piccolo arriva al mondo accolto come un raggio di sole e conquista i cuori degli altri nella tempesta, si attira spesso l'affetto anche senza fare nulla di più. "I bambini che hanno un temperamento amichevole, sveglio, aperto, rendono più facile anche alle persone di riferimento amarli," dice la sociologa Karena Leppert, esperta di resilienza, "e perciò trovano più facilmente amici o altre persone che li sostengano."

Questo si vede anche nei bambini di Kauai: i bambini piccoli "facili da accudire", che non affliggono le persone di riferimento con comportamenti logoranti nell'alimentazione o con riti estenuanti per dormire, all'età di un anno o due godono di una cura più positiva da parte dei loro genitori o di altre persone di riferimento, rispetto ai bambini più difficili. Le madri descrivevano quei bambini, che poi sono diventati persone di successo e resilienti, già a un anno tendenzialmente come attivi, amorevoli, affettuosi e gradevoli. Quando i bambini avevano due anni, anche osservatori indipendenti condividevano lo stesso giudizio e definivano i bambini piacevoli, allegri, amichevoli, aperti e socievoli. I bambini resilienti inoltre erano meglio integrati nel gioco sociale con i loro coetanei. Si rendevano spontaneamente disponibili per coloro che avevano bisogno di aiuto e potevano a loro volta chiederne, quando ne avevano bisogno.

È un'interazione fra temperamento del bambino e sensibilità della persona di riferimento, dice Karena Leppert. L'atteggiamento amichevole del bambino fa sì che egli diventi più forte nella vita, perché in quel modo si assicura la disponibilità degli altri. Al contempo ha un effetto positivo su genitori e amici, se le persone sono robuste, sprizzano energia e hanno un atteggiamento attivo, aperto ai legami sociali. Le relazioni rendono forti – e la forza crea relazioni, risultato doppiamente positivo.

In ogni caso il risultato è che le persone particolarmente resistenti psichicamente in genere sono anche sicure e si sentono a loro agio nel proprio mondo. Come il giovane socialdemocratico Vegard Grøslie Wennesland, che ha superato gli orrori di Utøya senza conseguenze, si inseriscono bene nei gruppi, sono socievoli, impegnate, capaci di entusiasmarsi e coscienziose. Sono estroverse, amano fare nuove esperienze e incontrare altre persone. E nelle situazioni di crisi hanno un ambiente fidato, in cui trovano sostegno e consiglio su come risolvere costruttivamente i problemi.

La forza di resistenza è anche una questione di frustrazione

Susanne ha colpito particolarmente lo psicologo. Quando Friedrich Lösel l'ha conosciuta, aveva quindici anni. Erano i primi anni novanta, e Lösel era professore all'Università di Bielefeld. A quel tempo gli psicologi come lui cominciavano a interessarsi agli elementi di forza delle persone, invece che a quelli di debolezza. Volevano determinarne le potenzialità, scoprire come risolvevano problemi difficili, senza parlare della loro salute psicologica. Sarebbero riusciti ad approfondire meglio la cosa, pensavano gli scienziati, se avessero studiato persone che dovevano affrontare sfide particolarmente gravi. Perciò cercavano adolescenti pieni di difficoltà e li trovavano soprattutto ai margini della società, in contesti in cui droga e violenza erano all'ordine del giorno, spesso mancava uno dei genitori e l'altro era in difficoltà sul fronte educativo.

Susanne era fra quegli adolescenti. Ed era fra quelli che nonostante tutto non si lasciavano abbattere. La sua infanzia offriva materia per racconti atroci come di solito se ne vedono solo al cinema. Il padre annegava i suoi problemi e i ricordi della propria disastrosa infanzia nell'alcol; la madre, solo per poter in qualche modo tollerare la sua vita, prendeva ogni giorno così tante pillole che alla fine l'hanno distrutta.

Quando Susanne aveva cinque anni si è verificato un breve momento di tranquillità: i suoi genitori si sono separati. Ma poi la madre ha cominciato a cercarsi nuovi uomini, sempre diversi, che trattavano Susanne male o peggio. Uno, da cui sua madre ha avuto un terzo figlio, è diventato il suo patrigno. Purtroppo non era il migliore dei numerosi fidanzati, e di certo non per Susanne. Il patrigno maltrattava la figlia e la madre. Così Susanne, a dodici anni, ha cominciato a bere, cosa che alla fine non si è dimostrata nemmeno così malvagia, perché se non altro ha attirato l'attenzione degli assistenti sociali. Poiché la polizia la trovava spesso sbronza, l'Ufficio per l'assistenza minorile ha spedito Susanne in una casa famiglia. Finalmente nella sua vita c'è stata una svolta fortunata: ha trovato una madre affidataria, con cui ha potuto costruire una buona relazione, che la capiva, era partecipe dei suoi problemi, le ha comunicato dei valori e l'ha sostenuta. Susanne non ha più avuto bisogno dell'alcol, è tornata a scuola, è andata addirittura al ginnasio, e ha cominciato a condurre una vita da adolescente piena, facendosi amici e coltivando molti interessi diversi.

Susanne è stata fra i 146 adolescenti in condizioni difficili che Friedrich Lösel, con la sua collaboratrice Doris Bender, negli anni novanta ha intervistato nell'ambito dello "Studio sull'invulnerabilità di Bielefeld". Ottanta di quegli adolescenti che provenivano da istituti assistenziali avevano lasciato la scuola, assumevano droghe o erano violenti.

Come Susanne però quasi la metà era riuscita a lasciarsi alle spalle la propria infanzia spaventosa, senza sviluppare disturbi psichici o senza diventarne una vittima cronica. La percentuale era superiore a quella dei bambini di Kauai, dove uno su tre possedeva una forza di resistenza psichica sufficiente per non continuare a vivere in condizioni disastrose come quelle in cui si era trovato a nascere. Come i bambini hawaiiani resilienti, anche gli adolescenti di Bielefeld in grado di vivere bene si distinguevano soprattutto perché avevano una persona, al di fuori della propria famiglia difficile, che si prendeva cura di loro con amore e che, come la madre affidataria di Susanne, era un modello e dava loro delle regole a cui avrebbero potuto attenersi nella vita.

I ricercatori hanno trovato però anche altri fattori decisivi per la forza di resistenza di quei ragazzi nei confronti del loro ambiente degradato: colpiva soprattutto l'equilibrio emotivo degli adolescenti più forti. "Gli adolescenti resilienti come Susanne avevano un temperamento più flessibile e meno impulsivo di quelli vulnerabili, a cui è andata male," racconta Friedrich Lösel. A differenza delle persone più stabili emotivamente, a quelle non equilibrate risulta difficile affrontare costruttivamente le sfide: dopo una batosta o sotto una forte pressione reagiscono in modo eccessivo. L'intensità dell'aggressività, del dolore o della collera però ci fa spesso orientare lo sguardo sul modo in cui si può tirar fuori il meglio da queste situazioni sgradevoli.

Chi elabora bene le sventure deve sopportare qualcosa, dice Lösel. Deve per lo più darsi un nuovo orientamento, cambiare la propria vita e percorrere strade sconosciute, come hanno fatto in modo quasi incredibile Natascha Kampusch e l'uomo quasi completamente paralizzato della clinica Grosshadern di Monaco. Bisogna possedere in una certa misura tolleranza alla frustrazione, forza e perseveranza. Quelli che invece sono soprattutto frustrati dalle contrarietà non hanno l'energia per opporsi alle avversità della vita. "Senza una certa robustezza emotiva non ce la si fa," dice anche la sociologa Karena Leppert, che con i suoi colleghi ha studiato per anni, alla Clinica universitaria di Jena, i fattori della personalità che rendono emotivamente resistenti.

Questi ricercatori hanno trovato che le persone forti non se la prendono con il loro destino, sono pronte invece ad accettare la loro situazione e i sentimenti spiacevoli annessi, come è riuscita a fare Ute Hönscheid, che ha perso suo figlio per l'errore di un'infermiera, o Ralf Rangnick che, nonostante il suo burn-out, è ritornato rapidamente di nuovo al calcio. "Le persone resilienti non si vedono come vittime, ma prendono il destino nelle loro mani," dice Leppert.

L'apertura è estremamente importante, sostiene Corina Wustmann Seiler che dirige il progetto "Promozione della formazione e della resilienza in età precoce" a Zurigo. Questo vale sia per gli adulti sia per i bambini. Invece di eludere i problemi, anche i bambini forti di Kauai cercavano di affrontarli attivamente, e in questo parecchi mostravano flessibilità. I bambini "si assumevano autonomamente la responsabilità nella situazione corrente ed erano attivamente impegnati a cercare una soluzione al problema," dice Wustmann Seiler. "Non stavano ad aspettare che qualcuno da fuori eliminasse il problema o venisse loro in aiuto."

L'interazione di personalità e ambiente

Il senso di appartenenza alla comunità, la fiducia nella significatività della propria persona e del proprio comportamento (vedi pp. 82 sgg.) e la convinzione dell'esistenza di un senso superiore nella vita, sono tutti elementi che, secondo altri studi, rafforzano a tal punto le persone da consentire loro di affrontare meglio le sfide. Dopo le crisi le persone raccontano sempre quanto sia stata importante per loro la spiritualità e la convinzione profonda che alla fine tutto sarebbe andato bene.

Una simile visione positiva del mondo è tipica di molte persone dotate di capacità di resistenza. A Kauai e a Bielefeld si è visto che molte delle persone adatte alla vita contavano sul fatto di poter avere successo nella lotta contro la loro condizione sfortunata. Credevano in sé e nelle proprie capacità di riuscire alla fine a controllare la situazione. "Per questo affrontavano le situazioni problematiche più come una sfida che come una sfortuna," dice Friedrich Lösel.

Per questo è utile anche l'intelligenza. Chi vuole superare le prove della vita non deve essere necessariamente superdotato. Ma aiuta, quando si è in difficoltà, saper analizzare la situazione, escogitare alternative e portarle avanti. "È più facile dare una nuova prospettiva alla propria vita, quando si possiede una certa intelligenza," dice Lösel. Le capacità cognitive rendono più agevole completare un corso scolastico o professionale, cosa che apre potenzialità ancora migliori per una conduzione attiva della propria vita.

"E c'è ancora un'altra cosa che rende forti," dice Friedrich Lösel, "ed è lo humour. Chi non prende troppo sul serio tutti i fatti della vita, ma è capace qualche volta anche di ridere di se stesso, non se la prende tanto facilmente con il proprio destino." Naturalmente "non si esce da un evento traumatico come una violenza con lo humour," aggiunge. Ma se si affrontano le difficoltà quotidiane con umorismo, allegria e ottimismo, come ha sempre fatto Erwin, esiliato dalla sua Pomerania, si vive più sani.

Questi fattori generali della resilienza sono stati comprovati molte volte. Si presentano non solo indipendentemente dal fatto che i giovani siano cresciuti senza futuro su un'isola hawaiiana o nell'ambiente problematico di Bielefeld. Le stesse strutture erano importanti anche per chi si è trovato in mezzo alle guerre civili, per i detenuti, che hanno dovuto ricominciare una nuova vita, per la lotta per la sopravvivenza nelle zone in crisi, per le famiglie costrette a vivere in povertà, per i bambini con genitori affetti da disturbi psichici o per quanti hanno dovuto rassegnarsi a un divorzio.

Molti esperti del settore, come Karena Leppert, sono dell'idea che la resilienza sia solo questione di personalità, o addirittura una caratteristica della personalità, ma sta crescendo il numero dei ricercatori convinti che accanto a questi tratti del carattere abbiano un ruolo determinante fattori ambientali come l'atmosfera in cui si cresce, la responsabilizzazione, la percezione di un senso di appartenenza. Personalità e ambiente non sempre sono facilmente separabili: se un bambino mostra una disponibilità ad aiutare gli altri o si dedica a un hobby, questo non dipende solamente dalla sua natura, ma anche dai modelli che ha trovato nell'ambiente circostante.

"Rispetto a quello che si pensava prima, oggi è dimostrato che la resilienza non indica un tratto innato della personalità," aggiunge Corina Wustmann Seiler. "Le radici per lo sviluppo della resilienza stanno in particolari fattori che riducono il rischio e che possono essere localizzati tanto nella persona quanto nel suo ambiente di vita." Considera l'adeguatezza a vivere come una capacità che le persone acquisiscono nel corso del loro sviluppo. Con l'aiuto di altre persone, di istituzioni come la chiesa o la scuola e delle proprie disposizioni elevano un muro di difesa contro le condizioni avverse, come i bambini di Kauai o gli adolescenti di Bielefeld; si adeguano a situazioni improvvise di difficoltà come nelle zone di guerra o dominano i traumi fisici, come quelli che insorgono in seguito a un incidente automobilistico in cui hanno rischiato la vita. La resilienza contribuisce alla difesa, alla riparazione o anche alla rigenerazione, dice Friedrich Lösel.

Tutte le caratteristiche, possedute in misura significativa dalle persone forti fin qui analizzate, e gli influssi dell'ambiente non sono una necessità. "Rendono più facile dominare condizioni di vita difficili," dice Lösel. Quasi nessuno ha a disposizione tutti questi fattori, ma anche questo non è assolutamente necessario.

Chi è forte spesso si conosce particolarmente bene

Il moscerino imparava in fretta. Nella brutta situazione in cui si trovava, non poteva fare un granché, tuttavia cercava in tutti i modi possibili di sfuggire al terribile calore che dal cielo continuava a bruciargli le ali.

Era un esperimento avventuroso, e non solo per il moscerino. Con una notevole abilità manuale i ricercatori del laboratorio di Martin Heisenberg a Würzburg avevano bloccato in volo il piccolo insetto, lungo solo 2,5 millimetri, fra due filamenti di metallo. Il moscerino della frutta volava in una realtà virtuale: alcuni Led gli creavano un ambiente che in realtà non esiste. Sui filamenti metallici erano disposti alcuni sensori, che determinavano le reazioni dell'insetto nel suo mondo artificiale. Non molto, in realtà, perché non poteva scegliere altro che andare un po' verso sinistra o un po' verso destra.

Quell'unica possibilità di scelta aveva però una grande importanza per l'insetto, perché, se si dirigeva verso destra, il calore diventava insopportabile. Il moscerino imparava in fretta che era più salutare volare verso sinistra. Non ci volle molto prima che si dirigesse esclusivamente in quella direzione. Anche quando i ricercatori avevano smesso da tempo di far partire gli impulsi di calore, l'insetto solo lentamente ricominciava a esplorare il mondo alla sua destra.

Il moscerino serviva alla ricerca psicologica: che non solo i genetisti e i biologi dello sviluppo potessero imparare qualcosa da creature ritenute prive di psiche, ma anche gli psicologi, può apparire sorprendente. In realtà invece gli scienziati possono studiare un fenomeno dalle molte facce come la capacità di resistenza non solo nei mammiferi, ma anche in animali di livello inferiore.

Già la più piccola delle creature impiegate nella ricerca, il moscerino della frutta con il suo minuscolo cervello, può dirci qualcosa sulla nostra vita psichica, pensa Martin Heisenberg. Aiuta addirittura a comprendere ciò che sta alla base di comportamenti complessi come la letargia o la capacità di trovare una nuova strada in una situazione apparentemente priva di vie d'uscita. È vero: anche i moscerini qualche volta si arrendono. Per esempio, quando Martin Heisenberg li ha frustrati a sufficienza: allora diventano impotenti, sembrano perdere ogni voglia di vivere – come gli esseri umani quando si sentono come pedine con cui il destino si diverte a giocare e hanno l'impressione che le loro decisioni siano irrilevanti per il corso degli eventi.

Per dimostrarlo, Heisenberg rinchiude i moscerini in una piccola scatola, un involucro che diventa caldo in misura spiacevole. Se però gli insetti non si lasciano bloccare dalla paura, ma continuano ad andare verso le pareti, l'involucro si raffredda rapidamente. Un secondo gruppo di insetti non può invece cambiare nulla nel riscaldamento. La temperatura sale e scende indipendentemente da quello che i moscerini cercano di fare. Questo ha un effetto disastroso sul secondo gruppo di insetti, gli esemplari oppressi e frustrati: in un esperimento successivo questi animali non cercano nemmeno più di sfuggire al calore. I moscerini rimangono fermi senza far nulla nella loro scatola, anche quando la percezione di calore sotto le zampette dovrebbe spingerli a muoversi. E questa volta la fuga potrebbe anche essere possibile in modo semplice: basterebbe che andassero a posarsi sulla parete opposta, dove la temperatura è confortevolmente fresca. Ma i moscerini non lo percepiscono, e forse non ci sperano neanche più. Evidentemente hanno l'impressione di essere in una situazione senza via d'uscita e hanno perso ogni stimolo a cercare di migliorare la loro condizione.

Gli insetti si comportano, si potrebbe dire, come cani bastonati. E in fondo è proprio così: i presupposti dell'esperimento di Heisenberg con i moscerini risalgono agli anni sessanta, quando gli psicologi Martin Seligman e Steven Maier hanno fatto esperimenti con i cani, somministrando loro scosse elettriche. Anche lì gli animali, che nella prima parte dell'esperimento non avevano potuto influire in alcun modo sulla loro situazione, nella seconda parte non cercavano neanche più di sfuggire alle scosse e rimanevano apatici nella loro gabbia. Da allora gli psicologi parlano di *learned helplessness*, impotenza appresa. Questa oggi è il modello delle depressioni, ma aiuta anche a capire meglio come gli esseri umani possiedano in misura diversa la forza di resistenza psichica, perché in questi esperimenti emergono sempre singoli individui che non imparano l'impotenza, ma continuano a lottare.

Il comportamento dei moscerini ha effettivamente qualcosa a che fare con una completa mancanza di stimoli, o addirittura con una sorta di depressione? Se lo è chiesto anche Martin Heisenberg. Ha osservato anche che i moscerini, dopo aver vissuto una situazione senza vie d'uscita, in genere volano meno e più lentamente di prima. "Non sappiamo, però, se questi insetti per esempio abbiano anche meno interesse all'accoppiamento," dice. È probabile che le femmine siano vittime di questa impotenza appresa più frequentemente dei maschi, come avviene anche fra gli esseri umani per quanto riguarda le depressioni.

Quanto è paragonabile l'impotenza appresa dei moscerini con le depressioni degli esseri umani? Le somiglianze sono evidenti nei test farmacologici, perché i moscerini possono essere trattati con gli psicofarmaci. Un paio di milligrammi di Citalopram, un po' di 5-HTP o di Prozac, la psico-pillola che negli Stati Uniti viene da tempo utilizzata per qualsiasi disagio nel quotidiano, aiutano gli insetti ad andare di nuovo meglio. La loro depressione poi è come svanita, si salvano perfettamente dal calore come i loro consimili che non si sono lasciati abbattere.

Come gli insetti, anche gli esseri umani imparano attraverso i loro successi o insuccessi. Agli animali con una simile strategia di apprendimento la natura però ha chiaramente dato, a loro difesa, anche un programma il quale fa sì che a un certo punto desistano. "Se nella vita ci si continua a sviluppare attraverso i tentativi, c'è bisogno anche di un interruttore d'emergenza, che impedisca di continuare a tentare senza mai smettere," dice Heisenberg. L'interruttore d'emergenza salva l'uomo, ma porta con sé anche dei rischi: "A volte," aggiunge Heisenberg, "è fonte di depressioni".

Il freno d'emergenza a quanto pare però non funziona in tutti gli esseri umani nella stessa misura. È nella natura di alcuni nostri contemporanei cedere rapidamente, quando qualcosa non va secondo le loro aspettative; altri invece possiedono speranza, coraggio e tolleranza alle frustrazioni sufficienti da tentare ancora molte volte la sorte, prima di avere finalmente successo o di riconoscere il proprio fallimento. A seconda dell'esito dei loro sforzi si ritiene intelligente a volte un tipo di persona, a volte l'altro.

La fiducia in se stessi rende forti

Alla base del modo in cui si affronta una sfida, in molti casi, però, c'è qualcosa di più di una mancanza o di un eccesso di forza propulsiva. Chi arrischia qualcosa ha a disposizione per lo più una caratteristica essenziale: la fiducia in sé. Anziché sentirsi impotenti, queste persone già agli inizi della loro vita sviluppano un'elevata *autoefficacia percepita*, come la chiamano gli psicologi. Con questo termine intendono la convinzione di poter produrre un influsso mirato sul mondo. A differenza delle persone, dei cani o dei moscerini letargici, queste persone sono convinte che ci sia speranza; credono di poter contribuire personalmente a far sì che le cose evolvano nel modo che desiderano. Il motto di Obama, "Yes, we can", potrebbe essere il grido di battaglia dell'autoefficacia.

Quanto sia utile questa convinzione lo dimostra anche lo studio sull'invulnerabilità di Bielefeld. I giovani intervistati in questo studio, provenienti da situazioni difficili, che hanno preso in mano la loro vita nonostante l'infanzia svantaggiata, si sentivano mediamente meno impotenti e confidavano maggiormente nelle proprie forze rispetto agli adolescenti che poi hanno fallito, dice Friedrich Lösel: "Questi adolescenti erano convinti di poter ottenere qualcosa nella vita se si davano da fare".

La stessa cosa si poteva osservare a Kauai: "A dieci anni i bambini resilienti avevano fiducia di poter produrre effettivamente qualcosa, con il loro comportamento," dice Corina Wustmann Seiler. "Chi non si aspetta di poter produrre qualcosa con il suo comportamento, non tenterà nemmeno di cambiare la situazione o di rischiare un po', ma soffrirà e avrà un giudizio negativo di se stesso. Chi invece possiede un'autoefficacia percepita la trasferirà anche alle nuove situazioni e si cimenterà con un certo livello di difficoltà." La fiducia di poter dominare un problema aiuta quindi anche a risolverlo effettivamente. Rende forti.

I bambini imparano presto se possono ottenere qualche risultato oppure no. "L'autoefficacia viene trasmessa già ai lattanti," dice la pedagogista Monika Schumann. Quando un bambino piange perché cerca la mamma e questa effettivamente arriva, lo prende in braccio e lo culla, lui capisce di essere qualcuno e di avere del potere. I bambini che invece già nella prima infanzia fanno esperienza dei loro bisogni disattesi, che con i loro desideri disturbano e le cui idee non valgono nulla, non svilupperanno molta autoefficacia percepita. A questi bambini manca la fiducia di poter superare i problemi. Quando si verifica una situazione difficile, è più frequente che rimangano impietriti invece di mettersi a cercare una via d'uscita. Per forza poi non mostrano la capacità di trovare soluzioni.

Corrisponde a queste osservazioni il fatto che anche a Kauai diventavano particolarmente resistenti quei bambini che già da piccoli dovevano assumersi delle responsabilità, come prendersi cura dei fratellini, assolvere un compito nella comunità o svolgere faccende domestiche perché entrambi i genitori lavoravano oppure erano malati. Molti fra i più resilienti dovevano anche guadagnare qualcosa, per contribuire al sostentamento della famiglia. "Questa responsabilizzazione precoce favorisce evidentemente lo sviluppo dell'autoefficacia e della perseveranza," dice Corina Wustmann Seiler: "I bambini avevano visto abbastanza presto che con quello che facevano ottenevano qualcosa e potevano guadagnare un riconoscimento. Non importa che si trattasse di prendersi cura dei fratelli o di segnare un gol in una partita di calcio".

Dall'autoefficacia si sviluppa anche l'autoconsapevolezza, un altro presupposto importante per la resilienza. Per affrontare attivamente una sfida senza alcun dubbio c'è bisogno anche di coraggio e di fiducia in se stessi. Comunque non esiste un rapporto diretto, che valga in tutte le sfumature, fra resilienza e autoconsapevolezza, sostiene Michael Fingerle. Una buona misura di senso del proprio valore motiva al rendimento e aiuta a superare le sconfitte e gli eventi critici della vita – non a caso si parla spesso di "una sana autoconsapevolezza"; mentre una scarsa autoconsapevolezza porta con sé il rischio di depressione e demotivazione. "Ma un'autoconsapevolezza troppo forte può trasformarsi in narcisismo," ammonisce Fingerle. E questo porta rapidamente a un senso mutevole del proprio valore, perché per il narcisista la minima umiliazione significa una mezza catastrofe. Un eccesso di autoconsapevolezza può portare anche alla *hybris*, dice Fingerle. E chi si sovrastima corre un rischio significativamente maggiore di fallire, perché prende le decisioni sbagliate o perché crede che certe difficoltà non possano avere la meglio su di lui. La conseguenza quasi inevitabile è quella di andare incontro a grandi batoste.

Anche per ragioni del tutto pratiche giudizi errati e chimere sono ostacoli gravi, quando si tratta di superare situazioni difficili. Friedrich Lösel in una sua ricerca ha chiesto a delle mogli di detenuti che cosa si aspettassero per il momento in cui il loro marito sarebbe stato nuovamente in libertà. "Quelle che non avevano sogni fuori dalla realtà, ma sapevano che avrebbero incontrato nuove difficoltà, hanno saputo poi gestire significativamente meglio la situazione," racconta.

Sapere quando vale la pena di lottare: in questo soprattutto sta la differenza fra i lottatori che hanno successo e gli altri, fra quelli che rimangono impotenti e quanti si dimostrano abili. Questo non significa solo saper valutare realisticamente la situazione: sono chiaramente avvantaggiati quelli che conoscono bene se stessi e sanno se e come possono dominare quelle difficoltà.

"La resilienza è una capacità dinamica," spiega Karena Leppert. Aiuta a controllare e a modulare la propria sensibilità in funzione della sfida e della difficoltà. Le persone resilienti non sanno necessariamente come superare una certa situazione, ma dispongono di una molteplicità di modi di comportamento cognitivi, emotivi e sociali, per potersi adattare e rimanere funzionali; hanno visto che sono sempre usciti in qualche modo dalle difficoltà. "Si può imparare a fare affidamento su questa capacità," dice Leppert. "Liberi secondo il principio: so che cosa posso fare e so che cosa non posso fare. So che me la posso cavare."

Io HO, io SONO, io POSSO – così individua Brigid Daniel, scozzese e docente di Assistenza sociale, i tre pilastri della resilienza: io HO persone che mi hanno a cuore e mi aiutano. Io SONO una persona gradevole e rispettosa, nei confronti di me stesso e degli altri. Io POSSO trovare delle strade per risolvere i problemi e gestire me stesso.

Conoscersi bene dà forza anche per un motivo diverso: chi ha una visione obiettiva di se stesso cerca un partner per la vita e un posto di lavoro secondo i propri criteri, le proprie esigenze e le proprie preferenze e non in base al metro di giudizio di altri, che magari prevede una limousine nera o un camice bianco da medico. "In questo modo lavoro e rapporto di coppia diventano fonte di forza invece che luoghi di costante consumo di energia," dice Monika Schumann.

Anche sognare un po' può essere utile: "Spesso aiuta alla fine già la convinzione di farcela," dice Jens Asendorpf, psicologo della personalità. La convinzione, la fiducia può spostare montagne di problemi. È anche una questione di interpretazione: per chi è convinto di poter eliminare le difficoltà dal mondo, le situazioni di stress e gli avvenimenti problematici possono risultare meno opprimenti che non per chi tende a darsi subito per vinto; chi è pieno di energia magari prende le difficoltà addirittura come sfide che val la pena affrontare, sapendo che alla fine lo aspetta la bella sensazione di aver ottenuto un'altra vittoria nella vita. "Come le persone affrontino lo stress dipende in gran parte dalla loro percezione soggettiva," dice Asendorpf. "Per chi vede lo stress come sfida, non è più neanche una cosa negativa." Invece le persone con una scarsa autoefficacia percepita vedono subito lo stress come negativo. "Così una sfida si trasforma in una grave minaccia, fino a portare alla sensazione di perdita di controllo," dice lo psicologo della salute Ralf Schwarzer. Questa sensazione viene ulteriormente rafforzata dal fatto che queste persone attribuiscono i fallimenti a se stesse: "un circolo vizioso".

Schwarzer è sicuro: "Le persone dotate di una maggiore autoefficacia percepita mostrano maggiore impegno e perseveranza". Quando qualcosa va male, lo attribuiscono a cause esterne più a che se stessi e così la loro autoefficacia rimane intatta. Le persone con una minore autoefficacia percepita invece si sentono confermate nella loro visione negativa dagli insuccessi: le profezie che si autoavverano indeboliscono ulteriormente l'autoefficacia percepita e di conseguenza anche la motivazione. Inevitabilmente alla fine ne consegue una caduta della soddisfazione e delle prestazioni.

Ciò ha anche effetti sorprendenti: le persone anziane, ottimisticamente convinte di mantenere intatte le loro facoltà cognitive, nelle ricerche risultano avere una memoria migliore rispetto a persone della stessa età che ogni giorno registrano continuamente e con terrore tutti i segni della loro decadenza mentale.

Che cosa rafforza e che cosa indebolisce

Gli scienziati hanno studiato, attraverso numerose ricerche, che cosa contraddistingue concretamente le persone psichicamente forti e così hanno identificato un numero crescente di particolarità nel modo di essere delle persone resilienti. Sono stati compilati interi elenchi di caratteristiche, che sono particolarmente sviluppate o, viceversa, poco sviluppate nelle persone dotate di capacità di resistenza. Sono caratteristiche che gli scienziati hanno individuato in tutto il mondo, indipendentemente dal contesto etnico in cui hanno lavorato e dalle condizioni geografiche. La tabella che segue (dovuta a Friedrich Lösel, con adattamenti) mostra quali fattori aiutino di più a superare le crisi senza danni.

+ = contribuisce alla resistenza psichica
− = la indebolisce

TEMPERAMENTO
+ Humour
+ Flessibilità
+ Equilibrio emotivo

+ Tolleranza alla frustrazione
+ Assertività
+ Perseveranza
+ Forza
+ Ottimismo
+ Hobby
– Impulsività

COMPETENZE COGNITIVE
+ Buone prestazioni scolastiche
+ Talenti speciali
+ Pianificazione/prospettive future realistiche
+ Motivazione all'impegno
+ Intelligenza

ESPERIENZA DI SÉ
+ Autoefficacia
+ Autoconsapevolezza
– Impotenza

COPING
+ Risoluzione attiva di problemi
+ Capacità di prendere le distanze
– Reazione passivo-aggressiva ai problemi

RELAZIONI SOCIALI
+ Persona di riferimento esterna al nucleo familiare
+ Buoni rapporti con gli educatori
+ Fratelli che danno sostegno
+ Buon rapporto con la scuola
+ Esperienza di senso e struttura nella vita
+ Religiosità/spiritualità
+ Soddisfazione per il sostegno appreso
+ Comportamento sociale positivo
+ Buona capacità espressiva

ATMOSFERA EDUCATIVA
+ Calda, piena di accettazione
+ Controllo, orientamento alle norme
+ Impegni dosati e responsabilizzazione

L'errore del cuorcontento: resilienza e salute

Era dura, ma sapeva che ce l'avrebbe fatta. Poliziotti come Dick sono di fibra resistente, altrimenti non avrebbero nemmeno pensato di intraprendere il loro lavoro. Però anche Dick, a trentasei anni, è arrivato a toccare i propri limiti, l'11 settembre 2001. Come molti altri suoi colleghi, era fra i primi giunti alle Torri del World Trade Center dopo l'attacco terroristico. Hanno visto con i loro occhi le persone che si lanciavano nel vuoto dalle Torri in fiamme e prossime al crollo. Nel caos hanno cercato i sopravvissuti e hanno aiutato quelli che sono riusciti a raggiungere. In mezzo alle rovine però hanno trovato principalmente cadaveri: Dick ha visto più che altro membra sparse qua e là. Ha sentito le voci impazzite degli scampati, ha visto i loro volti terrorizzati o completamente svuotati. Donne imbiancate dalla polvere, uomini che non riuscivano a smettere di piangere; bambini che urlavano come non gli era mai capitato di sentire prima. Dick sapeva che sotto le macerie avrebbe trovato ancora altri cadaveri e parti smembrate di morti, ma ha continuato a scavare.

Dopo l'11 settembre, Dick ha dovuto andare da uno psichiatra, a causa della tristezza che nei giorni successivi proprio non voleva mai andarsene. Si alzava al mattino e la prima cosa che percepiva era quella profonda tristezza. Non sapeva nemmeno precisamente perché. Non era il destino orrendo di quelle persone, non erano i volti disfatti dal dolore, non erano le storie delle vedove e degli orfani che poteva vedere e sentire ogni giorno nei media, e quello che nonostante il suo impegno coraggioso non aveva saputo evitare. Era una profonda tristezza, che veniva da lui stesso. Il suo psichiatra riteneva si trattasse di una conseguenza delle situazioni orrende in cui Dick si era trovato coinvolto, ma anche il medico è arrivato alla conclusione che, per quanto fosse dura, Dick ne sarebbe uscito. Nonostante il trauma psicologico che aveva subìto, si dimostrava sicuro di sé e fondamentalmente in pace con se stesso. Le prospettive erano buone.

Dieci anni più tardi, Dick è tornato a essere in effetti lo stesso Dick che era prima dell'attacco terroristico alle Torri gemelle. Forse è un po' più sensibile di prima; forse ora guarda la vita in un modo un po' diverso. Certe scene, che oggi vede nel suo lavoro di poliziotto, gli ricordano l'11 settembre e i giorni che sono seguiti. Ma non gli generano più quell'oppressione, quella tristezza che gli causavano i ricordi nei primi anni dopo l'evento.

"Lo sapevo che sarebbe passato," racconterà più tardi Dick, sicuro di sé. Non aveva mai pensato che avrebbe influito così tanto sul suo spirito, che avrebbe dovuto cercare l'aiuto di uno psichiatra – non certo per le cose che viveva e vedeva nel suo lavoro. Ma anche quando ne è stato travolto, per un po' di tempo, Dick è sempre stato un esempio di personalità resiliente, un combattente, uno che non si lascia abbattere e che dopo un rovescio di fortuna si rimbocca le maniche, anziché implodere in se stesso.

"Resilienza non vuol dire che si stia sempre bene," dice Jens Asendorpf. Anche le anime più forti sono vulnerabili. A seconda della situazione, alcuni soffrono molto per quello che hanno vissuto, altri se la prendono con il loro destino. Chi è resistente, però, non resta prigioniero della frustrazione, del dolore o della paura; si rimette rapidamente in piedi e non è facile che ne faccia a lungo una malattia. Le persone resilienti non vanno in pezzi per una disgrazia grave: dopo la valle di lacrime per loro c'è ancora la risalita verso la vetta.

Un tempo gli scienziati la pensavano in modo diverso; ritenevano che le persone resilienti fossero totalmente invulnerabili. Quest'idea dell'invulnerabilità è stata formulata da uno dei primi ricercatori che si sono occupati di resilienza, lo psicologo americano Norman Garmezy. Era così entusiasta della sua scoperta che ha finito per mitizzare le persone forti. "Anche noi siamo partiti all'inizio dall'invulnerabilità dei resilienti," racconta Fiedrich Lösel. "Per questo dapprincipio abbiamo chiamato 'studio dell'invulnerabilità di Bielefeld' la nostra prima ricerca sugli adolescenti in condizioni difficili." Oggi Lösel preferisce parlare di uno "studio sulla resilienza" di Bielefeld.

Poi fra gli addetti ai lavori hanno cominciato a farsi forti le critiche contro quell'immagine ideale dell'invulnerabilità. Froma Walsh, psicologa clinica di Chicago, già nel 1998 aveva sostenuto che il concetto di invulnerabilità era legato a una concezione fantasiosa di un "Io di teflon" e all'*ethos* americano del Superuomo. E che quell'idea non si poteva più conciliare con i risultati della ricerca, dai quali emergeva sempre più che anche le persone resilienti hanno momenti di dubbio e di disperazione.

"Nessuno è invulnerabile o immune davanti al destino," ha sostenuto la psicoterapeuta svizzera Rosmarie Welter-Enderlin, oggi scomparsa. "Con il termine resilienza si intende piuttosto la capacità di dominare le crisi nel ciclo della vita facendo affidamento su risorse personali e sociali e di utilizzarle come occasione di crescita."

Essere resilienti non significa poi che si torni alla condizione precedente del tutto indenni e immutati, aggiunge Froma Walsh. Significa piuttosto che si è in grado di affrontare con successo le condizioni sfavorevoli, che ci si sa districare in mezzo a quelle situazioni, che si impara dalle contrarietà e che si è capaci di integrare quelle esperienze nella trama della propria vita. Si è vulnerabili, ma le ferite si rimarginano in media rapidamente e lasciano dietro di sé cicatrici non troppo evidenti. Invulnerabili? "No, non lo sono," dice anche Emmy Werner dei bambini resilienti di Kauai: "Sono vulnerabili, ma invincibili".

"Fondamentalmente bisognerebbe parlare di elasticità psichica anziché di robustezza psichica," sostiene lo psicologo Ralf Schwarzer. Ogni tanto si è feriti, ogni tanto si può anche finire al tappeto. Ma alla fine si ha di nuovo la forza per qualcosa di nuovo.

Chi è resiliente si riprende meglio dalle esperienze negative

Ralf Schwarzer ha studiato particolarmente a fondo la forza di resistenza psichica dei poliziotti di New York che, come Dick, sono stati impegnati al World Trade Center dopo l'attacco terroristico. Circa tremila poliziotti avevano già acconsentito all'inserimento dei propri dati sanitari nel World Trade Center Health Registry (wtchr), che Schwarzer ha potuto analizzare, in collaborazione con la collega americana Rosemarie Bowler. Il risultato: molti di quei poliziotti avevano sofferto per quello che avevano dovuto passare, ma alla fine la stragrande maggioranza di loro era tornata alla normalità dopo quell'esperienza orribile.

Solo il 7,8 per cento (su un totale di 2527 poliziotti e 413 poliziotte) dei soggetti partecipanti alla ricerca aveva sviluppato da due a tre anni dopo gli eventi una sindrome da stress post-traumatico (sspt). Fra gli uomini la percentuale dopo cinque-sei anni era salita al 16,5 per cento. "La sspt spesso si manifesta tardi," dice Schwarzer, "soprattutto fra gli uomini." In effetti la percentuale delle donne con una sspt fra i due e i tre anni dopo l'11 settembre era quasi doppia di quella dei poliziotti maschi. Dopo cinque-sei anni, però, si manifestava con la stessa frequenza in entrambi i gruppi.

La ricerca di Schwarzer evidenzia così un ulteriore fenomeno: anche se al momento una persona riesce ad affrontare bene un evento traumatico, questo può colpire ancora a distanza di anni. Può essere che una persona inizialmente riesca a elaborare bene una disgrazia, ma a quel punto è in uno stato metastabile. "Se poi nella sua vita arriva di nuovo qualcosa di grave, il trauma si manifesta all'improvviso," dice Schwarzer. Un fattore di rischio significativo, per esempio, si ha quando qualcuno a seguito di un'esperienza grave riporta danni fisici permanenti o quando lascia il suo lavoro, perché semplicemente non vuole rischiare di ritrovarsi ancora in una situazione simile.

A oltre l'80 per cento dei poliziotti di New York, però, è stata risparmiata una sindrome da stress post-traumatico.

Fra questi la percentuale di quelli particolarmente resistenti era estremamente alta, dice Schwarzer. Sembrava che le persone resilienti fra quei poliziotti fossero più frequenti che nel resto della popolazione: un numero considerevolmente minore di persone direttamente colpite ha superato quell'orrore senza danni. "Questi poliziotti sicuramente non sono persone nella media," afferma Schwarzer. La loro forza di resistenza contro gravi sciagure non viene però esclusivamente da loro stessi, ma potrebbe essere determinata anche da fattori esterni: "Il fatto che ne siano usciti così bene può dipendere per esempio dalla loro formazione, durante la quale si cerca di prepararli a eventi così estremi".

Infine, hanno scoperto i ricercatori, una disgrazia grave anche fra le persone comuni produce forti danni psichici solo su una minoranza. "Le persone possono reagire con paura, dolore, depressione e pensieri di suicidio alle catastrofi, e possono anche cominciare a consumare droga," dice lo psicologo clinico George Bonanno. "Ma è raro che più del 30 per cento delle persone colpite riporti conseguenze davvero gravi."

Le difficoltà possono provocare anche disturbi fisici. "La forza psichica ha un influsso considerevole sulla salute – e non solo sull'insorgere di sindromi da stress post-traumatico e altri fenomeni psicologici," dice Ralf Schwarzer. Lo si vede, in un modo affascinante, anche nelle persone che hanno dovuto subire un'operazione di by-pass cardiaco.

Prima dell'intervento, Schwarzer e il suo gruppo, mediante questionari, hanno stabilito quanto fosse elevata l'autoefficacia percepita dei pazienti. Come ulteriore misura della resilienza hanno considerato anche la loro integrazione sociale: quante persone appartenevano alla loro rete sociale, quanti amici avevano? E quanto si sentivano sostenuti da loro?

Il risultato è stato inequivocabile: i resilienti, fra i pazienti cardiaci, superavano l'operazione significativamente meglio; una settimana dopo l'installazione di un by-pass avevano molti meno sintomi negativi delle persone con minore autoefficacia percepita e minore sostegno sociale; la cicatrizzazione dell'incisione procedeva meglio, erano in grado di camminare già nella loro stanza e nel complesso erano più attivi. Sei mesi dopo l'intervento la forza risanatrice della resilienza era ancor più evidente: fra i pazienti che avevano maggior fiducia in sé molti stavano già facendo programmi di vacanza; si dedicavano più facilmente alle faccende di casa e alla cura del giardino ed era più facile che avessero ripreso anche il loro lavoro normale.

Alle stesse conclusioni sono arrivati i colleghi di Karena Leppert. Hanno analizzato con quale frequenza i pazienti affetti da tumore, sottoposti a terapia con radiazioni, mostravano segni di stanchezza e debolezza. Questo cosiddetto affaticamento si manifesta spesso fra chi soffre di un tumore – in parte come reazione psichica alla malattia, ma anche in conseguenza della chemioterapia o della radioterapia. Nella loro ricerca hanno seguito più di cento pazienti e il risultato è stato chiaro: i pazienti dotati di maggiore resilienza non erano colpiti dall'affaticamento nella stessa misura di quelli con personalità meno stabili.

La forza di resistenza psichica si vede anche nel modo in cui si gestisce una malattia cronica, per esempio il diabete. Questa malattia, legata alla cattiva elaborazione degli zuccheri, oggi non è più una vera minaccia: se i pazienti sono seguiti bene e prendono regolarmente i loro farmaci, in generale riescono a conviverci bene; gli effetti di lungo periodo, sulla vista o sulla funzione renale, possono essere ridotti al minimo. In ogni caso il diabete è sempre presente nella vita quotidiana: solo pochi riescono a mangiare senza preoccupazioni e tutti devono ricordarsi costantemente di assumere i loro farmaci.

La sociologa Leppert ha studiato quale influsso abbia la forza psicologica sulle persone affette da diabete e sul loro rapporto con questa patologia. Anche qui è risultato chiaramente che quanti, in base ai test psicologici, risultavano particolarmente resilienti avevano una migliore qualità della vita. "Si dicevano: la vita con questa malattia è dura, ma me la cavo bene," racconta Leppert. Di conseguenza si sentivano anche chiaramente meglio dei pazienti meno resilienti.

"Questa sensazione non riflette necessariamente una condizione fisiologica oggettiva," dice Leppert. Ai diabetici resilienti, agli occhi di un medico, le cose non andavano regolarmente meglio, "ma soggettivamente erano in grado di tollerare meglio la malattia rispetto ai pazienti meno resilienti". Si prendevano cura di se stessi e avevano meno bisogno della guida e dei consigli dei loro medici.

Ralf Schwarzer ha studiato, per diverse sfide psicologiche, a quali caratteristiche sia associata la forza che favorisce la buona salute. Dai suoi studi risulta che l'autoefficacia percepita sarebbe addirittura misurabile fisiologicamente. Secondo Schwarzer influisce, in situazioni particolarmente problematiche, su pressione del sangue, battito cardiaco e livello dell'adrenalina. Questo può essere utilizzato anche a scopo terapeutico: se la fiducia in se stessi di pazienti affetti da dolori reumatici viene rafforzata attraverso una terapia, come ha dimostrato una ricerca, quei pazienti sentono meno dolori e gestiscono meglio la loro vita quotidiana.

Accanto all'autoefficacia percepita, è importante soprattutto l'ottimismo, che è particolarmente sviluppato nelle personalità resilienti, e che influisce positivamente sul benessere e sul decorso della malattia. Sostiene Schwarzer: "È al minore livello di ansia, legato all'ottimismo, che vanno imputate l'entità delle lamentele e la qualità del superamento dei problemi".

È permesso rimuovere

Che cosa direbbe Sigmund Freud ai resilienti? Coloro che, fra queste personalità forti, archiviano le crisi nel tempo più breve e azzardano una nuova partenza, vivono chiaramente in netto contrasto con la sua teoria. Il fondatore della psicoanalisi l'ha sostenuto più volte: dopo la perdita di una persona amata o di qualcosa (magari il lavoro, l'ambiente abituale) soffrire non solo è normale, ma è anche importante.

Chi non si confronta con il senso di vuoto, di perdita e di commiato, chi lo rimuove, rischia una malattia dell'anima. Fobie, nevrosi e quella che chiamava "isteria da difesa" condurrebbero anche allo sviluppo di malattie fisiche, ammoniva Freud.

Da quando Sigmund Freud, alla fine xix secolo, ha formulato il concetto di rimozione, che poi ha trattato a fondo in un saggio del 1915, psicologi e psichiatri discutono della sua validità. Nel quotidiano molti parlano di rimozione e sono anche convinti che ci sia un rapporto diretto fra questo comportamento e l'insorgere di malattie, ma finora non se ne è data una dimostrazione scientifica. Secondo Freud la rimozione è un processo naturale, che le persone applicano in caso di esperienze dolorose o angoscianti.

Ma dove sta il confine fra rimozione e oblio, che cosa è sano e che cosa non lo è? Due scienziati dell'Università di Jena hanno condotto poco tempo fa un esperimento interessante. Kristin Mitte e Marcus Mund, psicologi, volevano sostenere scientificamente la tesi che la rimozione faccia ammalare. Nella loro analisi hanno fatto ricorso a dati già esistenti: hanno raccolto tutte le ricerche, a livello mondiale, in cui altri esperti avevano studiato malattia e rimozione nello stesso gruppo di persone. Si trattava di malattie anche molto diverse fra loro, per esempio asma e patologie cardio-circolatorie, ma anche diabete e tumori.

Nelle banche dati delle università Mund e Mitte hanno trovato nel complesso ventidue studi per un totale di circa settemila soggetti esaminati. Dai dati così raccolti sono giunti a una conclusione: fra rimozione e insorgere di malattie esiste effettivamente un collegamento. Innanzitutto, nelle persone inclini alla rimozione, si riscontra una tendenza a una pressione sanguigna più alta. "Tutti rimuovono di tanto in tanto sentimenti spiacevoli," dice Marcus Mund. Si tratterebbe di un meccanismo di autodifesa universale, del tutto naturale. Ma per quanti inclinano alla rimozione, "il principio di autodifesa è sostanzialmente ancorato nella loro personalità".

Molte persone abituate a rimuovere sono angosciate, in fondo al cuore, anche se sostengono il contrario. Non possono ascoltare notizie negative, non vogliono affrontarle. "Se però si sottopone a uno stress psichico una persona abituata a rimuovere, questa mostra chiare reazioni fisiche di ansia, come sudore e accelerazione del battito cardiaco," dice Mund. Questo effetto si può manifestare anche con un aumento della pressione sanguigna. Comunque non è stato dimostrato se tale aumento sia conseguenza di una particolare costituzione psichica o sia solo accidentalmente concomitante. In ogni caso però la pressione elevata può portare con sé problemi di vario genere, per esempio disturbi cardiocircolatori o patologie a carico dei reni e della vista. In certe condizioni dunque la rimozione può davvero far ammalare.

Non ci sarebbe correlazione, però, diciamolo qui a margine, fra l'insorgere di tumori e i sentimenti repressi. L'idea che esista una "personalità da tumori", che produca o favorisca la crescita di tumori maligni, non ha alcun fondamento. Questa concezione, per cui le persone che contraggono un tumore ne hanno in qualche modo la colpa in conseguenza della loro personalità, appartiene all'"immondezzaio della storia della medicina", sostiene Herbert Kappauf, internista, oncologo ed esperto di malattie psicosomatiche, che per molti anni ha diretto il gruppo di lavoro di psico-oncologia all'Ospedale di Norimberga.

Secondo l'analisi di Mund e Mitte, varrebbe piuttosto il contrario: le persone sono inclini alla rimozione non prima, ma dopo una diagnosi di tumore; sviluppano un tumore non perché sono abituate a rimuovere, ma il tumore modifica palesemente il loro rapporto con le notizie negative. Alcuni non vogliono ammettere di avere una patologia potenzialmente mortale; altri cercano di controllare i sentimenti spiacevoli (l'angoscia, la sofferenza), dando loro il minimo spazio possibile; altri ancora cercano di mettere sotto il tappeto tutti i problemi al di là delle preoccupazioni terribili, che provano in conseguenza della diagnosi.

Reprimere le emozioni non è necessariamente una cosa negativa. Queste persone, se sottoposte a chemioterapia, soffrono meno di quelle che vivono con intensità tutta la profondità emotiva della loro malattia, dice Marcus Mund. Proprio perché chi è incline alla rimozione ha un elevato bisogno di controllo – sulla sua malattia, sulle sue preoccupazioni e sulla sua vita – di regola è anche molto disciplinato e pronto a modificare il proprio stile di vita così che la malattia abbia minor possibilità di vincere.

Però rimozione non significa proprio rimozione, anche gli ottimisti sono inclini a nascondere sotto il tappeto le informazioni negative. La cosa non meraviglia e ora è stata dimostrata anche scientificamente. Da poco neuroscienziati inglesi e tedeschi hanno potuto osservare con la risonanza magnetica funzionale quello che succede nel cervello. Mentre erano distesi nella macchina, i soggetti sottoposti al test dovevano stimare la probabilità che nel corso della loro vita si verificassero varie cose spiacevoli. Quanto è elevato il rischio di contrarre un tumore? E quello di essere colpiti da un fulmine? Dopo che i soggetti avevano formulato la loro stima, venivano presentate loro le reali probabilità statistiche.

In una seconda tornata si manifestava un effetto stupefacente: i soggetti correggevano le loro valutazioni originali solo al ribasso, mai al rialzo. Quando veniva comunicato loro che il pericolo reale era superiore, ignoravano l'informazione. Tenevano conto nelle loro valutazioni personali del rischio solo nei casi in cui il rischio reale era minore. La regione del cervello, che è responsabile di questo "effetto lenti rosa", nel caso delle persone molto ottimiste è particolarmente attiva, dice Tali Sharot, una delle scienziate che hanno condotto questi esperimenti. "E quanto più ottimisti siamo, tanto meno ci lasciamo influenzare dalle informazioni negative sul nostro futuro."

Che la rimozione possa essere una buona cosa lo hanno dimostrato negli ultimi anni anche psicologi che lavorano in altri campi, per esempio relativi ai traumi. In precedenza, dopo gravi incidenti, rapine in banca o attacchi terroristici, le

équipe di terapeuti e assistenti spirituali intervenivano solle-
citando tutte le persone coinvolte a parlare dell'episodio che
avevano vissuto, a ricordare nei dettagli l'esperienza, per poterla elaborare; un'analoga rielaborazione degli eventi negativi fa parte anche della psicoanalisi. Con il tempo però gli
psicologi hanno stabilito che questo cosiddetto *debriefing*,
spesso nello stesso luogo dell'evento, è utile solo a poche persone; per molte può addirittura essere dannoso. Così si generano conseguenze del trauma, come ansia e dolore, anche
solo a causa del confronto a cui sono obbligate.

Ora si tende invece a lasciare tranquille le persone. Solo
chi vuole racconta l'esperienza. Dopo lo tsunami che ha colpito nel 2004 l'Oceano Indiano, l'Organizzazione mondiale
della sanità ha consigliato esplicitamente di non tormentare
ancora le vittime della catastrofe con un debriefing.

Molte persone colpite optano per il silenzio. Elaborano la
cosa solo con se stesse. Più tardi magari decidono di consul-
tare uno psicologo – ma molte non ne hanno nemmeno bisogno. Spesso sono entrate in azione le forze di autoguarigione;
la rete sociale è stata di sufficiente aiuto. Quando qualcuno
va da lui poco dopo un trauma, dice Georg Pieper, esperto di
traumi, gli consiglia di aspettare un paio di mesi. Pieper ha
uno studio vicino a Marburg e fa parte da parecchi anni della "Task Force on Disaster and Crisis" della Federazione europea delle Società di psicologi. Lì è impegnato nello sviluppo di standard europei di qualità generale per l'assistenza
alle vittime di catastrofi, perché non possano più verificarsi
in futuro errori come il debriefing forzato. A seconda della
personalità, ma anche a seconda del trauma, dice Pieper, è
possibile che l'atteggiamento giusto da tenere rispetto a un'e-
sperienza orribile sia estremamente diverso.

Lo psico-oncologo olandese Bert Garssen già anni fa ha
cercato di spingere la sua associazione a definire meglio il concetto di rimozione. Bisogna distinguere se le persone cercano
nella propria vita quotidiana di non farsi travolgere dalle loro
emozioni, o se dimenticano i particolari di eventi traumatici
– per esempio, quello che è successo esattamente durante una

violenza o come si sono sentiti, quando in guerra truppe nemiche hanno invaso il loro paese e li hanno minacciati.

Quanti sono inclini alla rimozione possono addirittura essere particolarmente resilienti. In situazioni orribili rimuovere le emozioni e le informazioni negative potrebbe essere la strategia giusta, dice Karena Leppert. Tenere a lungo la testa nella sabbia è sicuramente dannoso, ma puntualmente la rimozione può essere sensata e dimostrarsi un importante meccanismo di difesa. Potrebbe addirittura aiutare a continuare a vivere. Chi in fasi di profonda sofferenza ricomincia presto a guardare avanti e si distrae, supera più facilmente le difficoltà. Lo ha dimostrato uno studio del ricercatore americano George Bonanno su persone anziane che avevano perso il partner dopo molti anni di vita insieme. Nonostante la perdita, le persone che si concentravano sugli aspetti positivi della loro vita mostravano sintomi di lutto solo moderati e per breve tempo. Anche loro attraversavano una valle di lacrime, ma riuscivano rapidamente a tornare a funzionare nella vita quotidiana e a sviluppare una nuova prospettiva di vita.

"Avere buoni meccanismi di difesa significa a volte anche essere meschini e ammetterlo con se stessi," dice Karena Leppert. "Ma significa anche, quando la sofferenza diventa troppa, alzare semplicemente le paratie stagne." Chi è resiliente tiene lontani da sé i ricordi, le notizie o le preoccupazioni che lo tormentano, prima che lo distruggano.

Ma queste persone devono temere che i sentimenti messi da parte poi, in qualche momento del futuro, all'improvviso rispuntino fuori e li possano sopraffare? No, dice la psicologa Tanja Zöllner, non è per forza detto che i ricordi rimossi debbano riemergere. Quando la ricerca di diversione, di nuove strade, è la verità interiore, allora va tutto bene: "Quando la spugna è stata passata, ed è stata passata davvero, va tutto bene".

Per chi, a seconda della situazione, è al settimo cielo o mortalmente addolorato, potrebbe essere addirittura seducente: non deve precipitare da così in alto, non deve vivere le

crisi in ogni minimo dettaglio. Quelli che inclinano alla rimozione perciò, dice Tanja Zöllner, tendenzialmente si trovano
sempre nel mezzo, dal punto di vista emotivo. "Chi nelle crisi
precipita meno, si risparmia molto dolore. Ma spesso, anche
nei casi positivi, non ha esperienze profonde," dice. "Chi nelle
crisi invece soffre e si dispera, per consolazione può pensare
che vivrà con particolare intensità anche amore e felicità."

E quando le cose vanno troppo male, anche quelli che
sono o al settimo cielo o mortalmente addolorati possono
imparare che non in tutte le circostanze avverse devono finire negli abissi della psiche: "Dipende anche da come si valutano le cose," dice Zöllner. "Non bisogna sempre vedere in
ogni crisi solo gli aspetti negativi."

Crescere nella sfortuna

Non tutto il male vien per nuocere. È una bella consolazione, e la maggior parte delle persone lo crede fermamente:
per quanto spaventosa possa essere una disgrazia, alla fine
ha quasi sempre anche qualche aspetto positivo. Le esperienze più amare (come raccontano gli anziani e come molti hanno scoperto per esperienza) con il tempo possono mostrare
un lato inaspettatamente dolce.

"Non è che io sia felice che mi sia capitato un brutto incidente," raccontava alla sua psicologa una donna, che a seguito di un incidente automobilistico non era più in grado di
camminare bene. "Ma per la prima volta nella mia vita mi
prendo del tempo per me stessa e per le cose che per me sono
importanti. Adesso partecipo a gruppi di meditazione e questo mi dà moltissimo." Come molti altri, questa donna è convinta che la sfortuna personale abbia prodotto nella sua vita
una svolta positiva: "Adesso riesco ad apprezzare molto di
più la vita. Riesco a vivere più intensamente le gioie quotidiane e ringrazio per quello che ho ancora".

Questo fenomeno, di cui parlano molte persone che hanno vissuto una situazione tragica, affascina anche gli psicolo-

gi. Non è forse l'espressione perfetta della resilienza, quando qualcuno non solo supera bene una catastrofe personale, ma alla fine ne esce addirittura rafforzato? Non è questo l'ideale a cui tutti dovremmo tendere: trarre dalle lezioni della vita le conseguenze giuste e integrare vantaggiosamente nella nostra quotidianità quello che abbiamo imparato?

Gli psicologi americani Richard Tedeschi e Lawrence Calhoun, sulla base di queste osservazioni, hanno aperto una nuova direzione di ricerca: si sono proposti di capire quanto di utile portino le sventure e hanno introdotto un nuovo concetto, quello di crescita post-traumatica (*post-traumatic growth* o Ptg). Molti specialisti parlano anche di "maturazione personale" o di "fioritura" (*thriving*) quando le persone fanno progressi dopo un disastro, un evento in cui hanno provato angoscia, impotenza o orrore.

Tedeschi e Calhoun hanno parlato con molte persone che si erano lasciate alle spalle crisi di ogni genere. Molte erano sopravvissute a incidenti spaventosi, altre avevano subìto una violenza; altre ancora avevano superato una malattia che le aveva portate vicino alla morte oppure avevano dovuto affrontare all'improvviso il fatto di essere positive all'Hiv. Indipendentemente dal trauma, ai ricercatori si presentava regolarmente lo stesso risultato. Più della metà era dell'idea di aver guadagnato qualcosa, alla fine, dalla sua disgrazia. Con una frequenza che li ha stupiti, gli psicologi si sentivano dire spesso frasi come: "È stato spaventoso, ma sono anche maturato".

Altri dicevano: "Quello che ho passato non vorrei riviverlo più. Ma alla fine mi ha anche fatto crescere. Ho imboccato nuove strade nella mia vita, ho scoperto la fiducia in me stesso. Nel complesso sono arrivato anche ad apprezzare di più la vita". Altri ancora: "Adesso ho priorità completamente diverse e ho scoperto tantissime possibilità, che arricchiscono la mia vita".

Molti dicono anche che ora, avendo capito quanto sia sottile il filo che li lega alla vita, la vivono più intensamente e la godono più che non prima dell'incidente; oppure che avver-

tono più intensamente l'amore nei confronti dei loro con-
giunti. "I tempi difficili ci hanno riavvicinato di nuovo." E
molti hanno visto crescere la loro resilienza: "Vorrei che non
fosse mai successo, ma ora so che sono in grado di resistere a
molto e in futuro sarò in grado di resistere ancora di più".

Questa frase ne fa venire in mente un'altra famosa, di
Friedrich Nietzsche: "Ciò che non la uccide la rafforza". Il
filosofo, nel suo *Ecce homo*, non parla di resilienza, ma defi-
nisce "ben riuscita" quella persona che oggi gli psicologi
chiamerebbero resiliente: "E da che cosa si riconosce fondamentalmente una persona ben riuscita? Dal fatto che una
persona ben riuscita fa bene ai sensi: che è fatta di un legno
duro, delicato e profumato al tempo stesso. Le piace solo
quel che le giova; il suo diletto, il suo piacere cessa nel momento in cui è superata la misura del giovevole. Essa intuisce
i rimedi per combattere i danni, sfrutta a proprio vantaggio i
casi sfavorevoli; ciò che non la uccide la rafforza".

Quanto maggiore la disgrazia, tanto più le persone intervistate da Tedeschi e Calhoun credevano di esserne uscite
maturate. Si potrebbe facilmente avere l'impressione che una
terribile disgrazia sia addirittura necessaria per diventare
una persona matura e felice.

Anche a Georg Pieper, esperto di traumi, capita spesso di
sentire storie simili. È commovente, racconta lo psicologo,
quando un manager insensibile all'improvviso scopre di
emozionarsi per il ronzio delle api. Fra i pazienti di Pieper ci
sono vittime di violenze domestiche ma anche automobilisti
che hanno investito e ucciso un pedone. In molti, dice Pieper,
si sono rivelate all'improvviso potenzialità che sembravano
completamente precluse; perciò sono palesemente più soddisfatti della vita.

Dunque la sventura può rendere felici? E anche qui è
all'opera la misteriosa forza della resilienza?

La psicologa Tanja Zöllner è scettica: "Ci sono in giro
tante storie molto edificanti," racconta. È sempre stupita da
quanti siano felici di parlare di come sono maturati dopo un
brutto colpo del destino. Bisogna però essere prudenti: "So-

no le stesse persone interessate, che lo dicono di sé," fa riflettere la psicologa. È possibile che l'idea di essere maturati nella sventura, sia più un pio desiderio che la realtà. "Molti vorrebbero che fosse così," dice Zöllner. L'affermazione di uno dei suoi pazienti rende evidente la volontà dichiarata di crescita post-traumatica, che possiedono molte persone dopo una catastrofe: "Se doveva succedere, per lo meno doveva succedere per qualcosa di buono". Questo pensiero senza dubbio ha in sé qualcosa di consolante.

Zöllner si è riproposta di stabilire che cosa ci sia dietro la maturazione post-traumatica. Insieme con il suo supervisore di dottorato Andreas Maercker, che oggi insegna all'Università di Zurigo, ha studiato il fenomeno. I due scienziati sono stati colpiti soprattutto da una cosa: quando si chiede ad altri, e non alle persone interessate, di valutare le condizioni psicologiche di chi ha attraversato un periodo di crisi, si parla più raramente di una convincente maturazione post-traumatica.

Inoltre sembra che sia estremamente facile influire sul modo in cui le persone interessate vedono se stesse. Lo hanno messo in luce, in un esperimento notevole, due psicologhe sociali canadesi. Cathy McFarland e Celeste Alvaro hanno chiesto ai soggetti di pensare a qualcosa di spiacevole accaduto loro non molto tempo addietro. Poi dovevano raccontare quali caratteristiche avevano in quel momento e quali avevano due anni prima. Prima di tutto le due psicologhe avevano chiesto ai soggetti di valutare la loro saggezza personale e la loro forza interiore, per esempio quanto si ritenessero compassionevoli e se avessero una direzione chiara nella vita. Le stesse domande venivano poste ad altri soggetti a cui però era stato chiesto in precedenza di richiamare alla memoria un evento piacevole.

Cosa interessante, non risultava alcuna differenza fra i gruppi, per quel che riguardava la valutazione che davano i soggetti di se stessi al momento. Ma le persone a cui era stato chiesto di ricordare un episodio sgradevole stimavano particolarmente scarsa la propria forza e capacità di resistenza prima dell'evento

– tanto più scarsa, quanto più il ricordo scuoteva la loro percezione del proprio valore. Svalutavano molto la persona che erano in passato. La crescita post-traumatica, di cui erano convinte, perciò era solo conseguenza della considerazione particolarmente negativa che avevano di se stesse a distanza di tempo. E quella valutazione poteva essere manipolata.

C'era un'altra cosa che lasciava ancor più dubbiosi Tanja Zöllner e Andreas Maercker: la misura della crescita post-traumatica percepita dipende molto dal paese in cui il soggetto vive. Normalmente gli psicologi stabiliscono quanto sia forte la crescita post-traumatica di una persona con l'aiuto di uno speciale questionario, il "Post Traumatic Growth Inventory" di Tedeschi e Calhoun. Nel questionario si chiede, per esempio, della "sensazione di fiducia in se stessi", della "sensazione di vicinanza ad altri" o dello "sviluppo di nuovi interessi". Vengono assegnati al massimo 84 punti. Negli Stati Uniti la maggior parte delle persone che hanno vissuto una crisi come quella dell'11 settembre raggiunge fra i 60 e gli 80 punti; in Germania invece persone che hanno vissuto crisi altrettanto gravi arrivano intorno ai 40 punti.

Tanja Zöllner lo spiega in questo modo: negli Stati Uniti farebbe parte dello "script culturale" vedere sempre nelle crisi anche un'opportunità. Perciò gli americani affrontano bene le cose, anche la vita. La psichiatra Jimmie Holland, che da più di trent'anni si occupa della vita psichica dei pazienti malati di tumore, parla addirittura di "tirannia del pensiero positivo". Questo però probabilmente non è l'unico motivo alla base della crescita quasi esplosiva della maturità personale fra gli americani. Probabilmente non è solo il dovere sociale interiorizzato di rimboccarsi le maniche e tirare verso l'alto gli angoli della bocca dopo il disastro: dato l'atteggiamento fondamentalmente ottimistico della loro cultura forse per loro è effettivamente più facile.

Illusione o vera crescita?

Davvero le persone che lo dicono utilizzano le loro crisi per una fulminea nuova partenza, oppure semplicemente se ne persuadono?

"Succede effettivamente che dopo una disgrazia qualcuno trovi nella vita un senso, che non aveva mai visto prima, o che viva con maggiore intensità le sue relazioni, " dice Tanja Zöllner. "Ma si dà anche l'altra faccia della medaglia, l'illusione."

Nel primo caso le persone maturano effettivamente attraverso il processo di superamento; la crescita post-traumatica è il risultato diretto del fatto che hanno superato la loro crisi. Nel secondo caso invece l'illusione di essere uscite dalla disgrazia rafforzate o maturate o comunque più felici di prima fa parte del processo stesso di superamento.

L'autoillusione non è necessariamente una cattiva cosa: "Farsi illusioni su se stessi è per la maggior parte delle persone una cosa quotidiana," dice Tanja Zöllner. "In questo modo si stabilizzano in un ambiente difficile." L'idea illusoria di essere capaci di vincere le crisi però può avere anche conseguenze negative: "La crescita post-traumatica viene vista acriticamente come qualcosa di positivo e desiderabile," dice la psicologa. Ma se qualcuno si illude soltanto di sentirsi felice dopo la disgrazia, questo può ostacolare un reale superamento del trauma. Allora la crescita post-traumatica può essere legata a grande sofferenza. A causa delle sue due facce, Maercker e Zöllner parlano anche di "modello a testa di Giano della maturazione post-traumatica".

Indicazioni in questo senso sono venute da una ricerca condotta qualche anno fa, in cui Zöllner e Maercker hanno intervistato, insieme con ricercatori del Politecnico di Dresda, più di cento persone che erano state vittime di incidenti automobilistici gravi e in qualche caso avevano anche rischiato di perdere la vita. Molte di loro avevano sviluppato una sindrome da stress post-traumatico. Soffrivano di incubi e non avevano ancora elaborato l'accaduto al punto da poter con-

tinuare a vivere senza quel peso. Ogni volta che involontaria-
mente rivivevano l'incidente mostravano forti reazioni emotive e fisiche.

Sappiamo tutti che le immagini di una situazione vissuta in
precedenza, e che si preferirebbe tanto dimenticare, possono
ripresentarsi da sole, ma in generale queste immagini, dopo
uno o due giorni, finiscono nel dimenticatoio. Non è così nella
sindrome da stress post-traumatico: i flash-back possono ripresentarsi per mesi. "Le immagini sono così persistenti e tre-
mende che chi ne è colpito cerca in tutti i modi possibili di
impedire che si ripresentino," dice Zöllner. Il comportamento
di evitamento però manifesta il disturbo e peggiora la vita.

Quando hanno cominciato a studiare le vittime di incidenti, Zöllner e Maercker pensavano di trovare una correlazione fra la crescita post-traumatica e l'insorgere della sindrome da stress post-traumatico, ma con loro sorpresa hanno
scoperto che le persone che dicevano di essere maturate dopo
l'incidente non erano affatto colpite più raramente dalla sindrome. Sono venute a galla differenze, però, quando hanno
spinto l'analisi più a fondo e hanno cominciato a fare domande su aspetti particolari della crescita post-traumatica.

Le persone con una sindrome da stress post-traumatico
erano tendenzialmente più convinte di essere cresciute spiri-
tualmente e di attribuire ora un valore più alto alla vita; invece quelle che non avevano sviluppato la sindrome ritenevano che dopo l'incidente la loro personalità fosse più forte.

"Una crescita della forza personale non si può fingere
altrettanto facilmente della spiritualità e di una stima più
alta del valore della vita," commenta Zöllner, la quale è
dell'idea che le persone che parlano della scoperta di una
nuova spiritualità o di un maggior valore della vita tendenzialmente cedono di più all'illusione della crescita post-traumatica, ma in realtà sono fortemente scosse. "Chi è molto
disperato, si illude più facilmente di essere maturato," dice
Zöllner.

La studiosa crede di più alla crescita post-traumatica di
vittime di incidenti che abbiano sviluppato una sindrome da

stress post-traumatico ma poi siano riuscite a superare con successo il trauma. "Solo chi può guardare avanti ed è aperto a nuove esperienze ha una possibilità di crescita," dice Zöllner.

Se dopo un evento spaventoso una persona sviluppi una sindrome da stress post-traumatico non dipende però tanto dalla sua personalità. In primo luogo è importante quale sia il tipo di disgrazia che l'ha colpita. Le vittime di violenza sessuale rischiano più di tutte di rimanere traumatizzate in modo duraturo: più della metà ha una sindrome da stress post-traumatico, mentre questo accade solo per un terzo delle persone vittime di tortura o che sono state in guerra, per il 17 per cento delle vittime di violenze fisiche e solo per il 7 per cento di quanti hanno avuto un incidente grave. "La personalità ha solo un ruolo di secondo piano," dice Zöllner.

Anche l'ambiente contribuisce al modo in cui una persona elabora un trauma: il sostegno sociale ed emozionale è di grande importanza – che altri le siano vicini e la sostengano in una situazione difficile.

È importante anche il momento in cui si è vissuto il trauma. La persona ha potuto prima godere di un'infanzia protetta, ha potuto formarsi una famiglia o costruire qualcosa nella propria professione, oppure il trauma si è verificato già nell'infanzia, prima che potesse dimostrare le sue capacità? "Nel caso di un trauma precoce," dice Zöllner, "le persone colpite rimangono estremamente vulnerabili per la maggior parte della loro vita." Questo accade anche quando tutti i loro conoscenti sono sicuri di avere a che fare con una personalità forte.

Anche se la crescita post-traumatica è molte volte solo un sogno, con una psicoterapia spesso si può ottenere una crescita vera. Lo si è visto nelle pazienti colpite da tumore al seno e anche in vittime di violenza sessuale. Andreas Maercker e Tanja Zöllner lo hanno verificato nel 2010 anche per le vittime di incidenti. Quanti hanno seguito con successo una terapia comportamentale, per superare le loro esperienze traumatiche, hanno mostrato poi anche una crescita della forza personale – generata probabilmente perché avevano superato quella terapia particolarmente impegnativa. Una terapia cognitivo-comportamentale non è una passeggiata: le persone traumatizzate devono confrontarsi proprio con quello che vorrebbero allontanare da sé. In realtà anche la rimozione può essere una buona cosa, ma in chi ha una sindrome da stress post-traumatico l'ansia per un ritorno di ciò che ha vissuto è così grande da impedirgli di spingerlo via. Non lo libera, bensì gli impedisce di vivere la vita quotidiana in modo normale. Spesso le vittime di incidenti automobilistici fortemente traumatizzate non salgono nemmeno più su un'automobile. "L'obiettivo è risolvere un simile comportamento di evitamento," dice lo psicologo Ralf Schwarzer. Così chi ha subìto un incidente viene spinto a risalire in macchina, a sedersi nel posto del passeggero mentre un altro è al volante, o anche ad andare ancora veloce, a seconda di come si manifesta la sua angoscia.

In una terapia le persone colpite devono quindi rivivere nuovamente ciò che fa loro paura e archiviare gli eventi spaventosi come appartenenti al passato. Per questo i terapeuti viaggiano effettivamente in auto con le vittime di incidenti.

"È sempre d'aiuto uscire dall'atteggiamento della vittima," spiega Zöllner, che è esperta di traumi. Quando ci si vede come vittime, si attribuisce la responsabilità della propria vita a un terzo o alle circostanze, cioè a qualcosa su cui non si può influire facilmente. "È importante che queste persone riprendano la responsabilità della propria esperienza," dice Zöllner, che cerca di aiutare i suoi pazienti a uscire dalla loro posizione inerme chiedendo molto concretamente: su che cosa puoi influire? Che cosa invece devi accettare? Spinge i pazienti a convincersi di non dover lottare più contro i ricordi. Che non devono più lamentarsi continuamente, per non rimanere prigionieri del passato.

Quanto sia importante mantenere il controllo sulla propria vita, nonostante tutte le avversità, è stato già riconosciuto dal sociologo della medicina israelo-americano Aaron Antonovsky, scomparso nel 1994. Antonovsky ha sviluppato il concetto di salutogenesi (origine della salute), precursore di quello di resilienza. Negli anni sessanta aveva studiato un gruppo di donne sopravvissute all'Olocausto. Molte di loro avevano potuto superare gli orrori indicibili dei campi di concentramento senza riportarne danni psichici permanenti. Quelle donne avevano avuto la forza di elaborare gli orrori dell'Olocausto, al punto che sembravano "comprensibili, controllabili e dotati di senso", sosteneva Antonovsky.

Lo psichiatra viennese Viktor Frankl addirittura considerava la ricerca di senso l'aspetto essenziale. La "volontà di senso" negli esseri umani avrebbe radici ancora più profonde della ricerca di piacere e della volontà di potenza, diceva Frankl, che ha lavorato a sua volta con vittime dell'Olocausto.

Anche se restano aperti molti interrogativi sulla crescita post-traumatica, una cosa è certa: parenti, amici e conoscenti non devono aspettarsi che le persone crescano in conseguenza delle loro crisi. Lo hanno sostenuto già anche Tedeschi e Calhoun. Medici e terapeuti perciò devono dire molto chiaramente ai loro pazienti che non sono dei falliti se non riescono a uscire rafforzati dalla loro situazione terribile. Allo stesso tempo non devono togliere l'illusione a quanti credono di aver avuto una crescita post-traumatica – purché quell'illusione non blocchi l'elaborazione del trauma. "Se qualcuno ha la percezione di una crescita, deve essere sostenuto e incoraggiato," dice Andreas Maercker. "I terapeuti devono lasciare loro le loro spiegazioni, le loro interpretazioni e le loro vie di elaborazione o di ripresa."

La vera crescita post-traumatica allora è la stessa cosa della resilienza?

Sembra ci sia almeno una caratteristica, che rafforza entrambe, ed è l'ottimismo. Poche settimane dopo l'attacco terroristico dell'11 settembre 2001, alcuni psicologi hanno intervistato quarantasei studenti di college. L'équipe di Barbara Fredrickson ha avuto la grande fortuna di aver già intervistato casualmente quegli stessi studenti all'inizio dell'anno, perciò ha potuto misurare direttamente quanto aveva influito sulla loro psiche il terrorismo di Al-Qaeda. "Erano soprattutto le emozioni positive che avevano condotto a una crescita post-traumatica," ricava Fredrickson dalle sue analisi. Accanto all'ottimismo l'elemento fondamentale era una generale soddisfazione per la vita e anche un senso di gratitudine. Sono tutti aspetti parziali della resilienza; ma la resilienza, da sola, non portava alla crescita post-traumatica.

"È possibile che le persone resilienti non crescano tanto facilmente in conseguenza delle loro crisi," dice Tanja Zöllner. Chi non viene molto scosso non deve neanche modificare molto nella sua esistenza. Un nuovo atteggiamento nei confronti della vita o degli altri, perciò, diventa più improbabile. Un trauma può essere paragonato a un terremoto: solo quando le scosse raggiungono una certa intensità sono poi visibili dei cambiamenti. Le persone particolarmente forti psichicamente devono perciò presumibilmente vivere una catastrofe più grave, rispetto alle persone molto sensibili, perché questa diventi per loro occasione di crescita.

Qual è il vero sesso forte?

A poco a poco la resilienza rivela i suoi segreti. Ora conosciamo parecchi elementi caratteristici che contribuiscono a che i bambini si sviluppino bene, nonostante vivano in condizioni avverse, e che permettono agli adulti di superare crisi gravi, talvolta apparentemente disumane. Ma quale influsso ha il genere sulla stabilità della vita psicologica? Qual è la forza psichica di un body-builder tutto muscoli, qual è quella di una donna che ha avuto quattro figli? Per quel che riguarda la forza di resistenza psichica esiste una differenza fra ragazze e ragazzi, fra donne e uomini?

Per farla breve: qual è davvero il sesso forte? Sorprendentemente, è un tema su cui non si è indagato molto. Questa ricerca non arricchirebbe solo i discorsi quotidiani mentre si va al lavoro o alla sera a cena, ma potrebbe anche aiutare a capire che cosa potrebbe imparare un sesso dall'altro per quel che riguarda il superamento delle crisi, e in quali fasi della vita ragazzi e ragazze abbiano maggior bisogno di sostegno (e di quale tipo).

A Kauai i ricercatori sono arrivati subito a una definizione chiara: le ragazze apparivano indubitabilmente più forti. Manifestavano più raramente problemi comportamentali e avevano un'immagine di sé più positiva dei ragazzi. Lo stesso valeva anche quando erano già più avanti negli anni: "La percentuale delle donne in grado di contrastare condizioni di vita avverse nell'infanzia e anche da adulte era superiore a quella dei maschi," dice Emmy Werner, che ha diretto quella ricerca.

Però si è anche visto che purtroppo questa non è tutta la verità.

Angela Ittel e Herbert Scheithauer, psicologi dello sviluppo, ammoniscono che è facile prendere abbagli nel giudicare la forza di resistenza psichica di maschi e femmine: devono confrontarsi con rischi molto diversi, nel corso dello sviluppo, per i quali possono riportare danni, ma possono anche crescere. Nella prima e nella piena infanzia, lo riconoscono anche Ittel e Scheithauer, inizialmente i ragazzi sembrano effettivamente più vulnerabili delle ragazze. Hanno più spesso problemi con la lettura, sviluppano più spesso disturbi autistici e disturbi dell'attenzione, presentano più facilmente comportamenti antisociali. "Le ragazze si dimostrano resilienti più a lungo dei ragazzi," dice Angela Ittel. "Nei ragazzi, quindi, il pericolo di un crollo psichico si manifesta prima." Anche da questo dipende che in Germania le ragazze vadano meglio a scuola: le sfide dell'attività scolastica sono più adatte a loro. "A scuola bisogna essere ordinati, bisogna parlare di sé e sapersi porre da punti di vista diversi," spiega Angela Ittel, e questo spesso risulta più facile alle ragazze, che di solito nella prima adolescenza sono anche più sviluppate intellettualmente.

Persino violenze o maltrattamenti gravi in famiglia, sorprendentemente, si manifestano meno nelle bambine piccole sotto forma di problemi comportamentali. I ragazzi che vivono condizioni analoghe diventano invece spesso aggressivi e "asociali": non riescono più a inserirsi bene nella società, perché non ne accettano le regole; spesso sono suscettibili e impulsivi, hanno una minore tolleranza alla frustrazione o sono freddi dal punto di vista emotivo.

"Nei primi dieci anni di vita i maschi appaiono più vulnerabili," dice anche Friedrich Lösel. La situazione però si inverte durante l'adolescenza. Allora nelle ragazze che devono sopportare tensioni familiari spesso emergono anche le sofferenze della prima infanzia.

Nel complesso, secondo Ittel e Scheithauer, le adolescenti riferiscono di un maggior numero di crisi rispetto ai ragazzi e attribuiscono a quelle crisi anche un maggiore peso emotivo. In quell'età le ragazze parlano più spesso di conflitti nella loro compagnia e soffrono di stress cronico più dei coetanei maschi. Chiaramente spesso anche la loro soddisfazione per la vita è minore. "Nell'adolescenza le ragazze raccontano più spesso dei ragazzi di patire per le aspettative sociali di ruolo – magari per quell'idea di dover essere estremamente magre," dicono Ittel e Scheithauer.

In ruoli simili sembra che le personalità resilienti anche di giovane età si lascino meno incasellare dei loro coetanei più labili: mostrano molto meno spesso comportamenti tipici del loro sesso. Così per esempio le ragazze psichicamente forti sono meno timide delle altre, hanno un buon controllo del loro corpo e mostrano un maggiore interesse per attività che non vengono considerate tipiche del loro sesso. I giovani forti mostrano più emozioni ed empatia di quelli non resilienti.

Può anche essere che i ragazzi forti abbiano più coraggio di staccarsi dai modelli di ruolo e seguire le proprie idee. Presumibilmente però la relazione causa-effetto è diversa: poiché queste ragazze e questi ragazzi hanno molti interessi e non sono così inquadrati, possono "andare a pescare da un repertorio più ampio di possibilità di reazione," dice Angela Ittel. Il che naturalmente aiuta, quando devono cercare una soluzione a un problema, e perciò li rende anche resilienti. "Fissazioni molto forti invece non rendono affatto adatti alla vita," sostiene Ittel, "ma vulnerabili."

Per l'apparente trasformazione delle ragazze da sesso più forte a sesso più debole durante l'adolescenza, lo psichiatra infantile Martin Holtmann e il neuropsicologo Manfred Laucht hanno una possibile spiegazione neurobiologica. Le ragazze maturano prima dei ragazzi, cosa vera anche per il loro cervello. Questo "chiaramente dapprima va a favore di una migliore capacità di resistenza rispetto ai disturbi neuropsichiatrici dello sviluppo," dicono Holtmann e Laucht. "In seguito però lo squilibrio ormonale, che si accompagna alla pubertà, in genere porta con sé un maggior rischio, rispetto ai maschi."

Holtmann e Laucht ne deducono che sin dall'inizio nella differenziazione dei sessi entrano in gioco meccanismi biologici. Già nel grembo materno femmine e maschi subiscono influssi ormonali e immunologici differenti. "Probabilmente queste differenze influiscono in modo specifico sullo sviluppo del cervello nei due sessi," scrivono. Che ci siano differenze nello sviluppo cerebrale fra ragazzi e ragazze oggi sembrerebbe assodato. Per esempio, i due sessi elaborano in modo diverso sia gli stimoli verbali sia quelli spaziali.

Anche rispetto alle considerazioni legate al sesso emerge ancora una volta che la resilienza non è una proprietà che si acquisice una volta e poi si mantiene per sempre, ma un fenomeno che dipende dal momento della vita e dalla situazione in cui una persona si trova.

Pure nei disturbi psichici dello sviluppo si vede bene la vulnerabilità di entrambi i sessi, se si conduce l'analisi abbastanza a fondo. I problemi dei ragazzi emergono più facilmente, perché questi esternalizzano spesso, come dicono gli psicologi: i ragazzi diventano più frequentemente aggressivi o anche violenti, se non sanno cavarsela da soli; le ragazze invece tendono piuttosto a interiorizzare i loro problemi e così, per esempio, soffrono di depressioni e disturbi dell'alimentazione.

Nell'adolescenza "è molto più frequente la diagnosi di una depressione nelle ragazze che nei ragazzi," dice Angela Ittel. Sembra che abbia un ruolo lo squilibrio ormonale femminile, che causa più facilmente problemi psicologici. Ciò spiegherebbe l'improvvisa comparsa di depressioni nelle ragazze durante la pubertà, e anche il fatto che a partire dalla menopausa questi disturbi non siano più frequenti che nei maschi.

Peraltro è anche perfettamente possibile che le depressioni vengano diagnosticate più frequentemente nelle giovani donne e invece non vengano notate negli uomini. Lo ha messo in luce anche uno studio dell'Organizzazione mondiale della sanità, qualche anno fa. Anche se gli uomini e le donne che avevano partecipato allo studio avevano dichiarato ai loro medici gli stessi sintomi, la percentuale delle donne a cui era stata diagnosticata una depressione era superiore a quella degli uomini. Un altro spunto di riflessione viene da Angela Ittel: "Le depressioni possono manifestarsi anche attraverso l'aggressività o il consumo di alcol, e non solo attraverso una enorme tristezza". Dietro questi comportamenti esteriori, che si presentano più evidenti negli uomini, spesso stanno le stesse cause alla base delle depressioni delle donne.

Le ragazze hanno una migliore competenza sociale

Un fattore essenziale per la caduta nella depressione nel caso delle ragazze sembra essere una caratteristica che può rendere, anziché vulnerabili, resilienti, purché non sia presente in misura eccessiva: le ragazze nell'adolescenza passano una quantità notevole di tempo a riflettere, da sole o con le amiche, su se stesse. Parlano molto di sé, analizzano insieme il comportamento dei maschi. "I rapporti stretti con le coetanee – e spesso anche con i genitori – si basano su una maggiore disponibilità a scambiare informazioni personali e a offrirsi a vicenda in maggior misura un sostegno emotivo," dice Angela Ittel.

Per questo in genere le ragazze ottengono più aiuto dei ragazzi, quando ne hanno bisogno; e hanno a disposizione anche una maggiore competenza sociale. Al tempo stesso però l'intensità delle relazioni può diventare un problema: i conflitti con le amiche possono essere pericolosi per la salute psichica, perché le ragazze ne soffrono molto.

Le amicizie fra ragazzi invece si fondano più facilmente sulle attività che hanno in comune e su un confronto competitivo. Anche le relazioni dei ragazzi con i loro genitori sono meno intense, sul piano emotivo, di quelle che hanno le ragazze. "I genitori parlano di sentimenti più con le figlie che con i figli, e più raramente incoraggiano i maschi a verbalizzare i loro sentimenti e ad affrontare le interazioni sociali," dice Angela Ittel. "Perciò i ragazzi hanno meno occasioni di imparare come comportarsi con i loro sentimenti." Quando insorgono problemi, mancano loro le strategie per farvi fronte, e di conseguenza reagiscono non solo in modo aggressivo, ma anche spesso ricorrendo alle droghe o all'alcol. L'aggressività poi è più difficile da controllare. "Il comportamento aggressivo è uno dei tratti di sviluppo più stabili di una persona," aggiungono Ittel e Scheithauer.

Per le ragazze è difficile soprattutto quando la pubertà si manifesta particolarmente presto. "Le ragazze che entrano precocemente nella pubertà, cioè prima dei dodici anni, spesso si sentono inadeguate a soddisfare le aspettative del loro ambiente," scrivono Ittel e Scheithauer. Perché le aspettative imposte alle ragazze dall'esterno sono spesso alte. Da fuori, gli altri vedono un'adolescente entrata nella pubertà, ma non sanno di avere ancora di fronte una bambina, dal punto di vista del livello di sviluppo cognitivo ed emotivo. Inoltre spesso queste ragazze hanno relazioni sessuali molto precoci, che non sanno ancora gestire bene.

Da tutto questo si dovrebbe capire di quale forma di sostegno abbiano maggiormente bisogno i due sessi, dice Franz Petermann, psicologo dello sviluppo di Brema: nelle ragazze deve essere consolidata l'autonomia, cioè l'indipendenza e l'autodeterminazione, per renderle immuni alle contrarietà; le ragazze hanno bisogno anche di un sostegno emotivo. Ai ragazzi sarebbe d'aiuto soprattutto ricevere nell'ambiente domestico una struttura e regole chiare.

E come la mettiamo allora con il sesso forte? La conclusione dei due psicologi berlinesi dello sviluppo, Ittel e Scheithauer, non lascia dubbi: secondo loro le ragazze (in rapporto al contesto e al momento) sono vulnerabili tanto quanto i ragazzi. Nell'età adulta Karena Leppert e i suoi colleghi non hanno individuato alcuna differenza nella forza di resistenza psichica dei due sessi: nei test sulla resilienza in media uomini e donne ottengono sostanzialmente lo stesso punteggio.

Test: quanto sono resiliente?

Ci sono giorni in cui ci si sente forti, poi ci sono i giorni della debolezza – anche per le persone particolarmente resilienti. Si può stabilire la capacità di resistenza di una persona, grazie a un questionario. Tale questionario è stato formulato dai ricercatori del gruppo di Karena Leppert alla Clinica universitaria di Jena, che l'hanno messo a punto scientificamente per la popolazione tedesca. Con l'aiuto delle seguenti tredici domande della scala della resilienza "RS-13" ciascuno può scoprire da sé di quanta forza di resistenza personale disponga (Leppert *et al.*, 2008; vedi p. 253).

In che misura queste affermazioni si adattano a voi?

Assegnate a ciascuna delle affermazioni seguenti un punteggio, da 1 a 7, tanto più alto quanto più ogni affermazione si adatta a voi, cioè quanto meglio descrive quello che normalmente fate e pensate.

Quindi 1 = non mi riconosco affatto in questa affermazione; 7 = mi riconosco appieno in questa affermazione.

		1= no, 7 = sì, non è vero è del tutto vero
1	Quando ho dei programmi, li seguo.	1 2 3 4 5 6 7
2	Normalmente riesco sempre a fare tutto.	1 2 3 4 5 6 7
3	Non mi lascio facilmente distogliere dalla mia strada.	1 2 3 4 5 6 7
4	Mi piaccio.	1 2 3 4 5 6 7
5	Posso affrontare contemporaneamente più cose.	1 2 3 4 5 6 7
6	Sono deciso.	1 2 3 4 5 6 7
7	Prendo le cose come vengono.	1 2 3 4 5 6 7
8	Provo interesse per molte cose.	1 2 3 4 5 6 7
9	Normalmente posso affrontare una situazione da più punti di vista.	1 2 3 4 5 6 7
10	Posso anche persuadermi a fare cose che preferirei non fare.	1 2 3 4 5 6 7
11	Quando mi trovo in una situazione difficile, di solito trovo una via d'uscita.	1 2 3 4 5 6 7
12	Ho abbastanza energie per fare tutto quello che devo fare.	1 2 3 4 5 6 7
13	Posso accettare di non piacere a tutti.	1 2 3 4 5 6 7

Valutazione

Sommate tutti i punti: otterrete un punteggio complessivo compreso fra 13 e 91. Un valore più alto indica una maggiore resilienza, un valore più basso una limitata capacità di resistenza psichica.

Potete raggiungere un punteggio massimo di 91 punti.

Se il vostro punteggio è maggiore di 72, poche cose vi scuotono facilmente. Potete affrontare la maggior parte delle difficoltà e siete cresciuti al livello delle sfide della vostra vita. Alcune situazioni vi appaiono decisamente difficili, ma siete nella condizione di reagire con flessibilità alle avversità e di trovare una soluzione che si adatti a voi e vi permetta di andare avanti.

Se il vostro punteggio è fra 67 e 72, avete una forza di resistenza media. Per lo più trovate soluzioni ai vostri problemi, anche se questo vi costa molto. In generale siete in grado di trovare nuovamente la forza di vivere senza bisogno di aiuto dall'esterno.

Se il vostro punteggio è inferiore a 67, siete poco resistenti. Quando si presenta un problema spesso per voi diventa una crisi esistenziale. La vostra resilienza non è molto elevata. Per diminuire i rischi di depressioni e disturbi fisici e aumentare la soddisfazione per la vostra vita, dovete praticare una gestione attiva dello stress e prendere in considerazione l'opportunità di chiedere un aiuto psicologico, nei momenti di bisogno.

Osservazioni

I tedeschi generalmente possiedono una buona forza di resistenza psichica. Il punteggio medio raggiunto sulla scala RS-13 è di 70, che corrisponde a oltre tre quarti del punteggio massimo possibile. Uomini e donne danno risultati molto simili, come hanno dimostrato anche i test con una scala della resilienza analoga (RS-25).

Il punteggio per gli uomini è in media intorno al 77 per cento del punteggio massimo ed è sostanzialmente indipendente dall'età. In Germania le donne raggiungono in media il 75 per cento del punteggio massimo; il punteggio diminuisce un po' però per quelle oltre i sessant'anni, a differenza di quel che accade per gli uomini.

Senza una certa dose di resilienza non si va avanti. Ogni giorno incontriamo delle sfide, dobbiamo continuamente cimentarci con qualche problema e di norma non andiamo al tappeto. "Da quando gli esseri umani sono stati scacciati dal paradiso terrestre è la crisi e non la routine, la normalità della vita umana," dice il sociologo Bruno Hildenbrand, che ha pubblicato parecchi saggi sulla resilienza. Alla fine la resilienza non sarebbe altro che un processo di superamento delle crisi.

Noi che viviamo nella società del successo non amiamo sentircelo dire, ma: sbagliare è normale! Senza dubbio i nostri antenati hanno dovuto sviluppare la capacità di affrontare questi insuccessi. Proprio in ciò consiste per Hildenbrand la resilienza: la flessibilità necessaria per affrontare le contrarietà e possibilmente per trarne anche qualche insegnamento. Molti teorici dello sviluppo ne sono convinti: senza crisi e senza difficoltà lo sviluppo non sarebbe possibile.

Ma anche se alla persona media non mancano molti punti per arrivare al massimo della resilienza, quei punti mancanti sono quelli che la rendono sensibile nei momenti decisivi. Sono quelli che quando il vento contrario si fa troppo forte cominciano a farla barcollare e per cui molti di noi si ammalano, non appena la pressione diventa troppo alta.

3

I fatti concreti degli uomini forti: da dove arriva la forza di resistenza?

Da quando gli psicologi, qualche decennio fa, si sono resi conto che le persone non necessariamente crollano in caso di crisi, ma possono addirittura uscirne rafforzate, hanno cominciato a cercare le cause di questo fenomeno. Non si tratta di un compito facile, perché oltretutto le persone che non si fanno abbattere non riescono a esprimere verbalmente con chiarezza da dove arrivi loro quella forza di resistenza psichica, che gli altri ammirano così tanto in loro. I ricercatori delle diverse discipline perciò devono escogitare strategie più o meno complesse e indirette per riuscire a strappare, a quelli che "cadono sempre in piedi", i loro segreti.

Alcuni ricercatori per un decennio hanno condotto studi sulla lontana isola di Mauritius, per capire come molti figli di padri violenti, nonostante tutte le avversità incontrate nella loro giovane vita, sviluppassero personalità sane. Altri hanno cercato di appurare, sulla base di ampie statistiche, perché malattie infantili del tutto normali negli orfani cresciuti senza essere circondati da affetto seguissero spesso un decorso incredibilmente grave. Altri ancora hanno analizzato come si modifica il cervello dei piccoli roditori quando le loro madri non si prendono cura di loro.

Queste, e altre ricerche ancora, negli ultimi anni hanno aggiunto un po' di tessere al rompicapo della soluzione al problema della forza di resistenza. Si va così progressivamente completando il quadro di quello che costituisce una personalità forte. A questo non soltanto contribuiscono le ricerche moderne in psicologia e psichiatria, ma anche sociologia, pedagogia, neurobiologia e genetica forniscono dati concreti, che migliorano la nostra comprensione del fenomeno.

A causa di piccole, ma assai diffuse, mutazioni genetiche alcuni sono particolarmente predisposti, dopo aver avuto esperienze di violenza nell'infanzia, a male tollerare in seguito le avversità della vita. Di conseguenza hanno un rischio maggiore di diventare alcolisti da adulti. Ma non sono solo i geni che rendono una persona resistente psichicamente oppure facilmente vulnerabile. Anche l'impronta lasciata dai genitori e dal loro stile educativo si manifesta nelle strutture biologiche. Molte brutte esperienze infantili si imprimono per sempre nel cervello. Nei bambini cresciuti senza un sostegno familiare, con le moderne tecniche di *imaging* è possibile rendere visibile nel loro cervello una insufficiente elaborazione dello stress. Una branca piuttosto giovane della ricerca, l'epigenetica, evidenzia poi qualcosa di veramente sorprendente: la vita modifica l'eredità. Quello che una persona sperimenta nel corso della sua vita, le paure, ma anche l'attività sportiva e l'alimentazione, viene trascritto nei geni. Queste "impressioni" possono addirittura essere trasferite da una generazione all'altra. Questo capitolo cerca di dare uno sguardo complessivo allo stato attuale delle ricerche moderne sulla resilienza.

Come l'ambiente modella la vita di un essere umano

Le coccole sono una cosa di cui si può fare a meno, anche per i neonati e i bambini piccoli. Era questa l'opinione di figure importanti, ancora non molto tempo fa. Agli inizi del XXI secolo si fa fatica a immaginarlo, ma ancora negli anni cinquanta il consiglio che davano i pediatri alle neomamme era quello di non curarsi troppo dei loro figli. Era sufficiente tenerli puliti e procurare loro l'alimentazione di cui avevano bisogno, sostenevano seriamente. I pediatri erano perfettamente convinti di operare bene. Quello che poteva far male ai bambini era altro, inoltre non bisognava rammollirli.

Harry Harlow non riusciva a capire come quella strategia potesse essere giusta. Psicologo, padre di quattro figli, gli sembrava ovvio che anche da molto piccoli avessero bisogno di molto più che alimentazione e igiene. Ha cercato di dimostrarlo attraverso una serie di esperimenti con piccoli di scimmie Rhesus che aveva allontanato dalla madre subito dopo la nascita e aveva lasciato per mesi in parte completamente da soli. Fra le mura del suo laboratorio si sono svolti dei veri drammi relativi alle giovani scimmie, che sono diventate dei relitti psichici. Uno dei collaboratori di Harlow in seguito ha sostenuto di essere convinto che gli esperimenti del suo capo alla fine avevano contribuito a dare maggiore impulso al movimento per i diritti degli animali. In ogni caso hanno contribuito a indebolire significativamente la posizione di quanti ritenevano del tutto insensato il contatto fisico durante la crescita.

Anche le osservazioni condotte sugli orfanotrofi del tempo hanno prodotto un nuovo modo di pensare: non giova affatto ai bambini dover trascorrere il tempo lasciati a se stessi come le scimmie di Harlow, anche se le loro stanze sono confortevoli e bene arredate. Se ne è avuta conferma anche dagli orfanotrofi del regime di Ceauşescu in Romania fra il 1965 e il 1989, dove i bambini erano lasciati almeno in parte a vegetare in condizioni disumane, spesso legati al letto e con solo l'indispensabile, senza una parola amorevole o una carezza. Quando, dopo il crollo del regime, gli osservatori occidentali hanno potuto visitare quegli istituti, molti bambini si mostravano apatici; erano paurosi o aggressivi e almeno agli inizi non erano in condizioni di vivere una normale vita familiare. Alla fine degli anni ottanta nessuno più dubitava dell'importanza della conversazione e del contatto fisico per un sano sviluppo psichico. Una cosa però ha stupito gli scienziati: la mancanza di stabilità psichica sembrava influire anche sulla salute dei bambini. Gli orfani rumeni erano molto facilmente soggetti a infezioni e, anche dopo aver vissuto per anni negli Stati Uniti in una famiglia adottiva, erano più vulnerabili alle malattie dei loro coetanei nati in normali famiglie americane.

Evidentemente esiste una correlazione fra spirito combattivo e difese immunitarie. Lo ha appurato anche lo psicologo Seth Pollak: adolescenti che nella loro infanzia hanno subìto maltrattamenti fisici avevano un sistema immunitario chiaramente più debole rispetto ai coetanei che non avevano vissuto violenze familiari. L'organismo dei bambini maltrattati era meno in grado di combattere i virus e produceva perciò una quantità eccessiva di anticorpi, che il gruppo di Pollak ha trovato nella loro saliva. E questo si protraeva negli anni.

Pediatri e psicologi sensibili hanno trasferito anche nella pratica il riconoscimento della correlazione fra un ambiente ricco di affetto e lo sviluppo di difese psichiche e fisiche. Una psichiatra infantile, Heidelise Als, ha condotto studi pionieristici nel reparto prematuri del Children's Hospital di Boston ha insegnato alle infermiere che vi lavoravano a riconoscere i bisogni di bambini ancora così piccoli e a reagirvi in modo speciale – dare al piccolo prematuro in ogni situazione quello che era per lui più importante. A ogni bambino quotidianamente era prestata molte volte questa attenzione in più.

In questo modo Als ha ottenuto risultati affascinanti: quello che il contatto fisico e l'interazione significavano per i piccoli è risultato chiaro dallo sviluppo che avevano mentre erano ancora ricoverati. I bambini si sviluppavano molto più rapidamente quando non erano lasciati da soli giorno dopo giorno nelle loro culle termiche, ma ricevevano calore umano. Crescevano più rapidamente, potevano andare a casa prima, sviluppavano polmoni e cuore più robusti e alla fine avevano meno deficit mentali dei piccoli lasciati da soli. Anche i primi dati di lungo periodo relativi agli orfani rumeni mostrano l'enorme influsso che l'ambiente sociale ha sulla forza di resistenza psichica: i ragazzi di un orfanotrofio di Bucarest che nel 2000 sono stati accolti in famiglie adottive rumene e vi hanno trovato amore e sostegno, sviluppavano più raramente un disturbo d'ansia o una depressione rispetto ai bambini che dopo il crollo del regime di Ceauşescu sono dovuti rimanere nell'istituto.

I più scettici possono sostenere che probabilmente le famiglie adottive scelgono di preferenza quei bambini che si presentano sani e vivaci; e che invece è più facile per i bambini con maggiore inclinazione a problemi psichiatrici rimanere in orfanotrofio. Ma questo non poteva influire sui risultati avuti dagli psichiatri Charles Nelson, Nathan Fox e Charles Zeanah, che in un orfanotrofio di Bucarest hanno tirato a sorte quali dei 136 bambini, di età compresa fra i sei mesi e i due anni e mezzo, dovessero andare alle famiglie adottive. Sull'accettabilità di un tale procedimento dal punto di vista etico i ricercatori hanno riflettuto bene. "All'inizio del nostro studio però a Bucarest non esisteva alcuna fiducia nelle famiglie adottive, perciò la maggior parte dei bambini senza il nostro intervento sarebbe rimasta ancora negli orfanatrofi oppure sarebbe stata affidata molto più tardi." Perciò hanno ritenuto accettabile il procedimento; anche la maggior parte dei bambini che non aveva avuto fortuna nel sorteggio comunque è stata poi, nel corso del tempo, adottata.

Le famiglie adottive sono state istruite: avrebbero dovuto trattare i bambini con particolare affetto e avrebbero potuto ricorrere a un interlocutore, a cui rivolgersi per le loro preoccupazioni e i loro problemi. I risultati del progetto per i bambini sono stati significativi: nell'arco di venti mesi il loro quoziente di intelligenza è aumentato di circa dieci punti e chiaramente soffrivano di disturbi dell'attenzione, depressioni e paure meno dei bambini rimasti in orfanotrofio. La famiglia adottiva comunque non ha potuto contrastare i disturbi del comportamento sociale.

L'educazione è forte e può rendere forti. E senza dubbio una cattiva educazione può rovinare i bambini per la vita. Ma non è necessariamente così. Anche in un ambiente terribilmente negativo si dà la possibilità di uno sviluppo sano. Non tutti i bambini maltrattati diventano a loro volta violenti, non appena hanno in mano una mazza da baseball.

Evidentemente esistono fattori dai quali dipende se un giovane con un padre che lo bastona diventa un violento e un altro invece diventa una persona migliore, cioè possiede una resilienza rispetto all'influsso negativo del padre.

Il temperamento è un buon candidato, pensano da tempo gli psicologi. Ritengono che le persone inclini al confronto fisico siano non tanto focose quanto, piuttosto, di sangue freddo, nel vero senso della parola. E lo possono anche provare: normalmente un rumore allarmante fa sì che il cuore batta più velocemente e che la pelle produca sudore, anche se magari in quantità limitata. Tutto questo è misurabile mediante elettrodi, perché la conduttività della pelle varia. Le persone con una tendenza all'aggressività invece già dall'infanzia reagiscono poco alle situazioni allarmanti: sono meno agitate quando devono essere punite per un comportamento sbagliato e sono quasi insensibili alle reazioni di stress mostrate da altri. Così nei casi peggiori può instaurarsi una spirale di violenza: all'inizio sono indifferenti alle percosse del padre, poi alle urla delle loro stesse vittime.

Probabilmente la più facile eccitabilità determina anche una maggiore capacità di attenzione, pensano lo psichiatra infantile Martin Holtmann e il neuropsicologo Manfred Laucht. Se il cuore batte più in fretta, potrebbe essere espressione di una elaborazione efficace dello stimolo emotivo: anziché attendere con indifferenza quello che arriva, l'eccitabilità andrebbe vista "come apertura agli stimoli dell'ambiente". Questo può facilitare l'apprendimento, anche imparare che non si va molto lontano se si esercita continuamente la violenza e si entra in conflitto con la legge.

Numerosi studi hanno stabilito che una maggiore frequenza del battito cardiaco e una più elevata conducibilità della pelle, sotto stress, sono indizi di un'inclinazione dei bambini a cavarsela bene anche in presenza di condizioni familiari negative. La psicologa Patricia Brennan ha trovato una prova particolarmente interessante. Ha suddiviso 94 adolescenti maschi in quattro gruppi, a seconda che fossero o meno entrati in conflitto con la legge e che i loro padri fossero o meno dei criminali. La conducibilità della pelle e la frequenza cardiaca dopo uno spavento erano più elevate nei soggetti che rispettavano la legge ma avevano un padre criminale. In base ai risultati di Brennan, la frequenza cardiaca più elevata sta a significare che quei giovani non si comporteranno come il loro padre. Un minore incremento della frequenza cardiaca sarebbe così il primo indicatore di un comportamento antisociale.

La relazione è così chiara che il criminologo Adrian Raine utilizza queste osservazioni addirittura a fini di prevenzione. Sulla base della frequenza cardiaca di circa un centinaio di studenti quindicenni, ha formulato in un suo studio delle previsioni su quali di loro entro i ventinove anni avrebbero avuto guai con la legge. Raine conduce da parecchi anni un progetto di ampio respiro nell'isola di Mauritius, nell'Oceano Indiano. Nel Mauritius Child Health Project ha la possibilità di condurre le sue ricerche, con il sostegno dell'Organizzazione mondiale della sanità, su un gran numero di bambini.

Così da non molto ha potuto confermare la teoria del "sangue freddo" anche nei bambini piccoli: gli insegnanti giudicano particolarmente aggressivi, nella loro classe di ragazzini di otto anni, proprio quelli che già a tre anni (cosa di cui gli insegnanti non sono a conoscenza) mostravano in situazioni di stress un minore aumento della frequenza cardiaca e della conducibilità della pelle.

Quei valori erano stati ottenuti dai ricercatori con misurazioni dopo aver spaventato i bambini con un rumore forte o dopo aver assegnato loro un compito particolarmente gravoso.

L'educazione però non è impotente in questi casi: quando i ricercatori hanno istruito le famiglie e hanno fatto in modo che i bambini già a tre anni avessero una formazione e un'alimentazione migliori, qualche anno più tardi i soggetti mostravano reazioni normalizzate di cuore e pelle. E quando raggiungevano i ventitré anni l'intervento dei ricercatori si poteva vedere anche in quello che quei ragazzi erano diventati: un terzo di loro non era criminale. Le profezie negative possono anche non essere tanto male, se si può intervenire perché poi non si avverino.

Che cosa succede nel cervello (neurobiologia)

Anche fra i topi ci sono madri snaturate. Nella normale vita familiare di questi roditori le madri dimostrano il loro affetto ai piccoli. Li puliscono, li scaldano e procacciano loro il nutrimento. Qualche madre però non è incline a mostrare questo affetto materno: anziché coccolare e accudire i suoi piccoli, fa solo lo stretto necessario e non offre loro molto conforto fisico. I figli di entrambi i tipi di madri sopravvivono e diventano adulti e a tutti riesce di condurre una normale vita da topi: si cercano una tana protetta in cui rifugiarsi, si procurano una quantità sufficiente di cibo, trovano un partner e si riproducono.

Ma, interiormente, c'è una grande differenza fra gli uni e gli altri, e questo ha un'influenza notevole sulla loro vita. Inevitabilmente, entrambi i tipi di topolini nel corso della vita incontrano situazioni spiacevoli o pericolose e in quel caso la differenza viene a galla: i topi che hanno avuto una madre premurosa da adulti reagiscono in modo più rilassato allo stress rispetto ai loro simili trascurati; alla fine vivono anche più a lungo. Quando si trovano in un ambiente estraneo i figli delle madri premurose non dimostrano particolare paura; gli altri invece, se si trovano in uno spazio sconosciuto, per lo più si rifugiano tremanti nell'angolo più buio. Evidentemente non hanno abbastanza fiducia in sé da affrontare situazioni estranee e dalle novità si aspettano sempre il peggio.

Questo comportamento ha un fondamento stupefacente ed è di natura biologica, come ha scoperto una decina d'anni fa il neurobiologo canadese Michael Meaney: i roditori elaborano i messaggi del cortisolo, l'ormone dello stress, in maniera estremamente diversa. Evidentemente questo ormone è coinvolto nel fatto che certi topolini nella loro vita adulta diventino psichicamente particolarmente resistenti e altri invece particolarmente vulnerabili.

Questo ormone viene rilasciato dall'organismo quando è in stato di eccitazione, nei topi come negli esseri umani. Il cortisolo regola il rilascio del glucosio dalle riserve nel fegato, in modo da rendere disponibile energia, per esempio per fuggire, per trovare facilmente una soluzione o assolvere in qualche altro modo velocemente una prestazione impegnativa. L'organismo si trova in una condizione di allerta.

Questo ha un senso se i topi o gli esseri umani si trovano in pericolo o sotto pressione, altrimenti questa condizione di allarme deve poter rientrare: in caso contrario animali ed esseri umani finiscono per diventare dei relitti psichici. Per poter porre fine allo stress, il cervello forma dei recettori per il cortisolo, che tolgono l'ormone dalla circolazione.

Qui sta la differenza fra i topolini: leccandoli e prendendosi cura di loro, le madri premurose fanno sì che nel cervello dei loro piccoli si formino più recettori dell'ormone; in questi topolini quindi il cortisolo rilasciato nelle situazioni di stress viene neutralizzato più rapidamente; i piccoli delle madri più distaccate invece finiscono facilmente in una condizione di stress cronico.

La strada, una volta imboccata, viene proseguita dalla famiglia: i topolini bene accuditi dalla madre diventeranno a loro volta genitori premurosi, quelli invece trascurati saranno insensibili come lo è stata la madre con loro. Che i piccoli non ereditino semplicemente il numero dei recettori del cortisolo nel loro cervello è stato dimostrato da Michael Meaney con un trucco. In uno dei suoi esperimenti ha scambiato la prole delle mamme topo: una madre premurosa ha allevato i piccoli di una madre snaturata e viceversa. Fra i piccoli "adottivi" però si è presentato lo stesso quadro che si presentava in precedenza con la nidiata naturale: nel cervello di quelli che erano stati accuditi premurosamente si formavano più recettori del cortisolo e i piccoli esploravano con maggiore curiosità il mondo.

L'influenza del cortisolo sulla salute mentale è stata dimostrata anche per gli esseri umani. La psichiatra americana Christine Heim ha condotto un esperimento particolarmente degno di nota. Ha posto in situazioni di stress donne che nella loro infanzia avevano subìto violenze sessuali: Heim ha semplicemente chiesto loro di tenere un discorso in pubblico. I livelli dell'ormone dello stress in quelle donne raggiungeva un valore sei volte maggiore di quello delle donne psichicamente più stabili, che non avevano avuto un'infanzia traumatica. Anche altri studi hanno dimostrato che chi è stato traumatizzato nei primi anni di vita da adulto reagisce spesso in modo ipersensibile alle difficoltà.

Paura nel cervello

Mancanza di affetto ed esperienze terrorizzanti possono impedire anche lo sviluppo di una forza di resistenza psichica. Si possono leggere addirittura nelle strutture del cervello, dice Anna Katharina Braun, neurobiologa dello sviluppo, in riferimento a traumi gravi. Lo ha scoperto inizialmente negli ottodonti (o degu), roditori con una vita sociale particolarmente attiva.

Braun è andata a turbare quella vita sociale: ogni giorno prendeva dei piccoli e per un'ora li teneva lontani dal resto della famiglia. In seguito ha trovato, nel cervello di questi animali, che le cellule nervose si erano modificate in modo stupefacente. Nel giro cingolato (una struttura che fa parte del sistema limbico ed è coinvolta nell'elaborazione delle emozioni e degli stimoli sensoriali) si trovavano più sinapsi rispetto agli animali che non erano stati isolati.

Più sinapsi? "Anche questa è una perturbazione dello sviluppo sano," dice Braun. Normalmente il cervello durante lo sviluppo forma molte più sinapsi di quelle necessarie; con il tempo poi si stabilizzano solo quei collegamenti fra le cellule nervose necessari per un funzionamento efficiente del cervello, gli altri vengono semplicemente smantellati. Proprio questo processo di sfoltimento sembra non essersi verificato negli ottodonti isolati: hanno conservato un eccesso di sinapsi. Ciò poi ha avuto conseguenze per il loro comportamento: gli ambienti estranei li rendevano ansiosi.

Come si manca di forza psichica

"Che fattori biologici influenzino la capacità di resistenza alle difficoltà appare da tempo assodato," riassumono lo psichiatra infantile Martin Holtmann e il neuropsicologo Manfred Laucht. Inoltre c'è una cosa particolarmente degna di nota: la forza psichica di animali o esseri umani può essere misurata molto concretamente attraverso varie funzioni dell'organismo. Per esempio si può stabilire in una certa misura la resistenza allo stress di un essere umano facendolo spaventare con un forte rumore. La durata del suo riflesso allo spavento manifesta la rapidità di una sua ripresa dopo un evento negativo. È un indizio di come una persona elabori quel tipo di eventi, scrivono Holtmann e Laucht. Così per esempio varia molto da persona a persona quanto a lungo vengano tenute chiuse le palpebre, quando si sente all'improvviso un rumore estremamente forte.

Ma la durata di queste reazioni può permettere di trarre ulteriori conclusioni sul rapporto con lo stress, per esempio sulla salute mentale di una persona, la sua predisposizione a disturbi psichici? Ciò significherebbe che chi ha reazioni relativamente lunghe a uno spavento avrebbe bisogno di più tempo per riprendersi dopo aver incontrato avversità peggiori di un rumore improvviso. Avrebbe bisogno magari di così tanto tempo da essere vittima di disturbi. In ogni caso il fatto è che la durata della reazione allo spavento di una persona si riflette nelle strutture del suo cervello.

In funzione della rapidità con cui le persone si rilassano dopo aver sentito un rumore forte, si possono notare delle differenze nella corteccia prefrontale. Questa regione situata nella parte anteriore del cervello funge un po' da centro di controllo superiore, che provvede a che le nostre reazioni siano commisurate alle situazioni. La corteccia prefrontale riceve dall'esterno i segnali (il rumore, per esempio), li collega con i contenuti della memoria e con valutazioni emotive, che hanno origine dal sistema limbico. Che cos'è successo l'ultima volta che ho sentito un rumore simile? Preannunciava qualcosa di spaventoso, oppure non era niente di preoccupante? Era giusto oppure inutile scappar via? In questo modo la corteccia prefrontale è responsabile non solo del fatto che in caso di un'esplosione cerchiamo un rifugio, ma anche del fatto che in seguito regoliamo di conseguenza le nostre emozioni. Se nelle vicinanze ci sono bambini che sparano petardi, al più tardi al terzo botto non ci spaventiamo più.

Le cellule nervose, in questo centro di controllo così importante per la nostra vita, nel caso di un evento spiacevole si attivano con intensità diversa a seconda della persona: è stato possibile appurarlo con la risonanza magnetica funzionale. Con questa tecnica i ricercatori possono vedere quali regioni cerebrali siano attive in determinate situazioni – purché queste situazioni possano essere in qualche modo riprodotte all'interno dello spazio ristretto di un tomografo.

Il rumore forte è uno degli eventi che si possono monitorare bene in un tomografo: si è visto che nelle persone maggiormente rilassate è più attiva la parte sinistra della corteccia prefrontale. Queste persone negli esperimenti valutano le situazioni spiacevoli tendenzialmente in modo più positivo delle persone in cui invece si attiva con maggiore intensità la parte destra della corteccia prefrontale. La parte sinistra sta per buone sensazioni, maggiore entusiasmo e buon umore, mentre chi ha una corteccia prefrontale più attiva destra è più facilmente un tipo che si lamenta sempre o che è pauroso.

L'effetto è così chiaro, che i ricercatori possono addirittura prevedere come un individuo reagirà in una situazione spiacevole, avendo osservato in precedenza solo quell'attività nervosa nella sua corteccia. Differenze simili si possono riscontrare già nei bambini di dieci mesi: a un gruppo di psicologi guidato da Richard Davidson è riuscito effettivamente di prevedere quanto traumatica sarebbe risultata per loro una breve separazione dalla madre. I bambini che in precedenza avevano mostrato una più intensa attivazione della corteccia prefrontale sinistra hanno reagito in modo più tranquillo alla separazione, mentre quelli nei quali risultava più attiva la corteccia destra hanno reagito mettendosi a piangere.

Oltre alla corteccia prefrontale, anche l'ippocampo ha importanza per la forza psichica. Così, secondo ricercatori come Michael Meaney, la mancanza di affetto può lasciare traccia direttamente nel cervello. Quando ha osservato l'attività cerebrale delle sue cavie, ha potuto stabilire che nei piccoli trascurati dalla madre alcune importanti regioni cerebrali, gli ippocampi, erano particolarmente poco sviluppate. Queste regioni (nel cervello sono due: una a destra e una a sinistra) hanno una forma che ricorda un cavalluccio marino; sono le centrali di controllo delle prestazioni della memoria e delle emozioni. "Le madri davano forma – nel senso più stretto del termine – anche al cervello dei loro piccoli attraverso un comportamento semplice, naturale," dice convinto Meaney.

Evidenze simili sono state trovate anche nel cervello degli esseri umani. Le persone con depressioni gravi hanno ippocampi piccoli, proprio come i roditori con una madre snaturata. Lo stesso vale per le vittime di maltrattamenti infantili o per i veterani del Vietnam con traumi gravi.

Lo stress allora è un danno per il cervello? Oppure le dimensioni ridotte degli ippocampi non sono la conseguenza, bensì la causa di una maggiore vulnerabilità psichica? Lo psichiatra Roger Pitman è favorevole a questa seconda ipotesi, da quando ha studiato il cervello di persone che avevano subìto traumi gravi. Nel suo lavoro c'era una particolarità, le vittime di traumi esaminate avevano un fratello gemello: il gemello a cui non era successo nulla di paragonabile aveva comunque ippocampi altrettanto piccoli – nonostante l'assenza di traumi.

Se questa osservazione verrà confermata, in futuro si potrebbe consigliare alle persone particolarmente vulnerabili di cercarsi una professione che non comporti un forte impegno psichico. Si potrebbero usare le scansioni cerebrali per impedire ai giovani poco resilienti di partire come militari di professione per l'Afghanistan o di andare a lavorare in un pronto soccorso o in situazioni estreme. Anche molti medici e infermieri si ammalano proprio per le difficoltà psicologiche che comporta la loro vita professionale.

Che cosa trasmette a una persona l'eredità (genetica)

Un'occasione del genere capita a uno scienziato solo una volta nella vita: Terrie Moffitt ha provato una sensazione di gioia incredibile, quando all'inizio degli anni ottanta ha ricevuto un invito dalla Nuova Zelanda. Avrebbe dovuto contribuire a studiare un vero tesoro! Oltre dieci anni prima in quel paese uno psicologo aveva potuto contattare i genitori di tutti i bambini nati nel corso di un anno al Queen Mary Hospital della città di Dunedin. Aveva un programma ambizioso: i 1037 bambini nati fra l'aprile 1972 e il marzo 1973 avrebbero dovuto essere esaminati regolarmente, per cercare di capire le cause dei problemi di salute e dello sviluppo.

Quando Terrie Moffitt ha cominciato a collaborare al progetto nel 1984, le basi per l'elaborazione di quel tesoro di dati erano state poste; avrebbe dovuto farlo crescere e sfruttarlo nel modo più produttivo. Fino a oggi Moffitt, psicologa nata a Norimberga ma cresciuta negli Stati Uniti, ha lavorato a questo progetto con Avshalom Caspi, collega israeliano e suo partner. Moffitt e Caspi in questi anni hanno presentato risultati di ricerca più che sorprendenti. Si potrebbe dire che, con l'aiuto dei bambini di Dunedin, hanno rivoluzionato le nostre idee sulla potenza dei geni.

Terrie Moffitt ha raccolto un'enorme quantità di dati. Ha intervistato regolarmente i bambini per avere notizie sulla loro vita, ha documentato le loro malattie, ha annotato le difficoltà che hanno incontrato. Con grande minuzia ha registrato quali bambini crescevano in condizioni favorevoli e quali invece si trovavano in una famiglia problematica. E ha appurato come i bambini, che nel frattempo sono cresciuti e hanno superato la soglia dei quarant'anni, hanno condotto la loro vita – se erano aggressivi o bene integrati socialmente, se si erano sposati o se erano rimasti sempre soli. Dietro tutto stava un grande interrogativo: perché gli eventi sfortunati della vita nel caso di alcune persone lasciano una ferita duratura sull'anima, mentre altri sembrano esserne immuni?

Un giorno del 1996 Moffitt e Caspi hanno letto un articolo pionieristico: un gruppo di ricercatori tedeschi guidato da Klaus-Peter Lesch aveva pubblicato una scoperta sorprendente. Gli psichiatri e i genetisti dell'équipe di Lesch avevano stabilito per la prima volta che la predisposizione all'ansia e la labilità emotiva di una persona dipendevano chiaramente da quale variante possedesse di un particolare gene. Era una scoperta estremamente affascinante: un singolo gene influiva direttamente sulla psiche delle persone!

Il gene di cui parliamo è chiamato 5-htt e veicola le direttive per la costruzione del cosiddetto "trasportatore della serotonina". Questa è una molecola che nel cervello provvede a bloccare l'effetto della serotonina, spesso popolarmente chiamata "ormone della felicità", anche se gli scienziati la definiscono un neurotrasmettitore, perché questa molecola trasmette segnali alle cellule nervose nel cervello. In quantità moderate la serotonina rende euforici, combatte le paure e frena l'aggressività; quando invece nel cervello ne circola troppa può produrre anche allucinazioni. L'organismo è normalmente organizzato in modo tale da provvedere a che l'effetto della serotonina a un certo punto finisca, e per ottenere questo risultato utilizza il trasportatore della serotonina, che elimina l'ormone.

Grazie ai suoi molteplici effetti, l'ormone della felicità non produce solo sensazioni di benessere, ma anche forza psichica. Questo era già chiaro da tempo, quando Klaus-Peter Lesch ha iniziato il suo lavoro. In effetti basta un po' di serotonina in forma di pillole per tenere a freno le proprie ansie. È priva di ogni fondamento scientifico invece la credenza che alimenti ricchi di serotonina come il cioccolato e le banane migliorino l'umore grazie all'ormone della felicità che contengono, perché dallo stomaco la serotonina non può arrivare fino ai punti importanti nel cervello. Intervenendo sul metabolismo della serotonina, però, gli psichiatri possono dare una mano alla felicità.

Già da vari anni esiste un buon numero di farmaci che alleviano disturbi psichici influendo sui recettori della serotonina. Questi farmaci influiscono sulla formazione, sull'effetto, sul trasporto o anche sulla disgregazione dell'ormone della felicità. Le loro applicazioni sono quindi molteplici, come gli effetti del neurotrasmettitore nel cervello: questi farmaci sono utilizzati contro l'emicrania o per la pressione alta, come sonniferi o come inibitori dell'appetito, ma soprattutto per i disturbi psichici.

Alla ricerca del gene della resilienza

Klaus-Peter Lesch però nel 1996 aveva trovato qualcosa di completamente nuovo: aveva stabilito che negli esseri umani esistono varianti del gene per il trasportatore della serotonina. Poco tempo dopo ha potuto addirittura dimostrare che l'espressione del gene ha effettivamente influenza sulla disposizione d'umore delle persone: una forma di questo gene sembra favorire l'ansia, un'altra invece il temperamento malinconico. Il gruppo di Lesch ha analizzato la personalità di 505 soggetti e poi anche i loro geni e di fatto quanti avevano la variante "malinconia" del gene avevano anche un elevato tasso di nevroticismo. Tendenzialmente erano inclini al nervosismo, reagivano rapidamente allo stress, erano insicuri e timidi, provavano molta ansia ed erano spesso anche tristi. I soggetti con la variante "felicità" del gene sembravano invece completamente esenti da questi tratti caratteriali.

Le differenze fra i due geni erano minime: in una variante (nella cosiddetta regione promotrice) un certo frammento si ripeteva quattordici volte, nell'altra variante invece sedici. Quindi la gigantesca molecola dell'eredità, il DNA con i suoi tre miliardi di basi, che si trova in ogni cellula dell'organismo, in un caso era più corto di quarantaquattro basi. Questo era tutto. Eppure quella differenza risultava avere un decisivo influsso sulla vita psichica. Chi aveva la versione breve si dimostrava vulnerabile ed era significativamente predisposto a sviluppare una depressione; chi invece aveva la versione lunga, che si presenta in generale più comunemente, si dimostrava psichicamente stabile di fronte a sventure improvvise.

Quando Moffitt e Caspi hanno saputo della scoperta di Lesch, si sono subito dati da fare. Avevano a disposizione la raccolta di dati ideale per poter verificare quella incredibile correlazione fra genetica e psiche in un gruppo più ampio di persone. L'idea affascinava i due psicologi: semplici differenze genetiche potevano influire sul modo in cui tutta la vita di quei bambini si sarebbe sviluppata.

La determinazione dei geni dei bambini di Dunedin è stata ottenuta rapidamente; a quel punto Moffitt e Caspi dovevano stabilire seguendo le statistiche se i geni erano in qualche modo in rapporto con il loro carattere e con il loro sviluppo. E, in effetti, le cose stavano così: i bambini con la variante corta del gene per il trasportatore della serotonina presentavano più sintomi di depressione; quando era accaduto qualcosa di brutto nella loro vita, era stato più frequente che venisse loro diagnosticata una depressione, e propendevano maggiormente verso pensieri di suicidio, rispetto ai soggetti che possedevano la variante lunga del gene e che avevano dovuto fare i conti nella loro vita con difficoltà analoghe.

La variante lunga del gene evidentemente trasmetteva una forza di resistenza contro le circostanze avverse. Si trattava proprio di un gene della resilienza! Emmy Werner, l'americana pioniera delle ricerche sulla resilienza, ne è rimasta colpita: evidentemente la costituzione genetica di una persona poteva "indebolire la sua reazione alle malattie provenienti dall'ambiente".

Sembra che la variante lunga del gene aumenti anche la
resistenza allo stress della vita adulta: lo ha dimostrato in
seguito il genetista psichiatrico Kenneth Kendler, con l'aiuto
di 549 gemelli adulti. Nei gemelli i divorzi, la perdita del
posto di lavoro e altri eventi negativi avevano come conseguenza una depressione soprattutto quando le persone colpite avevano ereditato dai loro genitori una variante corta del
gene per il trasportatore della serotonina.

Che la variante lunga del gene aiuti a superare meglio le
disgrazie è stato confermato in molti altri studi, per esempio
dopo la stagione degli uragani del 2004 in Florida, anno particolarmente disastroso. Le persone con il gene della malinconia hanno reagito male alle conseguenze degli uragani.
Alla fine i genetisti dell'Università di Würzburg, che hanno
esaminato analiticamente oltre 40.000 soggetti, sono arrivati alla stessa conclusione di Moffitt e Caspi: esiste una relazione fra la variante del trasportatore della serotonina e il
carattere in generale.

Si tratta di molto più dei geni

Eppure la relazione fra il gene della resilienza e la forza di
resistenza psichica non è affatto così semplice come molti
esperti pensavano, nell'entusiasmo iniziale. Guardando meglio, non si tratta solo dei geni. L'influsso che possono avere,
sul modo di essere delle persone e sul modo in cui affrontano
le situazioni difficili, dipende da molti fattori.

Caspi e Moffitt in realtà avevano cercato di opporsi da
subito: ai genetisti troppo entusiasti, che si sentivano confermati nella loro idea dell'onnipotenza dei fattori ereditari. I
due psicologi hanno sempre sostenuto che la divisione fra
"gene della malinconia" e "gene della felicità" è una semplificazione inammissibile. Perché non è che basti avere un certo gene e automaticamente si sviluppa una depressione: la

relazione fra costituzione genetica e salute psichica vale anche nei bambini di Dunedin solo a una condizione, che siano
già stati trattati male nella loro infanzia.

"La genetica non mostra alcun effetto sulla salute psichica, se gli individui non sono stati esposti in alcun modo a
rischi," affermava Terrie Moffitt. Alcuni bambini di Dunedin
avevano sviluppato una depressione ancora prima che la loro situazione familiare diventasse difficile, prima che i genitori si separassero o che il padre si desse all'alcol. Nel caso di
questi bambini, che evidentemente erano diventati depressi
di per sé e senza una circostanza esterna negativa, la malattia
si presentava indipendentemente da quale fosse il gene per il
trasportatore della serotonina posseduto.

Quanto le condizioni esterne modulino l'influenza del gene è dimostrato anche dal destino delle vittime di uragani:
alla lunga non tutte le persone con la variante corta del gene,
rimaste senza casa in conseguenza di uragani, avevano sviluppato una sindrome da stress post-traumatico. Evidentemente "una buona rete sociale di amici e conoscenti può al-
leggerire l'effetto di eventi traumatizzanti," ha detto lo psichiatra Dean Kilpatrick, "anche quando le basi biologiche
sono tutt'altro che favorevoli".

Violenza come eredità

Anche un'altra variante genetica, che hanno trovato Terrie Moffitt e Avshalom Caspi, corrisponde a un comportamento esteriore: la si potrebbe chiamare, semplificando molto, il "gene della spirale della violenza". Si tratta di un altro
fattore genetico che riguarda il metabolismo della serotonina: il gene per l'enzima monoammino ossidasi-a (MAO-A).
L'enzima elimina vari messaggeri cerebrali, fra cui anche la
serotonina. Inibitori delle MAO vengono prescritti già da anni
come farmaci contro la depressione.

In base alle ricerche di Moffitt e Caspi, una mutazione
del gene MAO-A può avere effetti non solo sull'umore e sul

rischio di depressione: nei giovani aumenta anche la probabilità di comportamento antisociale, purché i soggetti interessati siano stati a loro volta vittime di violenza nella loro
infanzia. Un bambino che viene maltrattato dal padre a sua
volta più facilmente diventerà violento, se possiede una variante del gene per l'enzima MAO-A che produce quantità
particolarmente ridotte dell'enzima.

I bambini maltrattati con produzione di MAO-A relativamente elevata invece, nonostante l'infanzia tormentata, diventano persone equilibrate. Gli scienziati hanno potuto
verificare questo effetto solo per i ragazzi, perché il gene per
le MAO-A si trova sul cromosoma X. Mentre i maschi hanno
un solo cromosoma X, le femmine ne hanno due, perciò per
le ragazze una mutazione del gene per le MAO-A non produce effetti altrettanto rilevanti.

Nei maschi l'effetto però era drastico: quanti avevano una
famiglia difficile e al tempo stesso erano nati con una costituzione genetica che produceva minore attività MAO-A, in otto
casi su dieci presentavano disturbi sociali. Ancor prima di diventare maggiorenni sviluppavano problemi del comportamento che richiedevano un trattamento, oppure prima dei
ventisei anni subivano una condanna per qualche atto violento. Fra i giovani che avevano avuto un'infanzia altrettanto
difficile, ma presentavano la variante del gene che dava una
maggiore attività MAO-A, solo il 40 per cento diventava violento: erano comunque il doppio rispetto ai bambini che uscivano da famiglie in cui erano stati circondati dall'affetto.

Come la variante lunga del gene per il trasportatore della
serotonina, anche la variante del gene che causa una più intensa attività MAO-A evidentemente produce una maggiore
forza di resistenza contro le situazioni negative, come scrivono Martin Holtmann e Manfred Laucht: "Questa variante
del gene sembra rendere almeno in una certa misura resilienti rispetto alle conseguenze psichiche posteriori dei maltrattamenti nell'infanzia".

La minore attività MAO-A e un gene corto della malinconia si possono vedere anche nel cervello. Spesso i bambini

vulnerabili reagiscono con particolare intensità allo stress, come hanno mostrato soprattutto gli studi con la risonanza magnetica: se i bambini con i geni corrispondenti vengono posti sotto pressione, il loro ippocampo (la regione del cervello che conserva i ricordi delle situazioni sgradevoli) si mette rapidamente in condizioni di allerta. Anche i neuroni del centro dell'ansia, nell'amigdala, si eccitano sempre, quando a questi bambini vengono fatti vedere volti angosciati o adirati, come ha mostrato lo psicologo Turhan Canli, in collaborazione con Klaus-Peter Lesch. Per farla breve: i bambini con questa costituzione genetica incontrano particolare difficoltà a tenere sotto controllo sentimenti spiacevoli come l'ansia o lo stress.

Interazioni fra geni e ambiente: un nuovo campo di ricerca

Come abbiamo detto, il gene della spirale della violenza, così come quello della malinconia, non ha alcuna influenza sulla gestione delle emozioni nei bambini non maltrattati. La costituzione genetica diventa influente solo quando i bambini hanno subìto a loro volta violenze.

Considerate queste interazioni i genetisti che si occupano della personalità da tempo sono indifferenti a una vecchia polemica, che ancora negli anni novanta divampava con una certa virulenza: quella fra chi riteneva che nella formazione del carattere prevalessero i geni e chi invece sosteneva il primato dell'ambiente. Questo dibattito ("Nature *versus* Nurture", ovvero "natura contro educazione") era stato sollevato già nel XIX secolo da un cugino di Charles Darwin, l'inglese sir Francis Galton. I genetisti della personalità oggi però sono sicuri: entrambi i fattori si influenzano a vicenda costantemente. Si interessano perciò (anche nella ricerca delle cause della resilienza) soprattutto alle "interazioni geni-ambiente", un campo di ricerca che sta rapidamente sviluppandosi. Queste interazioni, secondo le conoscenze attuali, hanno un ruolo importante anche nella maggior parte dei disturbi psichici. Gli scienziati partono dalla convinzione che i geni, che producono la forza di resistenza oppure una predisposizione a tali disturbi, "sono latenti e vengono alla luce solo quando vi si aggiunge lo stress," come afferma la psicologa Julia Kim-Cohen. "Questo spiegherebbe anche perché ci sia spesso una grande differenza nell'insorgere della schizofrenia fra gemelli, benché possiedano gli stessi geni e benché esista sicuramente in questa malattia una forte componente genetica."

L'importanza dei geni per molti disturbi psichici oggi non è in discussione. "Nel caso delle sindromi depressive è ben documentato che le persone con una predisposizione genetica reagiscono più facilmente delle altre con forme depressive agli eventi negativi," precisa la Società tedesca per la psichiatria e la psicoterapia, la psicosomatica e la neurologia. "La predisposizione può essere così spiccata che persino minimi fattori di stress, come il cambio di stagione o un nuovo fuso orario, possono produrre episodi depressivi." È possibile che i geni abbiano un ruolo nelle profonde differenze che si riscontrano da persona a persona nella capacità di sopportare i disturbi da burn-out. Finora però in questo campo non esiste una documentazione scientifica come nel caso delle depressioni e altri disturbi psichici.

I geni dunque, senza dubbio, hanno un'influenza importante, ma non sono i soli padroni del destino degli esseri umani. "Nonostante tutto, non siamo vittime dei nostri geni," dice Julia Kim-Cohen, che ha studiato le relazioni fra costituzione genetica e fattori ambientali nella resilienza, analizzando oltre 1100 gemelli dello stesso sesso, nati nel Galles o in Inghilterra negli anni 1994-1995. Circa la metà dei gemelli è omozigote, l'altra metà eterozigote; alcuni provengono da famiglie problematiche e hanno sviluppato un comportamento aggressivo o antisociale, altri invece, nonostante provengano dalle medesime condizioni familiari, non presentano gli stessi problemi.

I gemelli esercitano un fascino particolare, anche sui ricercatori. Sono nati nello stesso momento e nella stessa famiglia e vivono in un ambiente sostanzialmente simile. I gemelli omozigoti sono inoltre geneticamente identici, mentre quelli eterozigoti sono geneticamente diversi, ma comunque più simili fra loro di quanto non lo siano i fratelli non gemelli. Di conseguenza, negli studi comparati con entrambi i tipi di coppie di gemelli si può stabilire piuttosto bene quanta influenza abbiano i geni su una certa forma dello sviluppo e quanta ne abbia invece l'ambiente. I gemelli sono quindi una miniera di informazioni per i ricercatori interessati alle interazioni fra geni e ambiente.

Julia Kim-Cohen ha potuto trarre conclusioni interessanti dalle famiglie che ha studiato. Per quanto riguarda lo sviluppo di un comportamento resiliente, i gemelli omozigoti presentano somiglianze significativamente maggiori rispetto agli eterozigoti: i primi in genere sono o entrambi resilienti alle aggressioni domestiche o entrambi non resilienti. I gemelli eterozigoti invece si sviluppano più facilmente in direzioni diverse. Dal comportamento dei gemelli Kim-Cohen ha calcolato che i geni ne siano responsabili per il 70 per cento; all'ambiente rimarrebbe solo il 30 per cento. Altri ricercatori hanno calcolato che, nella determinazione della resilienza, il ruolo di costituzione genetica e fattori ambientali sia paritetico (50-50).

Un'interazione estremamente complessa

Geni e ambiente si influenzano anche a vicenda, spesso in modo incredibile. "L'interazione è estremamente complessa," dice Friedrich Lösel, psicologo di Erlangen.

In primo luogo, i bambini ricevono dai genitori non solo i geni, bensì (se crescono con i genitori naturali) anche un ambiente. Pure l'ambiente quindi, in una certa misura, è "ereditato".

In secondo luogo, i bambini cercano nel loro ambiente quelle nicchie che corrispondono meglio alle loro condizioni innate, ai loro interessi e ai loro talenti. Chi è aperto

e curioso spesso si orienta attivamente verso nuove esperienze. Queste a loro volta favoriscono il suo sviluppo e
alla fine lo rendono anche più resiliente. "Anche i bambini
più piccoli non sono solo recettori passivi di influssi socia-
lizzanti attraverso i loro genitori, la famiglia e l'ambiente," dice Julia Kim-Cohen. Il bambino si sceglie il suo ambiente.

In terzo luogo, genitori ed educatori reagiscono in modo
diverso a seconda dei tratti della personalità che un bambino
esibisce, in funzione della sua costituzione genetica. Così i
bambini con un temperamento estroverso entrano facilmente in contatto con gli adulti nel loro ambiente e in questo
modo ricevono maggiore attenzione e maggiori stimoli da
parte di genitori, insegnanti o educatori rispetto ai bambini
timidi, e alla fine possono sviluppare anche una maggiore
resilienza. Il bambino in questo modo costruisce il proprio
ambiente.

"Quando diciamo che la biologia ha un ruolo importante
nello sviluppo del carattere e della forza di resistenza psichica, questo non significa che il comportamento di un essere
umano sia determinato geneticamente," riassume Friedrich
Lösel. Questo spesso viene frainteso: "I geni fissano i confini,
ma rimane ampio spazio di manovra". Si potrebbe anche
dire: i geni fanno un'offerta, che solo il singolo può accettare
e sviluppare.

La doppia faccia del gene della resilienza: "dente di leone" e
"orchidea"

Da questo deriva il fatto che una stessa variante di uno
stesso gene possa avere effetti estremamente diversi. A seconda di come interviene l'ambiente, lo stesso gene può rendere
vulnerabili oppure resilienti. "In un contesto amorevole i geni, che in condizioni difficili rendono vulnerabili, possono
rendere un bambino addirittura forte psichicamente," dice
Jelena Obradovic, psicologa dello sviluppo della Università

di Stanford. I geni della resilienza hanno evidentemente una doppia faccia.

- Così il gene della malinconia (per il trasportatore della serotonina) può difendere attivamente dalle depressioni.

- Quando in famiglia c'è molto amore, il gene della spirale della violenza (quello per l'enzima MAO-A) può far diventare gli adolescenti persone gentili anziché violente.

- Varianti di un gene, denominato CHRM2, che nelle famiglie difficili aumentano il rischio di aggressività, infrazione delle regole e alcolismo, fanno sì che i giovani in famiglie premurose diventino le persone meno problematiche di tutte.

Inoltre, per quanto riguarda la forza di resistenza psichica, non esistono geni veramente buoni e desiderabili – e nemmeno geni che sarebbe meglio non avere. Ne ha dato una possibile spiegazione Jelena Obradovic, insieme con Thomas Boyce, che hanno studiato bambini californiani in età prescolare, sottoponendoli a un trattamento non proprio ortodosso. Obradovic, psicologa, e Boyce, pediatra, hanno somministrato due gocce di succo di limone concentrato sulla lingua di 300 bambini fra i cinque e i sei anni che partecipavano alla loro ricerca. Poi i bambini dovevano memorizzare numeri a sei cifre; dovevano parlare a quattr'occhi con una persona, a loro totalmente estranea, a proposito della loro famiglia e dei loro amici; infine dovevano guardare anche un film, in cui un ragazzo e una ragazza erano spaventati per un temporale.

Dove volevano andare a parare? In questo modo Obradovic e Boyce volevano mettere alla prova la resistenza dei bambini a tutte le possibili forme di difficoltà: fisiche (succo di limone), mentali (memorizzazione di numeri), sociali (colloquio a quattr'occhi) ed emotive (il film con il temporale). Hanno misurato i livelli dell'ormone dello stress nei bambini nelle varie situazioni, poi hanno chiesto a genitori e insegnanti come valutavano la loro competenza sociale e il loro potenziale di aggressività.

Come previsto, è risultato che i bambini più sensibili provenienti da situazioni più difficili avevano reazioni comportamentali più intense, rispetto a quelli che, pur provenendo da situazioni altrettanto difficili, avevano una minore produzione di ormone dello stress durante i test. Ma è emersa anche una relazione del tutto imprevista: se i bambini sensibili erano cresciuti in una famiglia che li circondava d'affetto, reagivano in modo meno intenso dei bambini più robusti provenienti da condizioni favorevoli. I bambini sensibili mostravano anche di divertirsi di più a scuola ed erano socialmente meglio integrati.

È possibile anche che i bambini che reagiscono con maggiore intensità allo stress siano nel complesso semplicemente più ricettivi dei loro coetanei meno reattivi allo stress. Reagiscono più intensamente agli stimoli del loro ambiente: a quelli buoni come a quelli cattivi. Questo però significa anche che, se riescono a utilizzare vantaggiosamente per sé gli influssi dell'ambiente, possono anche ricavarne di più e superare i loro coetanei meno reattivi allo stress.

Thomas Boyce parla di "bambini orchidea", che appassiscono quando non ci si occupa abbastanza di loro, ma se invece sono seguiti bene producono fiori molto belli. In questo modo ha introdotto nel lessico degli psicologi un concetto che già da molto tempo è presente nella lingua svedese, e anche il suo contraltare: in contrapposizione ai bambini orchidea i "bambini dente di leone" – come la zizzania, che non si riesce a estirpare – crescono anche nei luoghi più inospitali del pianeta.

Chi è sensibile come un'orchidea non ha necessariamente geni che lo fanno ammalare. Quando bambini di questo tipo vengono accuditi a sufficienza da genitori, insegnanti o altre persone di riferimento, hanno in sé evidentemente un grande potenziale. Lo ha dimostrato anche nella sua pratica la psicologa infantile Marian Bakermans-Kranenburg, la quale si è dedicata ai bambini affetti da sindrome da deficit di attenzione, che già a un'età compresa fra uno e tre anni non riuscivano a stare mai fermi e spesso picchiavano i loro coetanei.

Bakermans-Kranenburg ha visitato le famiglie di questi bambini per otto mesi. Ha filmato la vita familiare e ha parlato con i genitori, spiegando loro che cosa potevano fare per migliorare il difficile rapporto con i loro figli. Le cose in molte famiglie sono andate subito meglio e sono fioriti di più i bambini che avevano una predisposizione genetica per la sindrome da deficit di attenzione e iperattività (avevano una mutazione nel gene DRD4): il loro comportamento migliorava, su una scala adottata dagli psicologi, del 27 per cento, mentre i bambini reattivi con una costituzione genetica in sé non problematica mostravano un comportamento sociale migliorato solo del 12 per cento.

Ulteriori studi hanno mostrato che i bambini con questa mutazione genetica potevano essere particolarmente socievoli all'età di tre anni – se sin dall'inizio avevano avuto genitori con uno stile educativo partecipe e attento. La loro simpatia poteva essere addirittura maggiore di quella di coetanei senza quella mutazione così critica.

Quanto più gli scienziati approfondiscono l'interazione di geni e ambiente, tanto più le cose appaiono loro confuse. Intanto, nella formazione di caratteristiche della resilienza sono state identificate non solo interazioni fra geni e ambiente, ma anche fra geni e geni. Tecnicamente, quando l'attività di un gene è facilitata o inibita da quella di un altro gene, si parla di epistasi.

Nessuno più crede che la resilienza a livello genetico sia facilmente influenzabile. "Sicuramente hanno un ruolo numerosi geni," dice Klaus-Peter Lesch. Si conoscono ormai centinaia di costituzioni genetiche che danno luogo alla stabilità psichica di una persona. È dello stesso parere anche il neurobiologo Rainer Landgraf, esperto dell'attività ormonale nel cervello: "Non ci sarà mai una semplice pillola della resilienza, ma forse un giorno ci sarà un cocktail".

Come i genitori tramandano senza volerlo le loro esperienze (epigenetica)

A lungo il DNA è stato considerato l'alter ego biologico di ciascuno di noi. Quello che siamo e come siamo sembrava essere scritto indelebilmente nel suo codice. Da un po' di anni però non lo si può più negare: non sono i geni ad avere il maggior potere sulla vita; il potere della vita sui geni è molto più elevato.

Il DNA non è affatto una molecola statica. Già per questo non può determinare per sempre la forma e il comportamento di una persona. Il patrimonio genetico si modifica nel corso della vita. Ciascuno ha su di esso addirittura un'influenza diretta: quello che si fa, si mangia, si sperimenta, si riflette anche sul proprio DNA. "I geni reagiscono per tutta la vita con la massima sensibilità a tutti i possibili influssi esterni," dice il biologo Gene Robinson. L'ambiente può anche influenzare in modo permanente i geni.

Che le cose stessero così i genetisti avrebbero potuto pensarlo già quando la loro disciplina ha conquistato, negli anni cinquanta, una nuova importanza. In fin dei conti ciascun essere umano possiede in ciascuna delle cellule del suo organismo le stesse informazioni genetiche, costituite da circa tre miliardi di basi costitutive del DNA e da circa 25.000 geni. Eppure le cellule dell'organismo, come chiunque può facilmente vedere, si sviluppano in modi profondamente diversi: alcune diventano le cellule del cervello, altre formano le unghie dei piedi, altre ancora il bulbo oculare e così via. Le cellule della retina e quelle nella parete interna dell'intestino hanno un aspetto del tutto differente e svolgono compiti dissimili, e tutto questo può avvenire solo se in esse sono attivi geni diversi. Già all'inizio della vita processi che fanno "tacere" certi geni e invece amplificano la voce di altri sono fondamentali per il funzionamento dell'organismo.

Quindi, deve esistere un programma di livello più alto, che in qualche modo dice alle cellule, durante il loro sviluppo, quali elementi del loro patrimonio ereditario devono raf-

forzare e quali invece devono lasciare inerti, per poter assolvere ai loro compiti nel quadro più ampio, cioè nel funzionamento generale dell'organismo. La cosa è stata presto chiara
ai genetisti, ma a lungo hanno pensato che questa espressione differenziale dell'attività dei geni nelle diverse cellule fosse
immutabile. Pensavano anche che, una volta che un gene è
stato inibito, fosse inibito per sempre.

La chimica del gene silenzioso

Le cose non stanno così. Gli scienziati hanno decifrato
progressivamente il programma di livello più alto, che dice
ai geni quali fra loro devono tacere. Si tratta di semplici
processi chimici, che svolgono il compito importante di atti-
vare e disattivare gli elementi del patrimonio genetico. Uno
dei meccanismi più comuni è quello chiamato metilazione.
Nella metilazione vengono legati alla lunga molecola del
DNA piccoli gruppi chimici, i cosiddetti gruppi metile. Questa marcatura chimica determina come viene valutata l'informazione genetica da parte dell'organismo. I gruppi metile modificano la struttura spaziale del genoma, la quale a
sua volta determina quali segmenti del genoma possano essere raggiunti dall'apparato di lettura del DNA e quindi possano essere compresi dall'organismo come direttive di comportamento. I gruppi metile sono più numerosi sui geni le
cui informazioni vengono meno utilizzate: sembra che quasi
riducano al silenzio questi geni. Viceversa i geni utilizzati
attivamente sono meno metilati. Così si forma uno schema
caratteristico di metilazione, che può sempre essere modificato. La successione delle basi del DNA e dei geni stessi invece non viene mai modificata. Poiché questi processi, che decidono quali geni siano attivi in una cellula, aggiungono un
livello ulteriore alla potenza del genoma, si parla di epigenetica (in greco *epi* significa "sopra"). Questo settore speciale
della biologia ha avuto uno sviluppo esplosivo dall'inizio
del nostro secolo.

Come esempio eclatante della potenza dei processi epigenetici, il giornalista Peter Spork nel suo libro *Der zweite Code: Epigenetik* ("Il secondo codice: epigenetica") porta la metamorfosi del bruco in farfalla. "La semplice creatura simile a un verme, che non poteva fare molto più che mangiare e strisciare, portava in ciascuna delle sue cellule esattamente gli stessi geni del grazioso insetto che ora esegue inimitabili acrobazie aeree. Quel che è cambiato sono solo i programmi epigenetici. [...] Quasi tutte le cellule ora hanno un compito diverso."

Anche se negli esseri umani non si verifica una metamorfosi così drastica come quella da bruco a farfalla, nel corso della vita il loro genoma continua a modificarsi attraverso i processi epigenetici. Le esperienze e gli influssi del mondo circostante si traducono in decine di migliaia di punti sul DNA come marcature chimiche.

Gli scienziati hanno scoperto sotto forma di variazioni epigenetiche tracce di alimentazione, inquinamento atmosferico, droghe, difficoltà psicologiche e anche stress. Per questo i biologi definiscono l'epigenetica la "memoria del corpo". Le modificazioni epigenetiche sono "la lingua con cui il genoma comunica con l'ambiente," dice il biologo Rudolf Jaenisch.

Un processo dinamico

Per questo anche i gemelli omozigoti con il tempo si differenziano sempre di più. Alla nascita possiedono ancora, come due cloni, lo stesso DNA, ma poi la vita li trasforma sempre più a livello individuale, come ha chiarito in modo degno di nota il medico e genetista molecolare Manel Esteller: in uno studio pionieristico ha analizzato il sangue di quaranta coppie di gemelli omozigoti, di età compresa fra i tre e i settantaquattro anni. Il risultato è stato questo: mentre la configurazione epigenetica dei gemelli giovani era solo di poco diversa, nelle coppie più anziane si notavano divergenze significative. Le differenze nel genoma dei fratelli più anziani erano poi tanto maggiori quanto più differente era stato il corso della loro vita.

"Se uno dei due comincia a fumare, assume sostanze stupefacenti o è esposto a un maggiore inquinamento ambientale, il profilo epigenetico dei gemelli può divergere chiaramente," dice Esteller. Tutto il processo delle modifiche epigenetiche è "molto dinamico".

Quanto dinamico sia lo hanno dimostrato nel marzo 2012 dei ricercatori svedesi, che hanno lasciato a bocca aperta anche alcuni dei loro colleghi. Gli scienziati di tutte le discipline avevano appena cominciato ad abituarsi alla mutabilità del genoma umano che gli svedesi hanno presentato la loro sorprendente scoperta: le modifiche nella molecola della vita possono verificarsi anche nell'arco di minuti.

I ricercatori del gruppo della fisiologa Juleen Zierath hanno preso quattordici persone sane, ma non abituate a fare attività sportiva, intorno ai venticinque anni, e le hanno fatte pedalare su un cicloergometro. Già dopo venti minuti quell'attività aveva modificato il genoma nelle cellule muscolari dei pedalatori: hanno rilevato una minor quantità di marcatori chimici (sotto forma di gruppi metile) rispetto a quella misurata prima della pedalata. I ricercatori lo hanno rilevato prelevando dalla coscia dei soggetti piccolissimi pezzi di muscolo, di un peso fra i 50 e i 100 milligrammi. "I nostri muscoli sono molto plastici," ha detto Juleen Zierath, che per prima è rimasta sorpresa dalla scoperta.

Fondamentalmente era una cosa ben nota dalla vita quotidiana. I muscoli si adattano, nella loro forma e nella loro forza, alla vita che una persona conduce. Se fa attività sportiva si rafforzano, ma se per qualche mese vengono costretti in un'ingessatura, anche in chi prima era bene allenato finiscono per rattrappirsi dolorosamente.

"I muscoli si adattano in modo estremo alle prestazioni a cui vengono chiamati," dice Zierath. La cosa che colpisce nella rapidità con cui i muscoli possono essere allenati è però il fatto che alla base di questo stiano evidentemente meccani-

smi epigenetici. L'aumento della metilazione è un effetto molecolare dell'addestramento: non sono stati modificati dei
geni, nelle persone poco sportive sottoposte al test sul cicloergometro. I gruppi metile si sono ridotti nelle posizioni del
genoma che in caso di attività sportiva sono coinvolte nel
metabolismo.

Questi sono processi dinamici, e a quanto pare iniziano
già nelle prime fasi della vita – addirittura già nel grembo
materno: un gruppo di ricerca australiano guidato da Jeffrey
Craig e Richard Saffery ha portato ancora un po' più avanti
nel tempo la ricerca condotta sui gemelli dal loro collega
spagnolo Manel Esteller: hanno analizzato il genoma di gemelli omozigoti subito dopo la nascita, utilizzando il sangue
del cordone ombelicale. Nonostante alle analisi i gemelli ri-
sultassero ancora geneticamente identici, erano venuti al
mondo già con diverse configurazioni del genoma. Queste
modifiche si sono verificate chiaramente durante la permanenza nel grembo materno. Secondo Craig perciò devono
"essere ricondotte a eventi che hanno riguardato un gemello
ma non l'altro". Quindi l'ambiente già nel grembo materno
ha un forte influsso su quali geni di una persona si esprimo-
no di preferenza e quali invece restano inespressi.

L'ambiente? Ma nel caso dei gemelli omozigoti nell'utero
materno non è di fatto identico? No, dice il ricercatore: "Ciascuno ha il proprio cordone ombelicale, che può passare loro
sangue di diversa composizione, e in oltre il 95 per cento dei
casi hanno anche sacchi amniotici distinti". Inoltre uno dei gemelli si trova forse più vicino al cuore, l'altro in posizione più
lontana. L'ambiente circostante quindi è individuale.

Lo schema epigenetico del trauma

Se nel genoma si possono dare differenze dovute a piccole cose, come una distanza nell'utero leggermente maggiore
dal cuore della madre o una pedalata di venti minuti su una
cyclette, quanto possono essere rilevanti le modifiche al DNA

dopo un trauma fisico o psichico? "Possono essere estremamente grandi," dice il neurologo canadese Gustavo Turecki, che ha studiato il genoma in quarantuno uomini del Québec per rilevarne lo schema di metilazione. Venticinque di queste persone avevano subìto gravi maltrattamenti nell'infanzia, le altre sedici invece avevano avuto un'infanzia normale. Era chiaro: le percosse avevano lasciato il segno anche nel genoma dei bambini maltrattati.

Nelle vittime di maltrattamenti si trovavano metilazioni caratteristiche in 362 geni: 248 erano metilati più che nei soggetti di controllo, gli altri erano meno metilati. La differenza era più rilevante nel gene dell'alsina (ALS2), che si attiva nelle cellule nervose dell'ippocampo ed è fra i responsabili della modificabilità del cervello. È legato, dice Turecki, a modifiche del comportamento, fino all'ansia.

"I meccanismi epigenetici possono essere risposte rapide allo stress e durare ore. Possono anche rimanere attivi per mesi, anni o addirittura per una vita intera," dice il neuropsicofarmacologo Eric Nestler. Quanto si conservi una modifica epigenetica e dove si trovi, quando e se venga eliminata, sono interrogativi oggetto di ricerche approfondite. Evidentemente sono di lunga durata quelle marcature epigenetiche che vengono prodotte sul genoma nella prima infanzia. I traumi subìti in giovane età lasciano tracce particolarmente profonde nel genoma delle cellule cerebrali, perché si verificano in un momento in cui lo sviluppo del cervello è in pieno corso. In seguito sembra che non ci sia più accesso a queste modifiche epigenetiche; altre marcature invece, come la metilazione nelle cellule muscolari attraverso l'attività sportiva, vengono evidentemente create e distrutte in continuazione.

Eric Nestler è uno dei fondatori della psichiatria genetica. Con i suoi studi sui roditori ha trovato molte spiegazioni molecolari per malattie psichiatriche e ha migliorato la nostra comprensione dei meccanismi biochimici che stanno alla base delle depressioni.

Che sulle malattie della psiche possano influire non solo i geni, ma anche i processi epigenetici, è stato dimostrato già da Michael Meaney con i suoi studi sui topi. Meaney era interessato a capire quale meccanismo fosse in campo, quando all'improvviso i piccoli coccolati producevano un maggior numero di recettori per il cortisolo, l'ormone dello stress. Si trattava in effetti di pura epigenetica: insieme con il genetista molecolare Moshe Szyf, Meaney ha dimostrato che i geni per i recettori del cortisolo negli animali trascurati avevano subìto una metilazione più diffusa.

Meaney e Szyf erano troppo in anticipo sui tempi. Metilazione del DNA in conseguenza di troppo poche coccole? All'inizio del nuovo millennio i loro colleghi di tutto il mondo non potevano crederci. Allora dominava ancora l'idea che le metilazioni nel genoma fossero durature e che potessero essere modificate attraverso influssi ambientali, come la cura amorevole di una madre era al di fuori della capacità di immaginazione della maggior parte dei ricercatori. Solo dopo molti tentativi, nel 2004, i due canadesi sono riusciti a pubblicare la loro scoperta nella rivista "Nature Neuroscience". Da quel momento in poi l'idea si è diffusa: evidentemente i geni si modificavano in conseguenza dei traumi che i topolini avevano subìto in tenera età. Quanto fosse stretto il rapporto lo ha dimostrato poco più tardi Eric Nestler con un trucco sorprendente: ha bloccato la metilazione in certi animali e ha impedito quindi che sviluppassero un disturbo psichico (a differenza del gruppo di controllo) quando li metteva ripetutamente a contatto con altri animali aggressivi. I topolini maltrattati avevano meno interesse a cose che normalmente avrebbero trovato attraenti, per esempio dolci e sesso. Se veniva somministrato loro un inibitore della metilazione, non sviluppavano nessuno di quei sintomi di depressione.

Vale qualcosa di simile anche per gli esseri umani? Questo vorrebbe dire allora che un giorno le conseguenze dei traumi potrebbero essere eliminate con l'aiuto di un simile inibitore della metilazione sotto forma di pillole! Meaney e Szyf hanno cominciato a cercare una risposta e nel 2009, in una ricerca che ha ricevuto molta attenzione, hanno potuto confermare l'ipotesi che i geni umani si modifichino per processi epigenetici quando nell'infanzia si fanno brutte esperienze. Hanno studiato il cervello di trentasei adulti: dodici erano stati maltrattati durante l'infanzia e più avanti si erano suicidati, altri dodici si erano suicidati ma, per quanto se ne sapeva, non avevano subìto traumi infantili gravi; i rimanenti erano morti all'improvviso di morte naturale.

"I maltrattamenti avevano lasciato tracce nel cervello," racconta Moshe Szyf. Per la precisione, tracce di metilazione: lo schema epigenetico nei neuroni dei suicidi maltrattati era straordinariamente simile a quello dei topolini cresciuti senza cure amorevoli. Le disavventure infantili avevano portato alla metilazione di un gene, denominato NR3C1, che è responsabile della formazione dei recettori del cortisolo nel cervello; questi, che rendono inoffensivo l'ormone dello stress, erano ridotti di circa il 40 per cento. Come il cervello dei topi cresciuti senza cure, anche il cervello delle persone maltrattate quindi era costantemente in stato di allerta, il che le rendeva evidentemente particolarmente inclini a disturbi d'ansia, depressioni e probabilmente anche al suicidio.

Il pezzo mancante del puzzle

"Eredità e ambiente non si possono più separare," dice anche la neuroscienziata Elisabeth Binder. "Entrambi sono sempre decisivi." Lo ha dimostrato da poco con una serie di esperimenti: Binder e il suo collaboratore Torsten Klengel si sono interessati allo FKBP5, un importante regolatore degli ormoni dello stress come il cortisolo. Le persone, in cui in conseguenza di una variante genetica viene prodotto molto FKBP5, rischiano maggiormente di diventare violente e si deprimono più facilmente delle persone che possiedono una variante meno attiva del gene. Ma in generale solo quando a loro volta sono state maltrattate nell'infanzia. Allora il gene vulnerabile si modifica epigeneticamente per il flusso di ormoni dello stress prodotto dalla sofferenza; gli ormoni riducono la metilazione e il gene si attiva ancora di più. "Questa modifica duratura del DNA si produce soprattutto a seguito di traumi nell'infanzia," dice Klengel. Nei partecipanti allo studio, che avevano avuto esperienze traumatiche esclusivamente nell'età adulta, non si rilevava un'analoga riduzione dei gruppi metile.

Se vengono allontanati una volta i gruppi metile, lo FKBP5, che è così fondamentale per la gestione dello stress, in situazioni difficili viene prodotto in quantità sempre crescenti. La conseguenza è "una riduzione, per tutta la vita, della capacità di affrontare situazioni opprimenti", dicono i ricercatori. Colleghi di Binder e Klengel stanno già lavorando a un farmaco che possa ridurre gli effetti dello FKBP5.

L'ambiente ereditato

Se si producono modifiche epigenetiche, queste possono non rimanere isolate dal genoma della generazione successiva. Stanno aumentando le prove: modifiche del genoma che sono state prodotte da stress, violenza, sostanze stupefacenti o anche dall'alimentazione, possono essere trasmesse ai discendenti. Gli influssi dell'ambiente e le esperienze fatte durante la vita sarebbero quindi ereditabili.

Questo fatto si è visto per la prima volta in misura imponente dopo la Seconda guerra mondiale. Nell'inverno 1944-45 gli olandesi, a seguito dell'invasione tedesca, hanno vissuto momenti molto difficili. Soprattutto nelle province occidentali i generi alimentari scarseggiavano, perché i nazisti in quell'inverno, già duro di suo, avevano requisito tutto il cibo e avevano quasi completamente bloccato gli approvvigionamenti per la popolazione olandese. Circa 4,5 milioni di persone hanno sofferto la fame e circa 22.000 sono morte.

L'"inverno della fame", come lo chiamano gli olandesi, non ha lasciato tracce solo nella coscienza storica, ma anche nella stessa popolazione olandese. I nati in quel periodo soffrono oggi le conseguenze della fame del 1944-45. Lo ha appurato l'équipe scientifica di Tessa Roseboom: i figli dell'inverno della fame, a sessant'anni di età, sono ancora diversi dai loro fratelli, nati in momenti migliori.

Ancora nell'utero materno, quei bambini hanno ricevuto un minimo assoluto di nutrimento. Raramente le loro madri riuscivano ad assumere più di 500 chilocalorie al giorno. Evidentemente il metabolismo dei feti si è adattato a quella situazione: utilizzavano tutto quello che riuscivano a procurarsi. Queste modifiche epigenetiche però hanno avuto un influsso sulla loro vita da adulti. Li hanno predisposti, negli anni del benessere del dopoguerra, ad accumulare grasso molto rapidamente e con altrettanta frequenza hanno sviluppato, in conseguenza del sovrappeso, patologie come il diabete. Fra gli adulti, poi, gli infarti sono stati di frequenza doppia rispetto al resto della popolazione, i tumori al seno di frequenza quadrupla; molto più spesso degli altri hanno sofferto di depressione. "Si può anche dire: sei quello che mangi," dice Tessa Roseboom, che è figlia di due figli dell'inverno della fame. "Ma non solo: sei anche quello che ha mangiato tua madre."

Anche gli orrori dell'Olocausto si fanno sentire ancora anche nella seconda generazione. Coloro i cui genitori hanno vissuto le persecuzioni naziste contro gli ebrei, soffrono in misura superiore alla media di ansia, di sindrome da stress post-traumatico e di depressioni. Rachel Yehuda, ricercatrice traumatologa della Mount Sinai School of Medicine di New York, ha potuto evidenziare in queste persone una maggiore reattività dell'organismo allo stress, come nel caso di molte persone che hanno subìto direttamente dei traumi.

Yehuda sta cercando di trovare nel genoma le tracce responsabili della maggiore reattività allo stress: è convinta di poter trovare delle tracce epigenetiche.

Che non solo il gene del metabolismo del cortisolo, ma anche il trasportatore della serotonina, già noto per il suo ruolo nella traumatizzazione, possa essere un candidato per queste modificazioni epigenetiche lo hanno pensato gli epidemiologi del gruppo di Karestan Koenen e Monica Uddin. Questi ricercatori hanno chiesto a 1500 adulti dello stesso quartiere di Detroit se soffrivano di depressione, quanto spesso nella loro vita avevano dovuto affrontare prove difficili e se in conseguenza di un'esperienza paurosa avevano già sviluppato una sindrome da stress post-traumatico. Quando hanno analizzato geneticamente il sangue delle persone intervistate hanno scoperto che in quelle che non avevano mai sofferto di sindrome da stress post-traumatico, nonostante numerose esperienze traumatiche, il gene per il trasportatore della serotonina era fortemente metilato. Evidentemente il trasportatore, in conseguenza di processi epigenetici, non era più facilmente attivabile come nelle persone più sensibili.

Cambiare è possibile

Quello che sappiamo in tema di epigenetica ha anche qualcosa di preoccupante: tutto quello che facciamo può riflettersi nel genoma – dai troppi grassi ingeriti a Natale fino alla sigaretta dopo il lavoro. E non solo questo: è possibile che le conseguenze si trasmettano anche ai figli e ai figli dei figli. Nel caso degli olandesi figli dell'inverno della fame, ci sono già indizi di effetti nella terza e nella quarta generazione. Per il momento esistono dati affidabili solo per gli esperimenti con animali, ma sono davvero impressionanti: nel caso dei topi gli scienziati hanno potuto ritrovare le conseguenze del fumo anche nella generazione dei nipoti. I pediatri dell'équipe di Virender Rehan e John Torday hanno somministrato nicotina a femmine gravide. La loro prole ha spesso sviluppato asma e ha trasmesso quella predisposizione anche ai propri figli, pur essendo venuta poco a contatto con la nicotina o con il fumo di sigaretta. Non esistono naturalmente esperimenti di questo tipo per gli esseri umani, ma interviste che sembrano indicare un effetto simile: dalle risposte date da intervistati nella California del Sud, risulta che i casi di bambini che soffrono di asma sono di frequenza doppia, se le nonne durante la gravidanza hanno fumato.

Su queste basi è difficile non assumersi la responsabilità dei propri comportamenti.

L'epigenetica però ha anche lati positivi: i geni sono plasmabili! Quello che ci è stato trasmesso dai nostri genitori e quello che trasmettiamo ai nostri figli può essere modificato in misura molto maggiore di quello che un tempo si pensava. Siamo sotto il potere della nostra eredità genetica molto meno di quel che spesso si pensa. Abbiamo la possibilità di modificarla.

Sulle modificazioni epigenetiche (a differenza delle mutazioni durature, che vengono prodotte nei nostri geni da alcune malattie o dalla radioattività) si può influire molto. I gruppi chimici necessari per la metilazione possono essere depositati sui nostri geni, ma possono anche venirne rimossi. Quanto possano essere rapidi questi processi è stato dimostrato bene dagli esperimenti con il cicloergometro di Stoccolma (vedi pp. 150 sgg.). Possiamo anche evadere dagli schemi, i nostri, così come da quelli ereditati dai nostri genitori, se ci sottoponiamo attivamente a influssi positivi. Questi possono modificare ripetutamente le metilazioni legate al genoma che abbiamo ereditato.

Florian Holsboer, psichiatra e chimico, spera che prima o poi si possa trovare una "pillola del giorno dopo" per le vittime di traumi. I medici potrebbero anche somministrare un farmaco a persone particolarmente sensibili, dopo una brutta esperienza, in modo da impedire che sviluppino una sindrome da stress post-traumatico. Un farmaco del genere potrebbe inibire con successo i processi epigenetici che inscrivono il trauma nei neuroni. Per ora questi inibitori della metilazione, negli esperimenti di Eric Nestler sugli animali, hanno già impedito lo sviluppo di disturbi d'ansia in topi maltrattati dai loro simili.

Qualcos'altro ancora ci fa sperare: forse, pensa Elisabeth Binder, quelle stesse persone che sviluppano rapidamente una particolare reattività ai traumi possono anche liberarsene con relativa velocità. "È del tutto possibile che il corredo genetico preesistente non generi solamente un rischio, ma anche resilienza," ha sostenuto, pensando agli studi sui bambini "orchidea" e "dente di leone". È possibile che le persone, che reagiscono con particolare facilità all'ambiente con modifiche epigenetiche, siano particolarmente suscettibili anche agli influssi ambientali positivi. Quando decidono di fare regolarmente esercizi di rilassamento, di partecipare a un training anti-stress, di cambiare professione o di ricorrere a uno psicoterapeuta, queste attività forse le aiutano in misura fuori dal comune.

4

Come si rendono forti i bambini

Con i geni un bambino ha ricevuto già nella culla una certa quantità di resilienza. Ulteriore forza psichica di resistenza si forma nei primi anni di vita e in proposito hanno un ruolo importante, in generale, i genitori. Per questo molti padri e molte madri vorrebbero sapere come possano rendere forti i loro figli. Non possono, pensano gli specialisti, se li tengono lontani da ogni difficoltà. I genitori di oggi spesso proteggono eccessivamente i loro figli, ma in questo modo ottengono proprio il contrario di quello che vorrebbero. I bambini diventano più fragili, affrontano con minor successo le difficoltà, rispetto ad altri che nella loro infanzia hanno dovuto mettersi alla prova. La forza di resistenza deve essere allenata, come un muscolo: solo in quel caso è disponibile quando serve. L'allenamento può iniziare già molto presto, quando per esempio i genitori lasciano che i figli risolvano tra loro i propri litigi. I bambini devono imparare ad assumersi le proprie responsabilità.

Anche il ministero dell'Istruzione tedesco ha riconosciuto quanto sia importante favorire la resilienza e così già oggi in molte scuole e in molti asili vengono seguiti programmi, sviluppati da specialisti, che devono dare ai bambini consapevolezza di sé e trasmettere loro quelle capacità che permettono di affrontare i conflitti e le sfide. Questo capitolo dà uno sguardo alle strategie che questi programmi utilizzano, in modo che i genitori possano averne una prima idea. Non di rado molti programmi di allenamento professionale alla forza coinvolgono anche i genitori, poiché in tal caso danno risultati migliori di quando vengono addestrati solo i bambini.

Quel che sappiamo sul significato della resilienza procura ai genitori anche nuove preoccupazioni. Molti si chiedono: se le cure amorevoli hanno effetti così forti e duraturi sul benessere psichico e fisico, i bambini hanno bisogno dei loro genitori ventiquattr'ore su ventiquattro? Almeno uno dei genitori non dovrebbe allora concentrarsi completamente sull'educazione dei figli, invece di dedicarsi a una professione e lasciare i piccoli alla custodia di educatrici? Le preoccupazioni sono ingiustificate, come hanno mostrato, in modo più che convincente, cinquant'anni di ricerche sull'istruzione scolastica. I pregiudizi contro la cura fuori casa, particolarmente diffusi in Germania, hanno radici ideologiche e non sono sostenuti dai fatti. I bambini, le cui madri già poco dopo il parto devono riprendere a lavorare, non mostrano più spesso degli altri problemi comportamentali, ansia o dolori di stomaco psicosomatici e non sono meno allegri dei figli delle madri che rimangono a casa a tempo pieno. Al contrario. Da tempo gli psicologi dello sviluppo sono ampiamente d'accordo sul fatto che i piccoli già al nido e all'asilo fanno esperienze importanti, che contribuiscono a farli diventare persone forti.

"Non bisogna tenere i bambini nella bambagia"

I genitori di oggi si preoccupano per qualsiasi cosa. Certo hanno anche altre caratteristiche: sono sicuramente orgogliosi, sono molto stressati, si divertono molto con i loro figli e soffrono, soprattutto quando i bambini sono ancora piccoli, di raffreddori cronici e di terribili disturbi di stomaco. Ma soprattutto sembra abbiano una preoccupazione: si chiedono se mandarli al nido o all'asilo, quale scuola scegliere per i loro figli, che cosa sia meglio fare per mantenerli in buona salute e come tenerli lontani il più a lungo possibile dalle difficoltà della vita. Così, mentre loro stessi con tutti quei problemi raramente sono felici, vogliono un'infanzia senza preoccupazioni per i propri figli. Assolutamente.

Quando i bambini crescono particolarmente protetti, sembra però che ciò non abbia effetti favorevoli per la loro salute, come i genitori spesso invece si immaginano. La forza psichica cresce solo grazie agli attacchi violenti della vita, alla contrapposizione con i genitori o con gli amici e ai problemi che si devono risolvere – purché i conflitti poi si risolvano anche e le difficoltà non si trasformino in catastrofi.

"La resilienza sembra si costruisca in un bambino ogni volta che fra genitori e figlio si dà un momento di rottura dell'equilibro, a cui segue poi una risoluzione e l'equilibrio viene ripristinato," dice la psicologa Julia Kim-Cohen. In un litigio il livello di stress nei bambini aumenta e quando poi ritorna alla normalità si sviluppa la resilienza. "Per questo," dice Kim-Cohen, "una certa misura di stress e di disaccordo è importante, affinché si crei la possibilità di costruire una protezione efficace."

Ma qual è la misura giusta? Questo è uno degli argomenti preferiti da Friedrich Lösel, che a Erlangen si occupa di ricerche sulla resilienza. In una conversazione, spiega quali siano le sue idee in proposito.

Fra le sue affermazioni che vengono citate più spesso c'è anche il consiglio: "Non bisogna tenere i bambini nella bambagia". Perché no?

Oggi abbiamo questo tipo di genitori, che aiutano continuamente i loro figli. Va bene quando il bambino è in difficoltà, ma non bisogna neanche esagerare. Non bisogna tenere il bambino lontano da tutto. Anche le difficoltà fanno parte della vita, della vita dei genitori come di quella dei figli. Bisogna ricordarlo sempre. Si possono anche accettare le difficoltà ed essere comunque felici.

Fino a che punto allora le difficoltà fanno bene?

Il bambino dovrà confrontarsi per tutta la vita con problemi, è una cosa che i genitori non possono impedire. Deve sviluppare anche le doti necessarie per affrontare le sfide – e deve anche imparare a superare delusioni e sconfitte. Se si riesce a venire a capo di un problema, l'autostima aumenta. E solo a quel punto si sviluppa la disposizione a cimentarsi anche in futuro nella soluzione dei propri problemi. Chi non l'ha mai imparato, tende a sfuggire alle difficoltà, invece di affrontarle. Alla fine gli manca la motivazione ad assumersi le proprie responsabilità.

Quali difficoltà non bisognerebbe risparmiare a un bambino?

Quelle per le quali non ha necessariamente bisogno d'aiuto. "Il minimo possibile è tutto quello che è necessario" è un buon principio della pedagogia. E questo già con i bambini piccoli. Se un bambino di due anni cade, non bisogna rialzarlo. Ce la può fare anche da solo. Poi saprà che la prossima volta sarà in grado di cavarsela anche senza sua madre o suo padre. Anche nella buca della sabbia posso lasciare che i più piccoli risolvano le loro questioni sulle formine. Purché non si facciano male, devono anche imparare come si discute con gli altri e come alla fine si fa di nuovo la pace.

E quando i bambini diventano più grandi?

Allora è importante dare loro anche attivamente occasioni per mettersi alla prova. Bisogna dare loro responsabilità che siano adatte alla loro età. Per esempio, si può assegnare loro il compito di portare fuori regolarmente la spazzatura, di dare da mangiare ai porcellini d'India, o di mettere ordine nella propria cameretta. Dovrebbero anche attendere alle loro incombenze domestiche autonomamente e premurarsi da soli di avere tutto quello che serve per andare a scuola il giorno dopo. I bambini più grandi possono anche prepararsi da soli quello che serve per andare a scuola. Se devono fare da soli molte cose, sviluppano la fiducia in se stessi. Questa fiducia poi la porteranno con sé per tutta la vita e li aiuterà quando arriveranno i momenti di crisi.

Ma per un genitore non è facile stare a guardare e lasciare che il figlio si infili in una brutta situazione.

Naturalmente i genitori non devono mettere il loro figlio in una situazione difficile. Bisogna però sempre tener presente che la vita è una scuola importante per un bambino. Deve imparare a destreggiarsi anche in tempi turbolenti. Solo allora potrà farlo anche da adulto. I genitori che rendono forte il loro figlio intervengono a guidarlo solo quando è necessario.

Se i tedeschi avessero più figli, di necessità dovrebbero lasciarli di più a se stessi...

La grande attenzione ha sicuramente qualcosa a che fare con il fatto che ora in una famiglia ci siano al massimo uno o due figli. Di conseguenza i bambini oggi possono ricevere una maggiore cura. Ciononostante non dobbiamo viziarli senza alcun limite. Dobbiamo reagire in misura adeguata, perché possano costruire una relazione stabile con noi e anche con gli altri.

Che cosa significa questa stabilità per i bambini?

Il bambino sa: c'è qualcuno che mi accetta. Ma è anche qualcuno che mi pone dei limiti e con il quale non posso fare qualsiasi cosa voglia. Uno stile di educazione autorevole è necessario. Non vuol dire che i genitori debbano essere autoritari, ma devono anche saper dire di no ed esercitare un controllo forte. Devono educare autorevolmente. Questo significa che devono andare incontro al figlio con calore e sostegno, ma devono anche porre confini chiari ed esercitare un controllo. Vuol dire anche che al parco non si compra al figlio un terzo gelato perché se no si mette a urlare. Altrimenti il bambino impara soltanto che ha successo se si comporta in modo aggressivo.

L'apprendimento sociale però può anche fare male. Bisogna anche lasciare un figlio da solo con le proprie ferite?

No. I bambini devono fare tranquillamente esperienze negative, ma naturalmente poi bisogna anche offrire loro un sostegno. Ogni bambino deve crescere con la consapevolezza che i suoi genitori sono lì per lui, qualsiasi stupidaggine abbia fatto. Questo è uno dei fattori protettivi importanti in momenti di crisi: sapere da chi andare quando si ha bisogno di aiuto. E sapere di poterlo ricevere.

Quanti danni si possono fare, se si addossano troppe difficoltà al proprio figlio?

Forse può suonare brutto, detto da uno psicologo, ma non bisogna neanche sopravvalutare l'influsso dell'educazione familiare. I genitori sensibili credono che ogni dettaglio dell'educazione sia significativo. Ma per la media delle persone normali non è così importante. Sono gli ambienti estremi quelli che rendono vulnerabile il bambino, quelli in cui per esempio viene trascurato o maltrattato. Se si ha una buona relazione con il proprio figlio e qualche volta scappa un ceffone, non è una bella cosa, ma il bambino non ne viene traumatizzato. Già nel 1990 nella Commissione sulla violenza del governo federale abbiamo lottato per il divieto delle punizioni fisiche, che nel 2000 è diventato anche legge. Però questo non riguarda tanto il fatto che un padre normale non possa mai perdere la pazienza, ma serve soprattutto a far capire agli altri genitori, quelli freddi, che non fa parte dell'educazione percuotere il proprio figlio.

Oggi risulta forse anche più difficile, ai genitori della classe media, lasciar fare ai figli le proprie esperienze. La vita sembra essere diventata più densa di pericoli.

Sembra soltanto. Dobbiamo evitare di cadere in una visione nostalgica. Anche un tempo le cose non erano affatto ideali. Ma i bambini di oggi hanno troppo poco spazio per svilupparsi. E questo anche in senso letterale. Molti bambini oggi non possono stare da soli per strada. I genitori dovrebbero imparare a non avere paura di tutto. I bambini devono imparare che il mondo può essere pericoloso, ma anche che possono difendersi, e come farlo.

Molti genitori semplicemente trovano bello fare qualcosa con i loro figli, invece di lasciarli andare da soli.

Queste attività continue mi sembrano anche un po' eccessive. Il bambino deve imparare anche a evitare la noia, a cercarsi da solo un gioco o a costruirselo. Oggi si può andare tutti i fine settimana in un centro commerciale o in un negozio di arredamento dove ci sono reti per saltare e altre forme di intrattenimento. E poi ci sono anche i computer. Nell'insieme è anche troppo. I bambini devono capire che non c'è sempre azione. Allora cercano da sé qualcosa. Così si apre uno spazio per la creatività e la convinzione di poter passare un bel pomeriggio anche senza iniziative dall'esterno. Anche questa è una esperienza di autoefficienza.

La percentuale dei divorzi aumenta. Quanto fa male allo sviluppo psichico del bambino, se i genitori si separano?

Crescere in una famiglia separata è un fattore di rischio per la salute mentale. Ma naturalmente dipende anche dalla situazione: se i genitori litigano costantemente e sono sempre in conflitto, se il bambino viene trascinato di qui e di là. Se anche dopo la separazione c'è un buon rapporto, il bambino non necessariamente ne soffrirà molto.

È più facile per i bambini i cui genitori si sono separati divorziare a loro volta da adulti. Viene in qualche modo alterata la loro capacità di stringere legami?

Sì, c'è una leggera incidenza statistica. Evidentemente il matrimonio finito male dei genitori può rendere i bambini più vulnerabili, così che alcuni siano meno capaci di formare legami. Ma ci può essere anche una spiegazione diversa per quella relazione statistica: i bambini che hanno vissuto la separazione dei loro genitori hanno anche imparato che non è poi una catastrofe così grave, si sopravvive, e può anche essere la soluzione migliore. Perciò a loro volta magari in seguito decidono più facilmente per una separazione.

E che cosa si può dire dell'educazione nella pubertà? Al più tardi nell'adolescenza è praticamente impossibile esercitare un controllo sui figli.

No, bisogna fissare delle regole, trasmettere delle norme, anche nell'adolescenza. Anche se i genitori sono convinti che a quel punto non competa più a loro. Si può almeno dire al figlio o alla figlia che non si deve tornare a casa così tardi. Questo può non sempre servire, anche noi non siamo sempre arrivati a casa puntuali. Ma qualcosa rimane. Viene esplicitato un sistema di valori. Funziona naturalmente solo se la relazione fra genitori e figli è fondamentalmente positiva, ma nella maggior parte dei casi lo è. Nonostante tutte le difficoltà dell'adolescenza, i figli amano i loro genitori e vogliono in qualche modo accontentarli. Ne nasce una mentalità, una norma, a cui i giovani poi possono attenersi, quando gli anni difficili saranno passati e daranno una struttura alla loro vita.

Il principio della resilienza entra nei programmi formativi degli asili

> Niente può rafforzare l'uomo
> più della fiducia che gli si accorda.
> PAUL CLAUDEL

Jason non aveva neanche una stella. Era l'unico nella sua classe. Non ne sapeva nulla, ma in qualche modo di sicuro l'aveva percepito. La peculiarità di Jason era venuta a galla in un esperimento nella sua scuola, con il quale gli insegnanti volevano verificare che i bambini si sentissero curati e che nessuno sfuggisse alla loro attenzione. Per questo nella sala insegnanti avevano appeso le foto di tutti i ragazzi e ciascun insegnante aveva appiccicato una piccola stella luccicante sotto la foto dei ragazzi con cui era riuscito a costruire una relazione. La foto di Jason era rimasta senza stelline.

Per gli insegnanti della sua scuola era un segnale di avvertimento decisivo. Le stelline facevano parte di un programma per il rafforzamento della resilienza nelle scuole. Questo perché quanto più si sa delle basi della forza di resistenza psichica, tanto più si capisce che anche insegnanti ed educatori vi hanno un ruolo essenziale. Già lo aveva messo in evidenza la ricerca di Emmy Werner a Kauai: i legami proteggono, non importa tanto quale sia la persona che ha una relazione stretta con un bambino. Può trattarsi della madre o del padre, ma anche di una vicina, del padre di un amico, del parroco del paese o di una insegnante.

Perciò gli insegnanti della scuola americana hanno deciso che anche Jason aveva bisogno di una persona di riferimento in mezzo a loro. Si sono chiesti come potevano fare perché il ragazzo sviluppasse una buona relazione almeno con un (o una) insegnante. C'era di sicuro qualcosa che potevano fare per lui. Che cosa trovavano di buono in lui? Che cosa magari addirittura li stupiva? Gli insegnanti che potevano essere più vicini a Jason si sono interessati con particolare intensità, da quel momento in poi, a quel ragazzo molto riservato e spesso anche un po' difficile, che non rendeva affatto agevole agli altri entrare in contatto con lui.

I legami creano resilienza e la resilienza è il vero equipaggiamento per la vita. I pedagogisti ritengono così importante il rafforzamento della resistenza psichica che quello di resilienza è diventato un concetto ben noto anche nelle scuole e negli asili tedeschi. "La conseguenza della ricerca sulla resilienza non è quella di affidarsi ingenuamente ai processi di autoguarigione," sostiene la psicologa Doris Bender. È più importante l'aiuto per aiutare se stessi.

Perciò gli addetti ai lavori vogliono che il più presto possibile si apra la strada, nelle istituzioni formative tedesche, a uno sviluppo positivo dei bambini. Non devono poter sviluppare un'immagine negativa di se stessi, né strategie di superamento sfavorevoli, né un cattivo comportamento sociale. Mentre in quasi tutti i Land la formazione alla resilienza dipende ancora dalla buona volontà della Direzione delle Scuole materne, in Baviera è obbligatoria.

Già nell'autunno del 2008 gli educatori degli asili della Baviera hanno ricevuto il questionario per le osservazioni PERIK, che hanno sviluppato Michaela Ulich e Toni Mayr all'Istituto statale per la pedagogia infantile a Monaco, per "lo sviluppo positivo e la resilienza nell'età prescolare" (PERIK: Positive Entwicklung und Resilienz im Kindergartenalter). Con l'aiuto del PERIK gli educatori devono fra l'altro imparare a valutare le competenze sociali ed emotive dei bambini. "Sono la base essenziale per una buona vita," dice Toni Mayr.

Con il PERIK vengono analizzate sei aree della socialità di un bambino: capacità di contatto, autocontrollo/attenzione, assertività, controllo dello stress, orientamento in base alle funzioni e interesse per l'esplorazione. A seconda delle risposte gli educatori hanno un'idea più chiara dei punti di forza e di debolezza di ciascun bambino e possono aiutarlo in modo più mirato. In genere educatori, insegnanti e genitori si concentrano sui deficit e le debolezze, invece che sulle potenzialità dei bambini e sul modo di favorirle per sfruttare le loro capacità e risorse. "L'obiettivo è comprendere il bambino nei suoi punti di forza e nelle sue debolezze," dice la pedagogista di Berlino Monika Schumann. Con una maggiore focalizzazione sugli aspetti positivi, naturalmente, non bisogna affatto ignorare o sottovalutare i problemi che il bambino può avere.

Agli educatori, anche senza un questionario, sarà relativamente facile valutare i bambini nel loro gruppo e sicuramente essi hanno delle idee sul loro carattere. Compilare il questionario osservativo aiuta a trattare in modo differenziato lo sviluppo dei bambini.

Laura, per esempio, ha molti contatti con altri bambini; ciononostante, se la si osserva bene, è limitata nella sua capacità di interazione. Quasi mai è quella che prende l'iniziativa per giocare e, quel che è ancora più importante, lei stessa è convinta di non avere amici. La forza di Laura, la sua disponibilità al contatto, ha bisogno di essere ulteriormente rafforzata e qui possono intervenire gli educatori.

Forte e scaltro

I questionari osservativi PERIK in Baviera fanno parte del programma formativo, perché le competenze esaminate, come l'interesse per l'esplorazione, non solo rendono forti ma anche scaltri: l'apertura e il gusto per la sperimentazione sono importanti per affrontare il nuovo senza paura, anche davanti ad argomenti inusuali. Un bambino che abbia molta paura non può neanche impegnarsi bene: la sua capacità di apprendimento e la sua curiosità sono pregiudicate dalle sue ansie e dai suoi timori.

Accanto alla comprensione, anche le competenze sociali ed emotive influiscono su come i bambini se la cavano a scuola, e sono perciò decisive per il buon esito della loro formazione. "Non vogliamo rispolverare la vecchia polarizzazione fra obiettivi cognitivi da una parte e obiettivi sociali ed emotivi dall'altra," assicurano Mayr e Ulich. "Vogliamo però ribadire: le competenze socio-emotive sono un presupposto essenziale per un buon apprendimento."

Già nei bambini più piccoli è importante tener sempre presente questo livello emotivo: come affrontano una situazione di apprendimento, con quale approccio e con quali sentimenti? Come interagiscono con gli altri bambini e gli adulti? Sono sicuri, aperti e curiosi? Hanno iniziativa e perseveranza? Come si comportano con le difficoltà? Possono sostenere un proprio punto di vista? "Queste competenze sono assolutamente importanti per i bambini – per il loro benessere, per la loro riuscita e per le possibilità di apprendimento," dice Mayr.

Le risposte al questionario PERIK orientano gli educatori anche a riflettere su come possano aiutare il bambino nella sua quotidianità, per esempio ad affrontare lo stress e le difficoltà. Se un bambino soffre costantemente di mal di stomaco per la preoccupazione e la tensione, potrebbero chiedergli: che cosa potresti fare, per stare meglio? Vuoi riposarti? O vuoi uscire e fare una corsa? Con questi suggerimenti il bambino può anche imparare a prendere personalmente il controllo dei propri problemi. Questo lo rende orgoglioso e di conseguenza anche forte.

Oltre al programma PERIK in Germania sono nati molti altri programmi che mirano a favorire sistematicamente il rafforzamento dei bambini. Fra i fattori che generano resilienza, accanto alla relazione emotiva stabile con una persona di riferimento e al sostegno sociale al di fuori della famiglia, ci sono soprattutto la fiducia in sé e la capacità di controllare e regolare le proprie emozioni e il proprio comportamento. Obiettivi fondamentali di questi programmi sono perciò sempre l'autopercezione, il controllo della rabbia e il controllo di sé, l'autoefficacia, la competenza sociale, la capacità di immedesimazione, la differenziazione dei sentimenti, la gestione dello stress, la soluzione di problemi e un'immagine positiva di sé.

Friedrich Lösel è ottimista per quel che riguarda il successo di queste idee, fra cui anche il programma "Faustlos" per la prevenzione della violenza dell'Università di Heidelberg, l'iniziativa "Starke Eltern – Starke Kinder" (Genitori forti – figli forti) del Kinderschutzbund (Associazione per la difesa dell'infanzia) tedesco o il programma EFFEKT (Entwicklungsförderung in Familien: Eltern und Kindertraining; promozione dello sviluppo nelle famiglie: genitori e formazione dei bambini) sviluppato all'istituto di Lösel all'Università di Erlang-Norimberga. Nell'ambito di EFFEKT vengono già offerti corsi diversi per gruppi d'età.

Ernie e Bert

Ernie e Bert, due marionette, moderano i conflitti fra i più piccoli. Vengono utilizzati anche giochi di ruolo, giochi a domande e di movimento. Il messaggio principale è "Io posso risolvere i problemi".

Un'immagine mostra due bambini sullo scivolo. Uno vorrebbe scendere, ma l'altro sotto rimane ostinatamente seduto. "Che cosa faccio?" si chiede il bambino in alto, che ha già dovuto aspettare per un bel po' e adesso vorrebbe proprio scendere. "Potrei semplicemente scivolar giù comunque," può dirsi il bambino. "Bello veloce. E se quello lì sotto non si sposta, gli arrivo con i piedi contro la schiena."

Ma che cosa succede poi?

Nel corso "Io posso risolvere i problemi" i bambini dell'asilo imparano a riflettere su difficoltà di questo genere della loro vita quotidiana e a parlarne. Così devono cimentarsi nel ragionare sui loro sentimenti, ma anche su quelli degli altri. "Che cosa mi succede, se quello là sotto non si sposta?", ma anche "Come si sente adesso quello là sotto?". Si tratta, in questo, anche di cercare di capire che cosa sta alla base del comportamento di un altro bambino: "In realtà non è per niente divertente starsene lì fermo, invece di ricominciare a giocare. Se fa così forse c'è qualcosa che non va".

"E che cosa succederebbe se tu semplicemente scivolassi giù?" si chiede al bambino. "Forse lui poi piange. Forse poi si arrabbia anche e mi picchia. E alla fine piangiamo tutti e due." Allora non sarebbe neanche male provare a escogitare un'altra soluzione: "Potrei invece chiamarlo e dirgli: 'Metti un po' di sabbia sullo scivolo, che così diventa più veloce!', oppure 'Vieni su: scivoliamo giù insieme'". Non è una buona idea?

Anche per i bambini della scuola primaria le cose non cambiano molto. Ricevono un "addestramento alla soluzione di problemi" secondo il principio del semaforo. Dapprima il semaforo è rosso. Questo è come dirsi ad alta voce "Stop!". Respira profondamente. Spiega bene a te stesso qual è il problema e come ti senti. Poi il semaforo passa al giallo: formula un piano. Che cosa potresti fare in questa situazione? E poi che cosa succederebbe? Potrebbe funzionare? E adesso viene il verde: vai! Metti alla prova la tua idea migliore. E alla fine chiediti: ha funzionato?

Negli asili, due anni dopo la fine del programma, i problemi di comportamento nei gruppi erano ridotti alla metà: non più il 9,2 per cento, bensì solo il 4,4 per cento dei bambini aveva una valutazione negativa, per comportamento violento o aggressivo. "Questi programmi per la resilienza sono di aiuto soprattutto per i bambini che hanno problemi evidenti di comportamento sociale," ammette Lösel.

Conviene formare contemporaneamente anche i genitori: "Allora gli effetti sono maggiori," dice lo psicologo. Nei programmi si consiglia ai genitori di porre dei limiti. Devono imparare come lodare nel modo giusto e rafforzare così gli schemi comportamentali positivi dei loro figli; come possono parlare costruttivamente con loro e come, con la gratificazione, la lode e l'incoraggiamento, possono portarli ad avere un carattere socialmente compatibile. È importante

però che anche i genitori siano rafforzati nella loro autoconsapevolezza e che le loro competenze genitoriali vengano mi-
gliorate, dice la pedagogista zurighese Corina Wustmann
Seiler.

Ogni bambino ha dei talenti

Tutto questo si fonda sulla convinzione che ogni bambino possieda talenti e capacità particolari, che vanno identi-
ficati e rafforzati. "Questa è la massima centrale per favorire la resilienza," dice Georg Kormann, psicologo dell'infanzia e dell'adolescenza. In generale bisogna avere uno sguardo critico. Molti fattori che favoriscono la resilienza possono in casi particolari avere anche effetti negativi. Questo
dipende, per esempio, dall'ambiente sociale di riferimento.
Negli adolescenti cresciuti in mezzo alla povertà spesso
un'educazione più rigida è una barriera contro la devianza
e l'aggressività. Lo stesso non vale però per i ragazzi che
hanno genitori psichicamente labili. "Ogni fattore può avere effetti buoni e cattivi," dice Michael Fingerle, pedagogista di Francoforte. I ragazzi aggressivi spesso hanno una
forte autostima e non sarebbe proprio una buona idea rafforzare ulteriormente la loro autoconsapevolezza. Viceversa i bambini che sono paurosi e timidi più raramente diventano aggressivi e delinquenti. La stessa paura può diventare
un fattore di protezione.

Non sempre poi è una buona idea risolvere i conflitti,
quando si tratta dei propri sentimenti. "Può essere una strategia sensata per la classe media," dice Fingerle, ma in contesti di emarginazione non funziona. Lì chi si mette a discutere
di sentimenti è più facile che si prenda un pugno in faccia.
Gli adolescenti e i ragazzi che escono da questi ambienti si
formano a vicenda nel modo migliore, senza l'intervento di
pedagogisti di estrazione accademica o educatori. Dietro
questo sta l'idea della "cultura positiva dei pari".

Nel concetto di resilienza è implicito chiaramente qualcosa di opposto alla "rappresentazione del bambino come un puro prodotto passivamente plasmato da influssi esterni," scrive il pedagogista Rolf Göppel nel suo libro *Lehrer, Schüler und Konflikte* ("Insegnanti, studenti e conflitti"). Significa piuttosto che i ragazzi e gli adolescenti possono sviluppare attività autonome. Che possono plasmare la propria vita e superare attivamente i problemi. In generale però i bambini non possono rendere se stessi resilienti, dice Corina Wustmann Seilcr. "Poiché i bambini dipendono dall'ambiente in cui vivono molto più degli adulti e per questo ricorrono essenzialmente di più a sistemi di sostegno."

Tutti gli educatori perciò possono e devono fare in modo "che il bambino acquisti fiducia nella propria forza e nelle proprie capacità, che abbia consapevolezza del suo valore e che sappia di essere in grado di produrre cambiamenti attraverso i suoi comportamenti" dice Georg Kormann.

- Se per esempio i bambini vengono presto coinvolti in processi decisionali importanti, possono sviluppare il senso di autoefficacia e la sensazione di avere il controllo sulla loro vita.

- Se ai bambini vengono assegnate piccole responsabilità commisurate alla loro età – per esempio fare da guida a un bambino più piccolo o aprire le finestre per cambiare aria prima delle lezioni, acquistano fiducia nelle proprie capacità e imparano a comportarsi in modo autonomo.

- Se i bambini imparano già nelle prime fasi dello sviluppo che per i loro problemi possono rivolgersi ai genitori o ad altre persone del loro ambiente, si fa capire loro che in situazioni difficili possono ricorrere a un sostegno sociale.

- Se i bambini imparano presto a far leva sui loro punti di forza e a vedere gli aspetti positivi di sé e delle situazioni difficili, saranno meno insicuri davanti ai problemi e sperimenteranno meno stress.

• Se i bambini sperimentano che è possibile confrontarsi consapevolmente con i problemi e che si possono risolvere insieme i conflitti, non li eviteranno ma impareranno a cercare soluzioni.

• Se i bambini vengono aiutati a riconoscere e realizzare le proprie esigenze e se vengono abituati presto a contribuire alle decisioni, possono più facilmente scoprire un senso nella loro vita.

Per riassumere, dice Kormann, abbiamo bisogno di "scuole e istituzioni formative che gratifichino la competenza dei bambini e diano loro fiducia nella vita".

Quanto un bambino ha bisogno della madre?

Raina Cravciuc è abituata agli sguardi di riprovazione. Quando la responsabile di gruppo di un asilo nido di Monaco-Sendling esce con i piccoli che le sono affidati in una carrozzina da sei, incontra sempre passanti preoccupati: "Così piccoli e già all'asilo," dicono con compassione. L'idea che i bambini per tre anni appartengano esclusivamente alla custodia della madre in Germania è ancora molto diffusa. Non c'è forse altro paese al mondo in cui le madri vengano così tormentate dal senso di colpa, quando affidano a estranei i loro figli prima dei tre anni. "Un bambino in età prescolare soffre, se la madre lavora": di questa opinione nel 2006 era ancora il 60 per cento dei tedeschi occidentali, secondo un'inchiesta Eurobarometer. Questo ha effetti anche sul comportamento delle madri: solo il 44 per cento delle donne con figli sotto i cinque anni lavora, e questo mette la Germania all'ultimo posto nell'Unione europea.

Ma le preoccupazioni sono fondate? "No," dice Stefanie Jaursch, docente di Psicologia. Tutte le ricerche scientifiche più recenti sul benessere dei bambini all'asilo portano a una sola conclusione, sostiene, e cioè che "le discussioni politiche sulle madri che lavorano sono basate più sulle ideologie che sui fatti".

Nel 2010 alcuni psicologi statunitensi hanno raccolto tutta la letteratura degli ultimi cinquant'anni relativa a ricerche sugli asili. "I bambini, la cui madre torna al lavoro prima che compiano tre anni, in seguito non hanno problemi scolastici o comportamentali più spesso dei bambini le cui madri rimangono a casa," è il risultato a cui è arrivato il gruppo di psicologi dello sviluppo di Rachel Lucas-Thompson, che ha esaminato a fondo sessantanove studi condotti fra il 1960 e il 2010. Molti di questi studi erano tutt'altro che istantanee; diversi seguivano i bambini addirittura fino all'età adulta. "Le donne che riprendono presto a lavorare non devono preoccuparsi troppo del benessere dei loro bambini," riassume Lucas-Thompson. Da tutti i dati raccolti emergeva solo una differenza significativa tra i figli di casalinghe a tempo pieno e quelli di madri lavoratrici: i bambini le cui madri lavoravano fuori casa avevano addirittura meno problemi interiorizzati e soffrivano meno di insicurezze, depressioni o paure.

Un problema, nell'accesa discussione sugli asili in Germania, era la scarsità di studi tedeschi in cui i bambini fossero stati valutati fin da piccoli nel loro carattere e poi fossero stati seguiti per molti anni. Qualche anno fa Stefanie Jaursch e Friedrich Lösel hanno voluto fare qualcosa in merito. Su un arco di sei anni hanno intervistato educatori, educatrici, insegnanti e madri di 660 bambini in età prescolare di Erlangen e Norimberga, chiedendo loro fra l'altro se la madre fosse tornata a lavorare fuori casa quando i figli erano ancora piccoli. Poi hanno fatto rispondere diversi adulti alle quasi cinquanta domande sul carattere dei bambini, per evitare gli "effetti della desiderabilità sociale", per esempio che le madri lavoratrici sottovalutassero i problemi di comportamento dei loro figli o che gli insegnanti critici invece li sopravvalutassero.

I risultati parlavano chiaro e, sotto tutti i punti di vista, erano molto tranquillizzanti: "Non c'erano sostanzialmente relazioni fra i problemi comportamentali e l'attività delle madri," dice Friedrich Lösel. Non importa se la madre torna al lavoro subito dopo la nascita del figlio o solo dopo che ha iniziato la scuola, se lavora a tempo pieno o part-time.

I risultati di Erlangen corrispondono a quelli di seri studi statunitensi e anche a quelli della *Grande Dame* della ricerca tedesca sugli asili, Lieselotte Ahnert, psicologa dello sviluppo. Da decenni Ahnert si occupa dell'influsso dell'assistenza infantile pubblica sulla vita psichica dei bambini e ne ha tratto un invito, che ripete spesso e volentieri con enfasi: "Madri, rilassatevi!". Chi educa i bambini non deve essere per forza perfetto. Una madre non deve pensare "quello che molti ancora credono, che nei primi due o tre anni qualsiasi cosa faccia costituirà irrevocabilmente il fondamento di tutto quello che più avanti il bambino diventerà," dice Ahnert. E non è necessario, come si è creduto a lungo, che sia sempre a totale disposizione, giorno e notte, dei suoi figli.

È molto diffusa l'idea che sia comunque naturale che i bambini crescano in casa vicino alla madre. Madre e figlio appartengono l'una all'altro. Ma che cosa è naturale? Per quanto riguarda l'educazione dei figli, non è una cosa che si possa definire facilmente, dice Lieselotte Ahnert. Lo si vede considerando le diverse popolazioni della Terra. Ci sono per esempio i Kung del Kalahari: fra loro le madri portano i figli per i primi tre anni quasi costantemente su di sé, qualunque cosa facciano. Madre e figlio vivono quasi in simbiosi. Ma c'è anche l'altro estremo, presso gli Ewe dell'Africa centrale. Le donne di questa popolazione si scambiano continuamente i lattanti. In questo modo ciascun piccolo ha in media quattordici donne che lo accudiscono, alcune delle quali lo allattano anche. Perciò a volte il bambino passa solo un quinto della giornata accanto alla sua madre naturale.

Non può neanche essere che i bambini si sviluppino bene solo quando nei primi anni "stanno attaccati alla loro madre," dice Jared Diamond, biologo evoluzionista americano. "Altrimenti i figli delle casalinghe delle nazioni industriali ricche dovrebbero essere gli unici esseri umani normali del mondo." Anche in quelle nazioni ancora cento anni fa i bambini erano cresciuti e accuditi da una intera rete di zie, zii e altre persone di riferimento.

Qualità poi non è uguale a quantità. Questo vale anche per le relazioni fra madre e figlio, sostengono all'unisono pedagogisti e psicologi dello sviluppo. Non dipende dal fatto che genitori e figli passino tanto tempo insieme, ma da come impostano il loro stare insieme. Indipendentemente da questo, le madri che lavorano trascorrono con i loro figli quasi lo stesso tempo e giocano con loro altrettanto frequentemente rispetto alle madri che non lavorano fuori casa, come hanno dimostrato diverse ricerche.

Gli effetti di un ambiente stimolante

I bambini di una famiglia meno privilegiata possono trarre vantaggio da un asilo; sono aggressivi o troppo ansiosi meno frequentemente dei figli di madri della stessa condizione sociale che però non lavorano. Questo è stato rilevato anche da Rachel Lucas-Thompson: ai figli di single e a quelli provenienti da famiglie a basso reddito i contatti precoci fuori casa giovano molto. Per loro frequentare un asilo può essere una benedizione.

Per molti esperti perciò il sostegno finanziario alle madri che scelgono di rimanere a casa e di accudire i propri figli, quello che è chiamato con disprezzo *Herdprämie*, "premio del focolare", è un errore grave, perché potrebbe far sì che tengano i figli a casa proprio le madri dei ceti sociali più bisognosi. Proprio per queste famiglie sarebbe importante che i figli venissero seguiti sin da piccoli professionalmente in una struttura per l'infanzia, e questo potrebbe "evitare risvolti gravi in futuro: fallimenti scolastici, difficoltà di inserimento nel mondo del lavoro, addirittura criminalità," come dice Hermann Scherl, docente di Politica sociale. Non è quindi necessariamente la vicinanza della madre che può aiutare i bambini.

Asili e asili nido influiscono positivamente non solo sul comportamento, ma anche sullo sviluppo mentale; già nel 1962 i pedagogisti negli Stati Uniti si sono posti quella domanda che oggi angustia in Germania così tanti genitori e politici: quanto ha bisogno un bambino della madre? Gli educatori americani hanno avviato il Perry Preschool Project per i bambini dai tre anni di età e dieci anni dopo l'Abecedarian Project per bambini dai tre mesi in su. In entrambi i progetti sono stati seguiti in strutture di *day care* bambini provenienti da famiglie socialmente deboli. I loro progressi sono stati confrontati con lo sviluppo di bambini con condizioni familiari simili, rimasti a casa.

Oggi i bambini del Perry Preschool Project hanno superato i cinquant'anni e hanno avuto un successo professionale maggiore e un reddito superiore rispetto ai loro coetanei che sono rimasti a casa con la madre. Sono più rari fra loro i casi di persone finite in carcere e la percentuale di quelli che sono stati affidati all'assistenza sociale è la metà. Addirittura la loro salute è migliore di quella dei loro coetanei cresciuti solo in famiglia.

Proprio nei primi anni di vita gli stimoli possono avere un effetto significativo. Se il cervello in quel periodo viene trascurato, diventa difficile recuperare. "La società ha una grossa responsabilità nel garantire ai bambini un buon punto di partenza," dice Sabina Pauen, psicologa dello sviluppo di Heidelberg. "Dobbiamo fornire ai nostri bambini un ambiente stimolante." Che invece manca, nella famiglia di molti. Se si parla poco con loro, o se c'è sempre la televisione accesa, il cervello dei bambini riceve scarsi input stimolanti.

Un influsso altrettanto positivo sull'intelligenza ha avuto anche l'educazione precoce dei bambini dell'Abecedarian Project: questi ragazzi sono stati seguiti però solo fino all'età di ventun anni. A quel punto i giovani che erano stati seguiti nelle strutture di *day care* hanno avuto risultati nettamente migliori, nei test cognitivi, dei bambini che erano rimasti nelle loro famiglie. A scuola conseguivano risultati migliori nella lettura e nel calcolo ed era più probabile che riuscissero ad arrivare al college.

Questo vale non solo per gli strati emarginati della società americana, ma anche per il ceto medio tedesco: "La formazione nella prima infanzia ha un influsso molto significativo sul percorso formativo successivo," dice l'Ufficio tedesco per gli studi sul lavoro e di politica sociale (BASS), che su incarico della Fondazione Bertelsmann ha seguito più di mille bambini degli anni 1990 e 1995. I bambini che sono andati all'asilo in seguito arrivano più spesso al liceo di quelli che sono stati educati esclusivamente a casa o da baby-sitter. La percentuale dei diplomati di scuola superiore fra i bambini che avevano frequentato l'asilo era del 50 per cento, mentre fra quelli cresciuti nella loro famiglia era solo del 36 per cento. La carriera scolastica non aveva nulla a che fare con il fatto che un maggior numero di bambini andati all'asilo avesse genitori con un diploma.

C'è un ritorno non solo per i bambini e le loro famiglie. Il denaro speso in (buoni) asili è investito più che sensatamente – anche dal punto di vista degli economisti più severi. Nel 2000 James Heckman ha vinto il premio Nobel per l'economia per le sue ricerche, che hanno portato a questa conclusione. "Ogni dollaro che viene investito ritorna moltiplicato," dice Heckman. Poiché i bambini che vanno all'asilo spesso raggiungono un livello scolastico più alto e in seguito hanno un reddito superiore, restituiscono alla società quello che ha investito negli asili, prevalentemente a gestione statale, per esempio sotto forma di tasse più elevate. In questo modo lo stato recupera il triplo di quello che ha investito in un asilo, secondo i calcoli dei ricercatori della Fondazione Bertelsmann. Le fondamenta per la maggiore scolarizzazione e il lavoro meglio remunerato sono state poste molto presto.

Ma gli asili hanno anche degli svantaggi? Che cosa si può dire per quei legami che sono così importanti per la forza di resistenza psichica, se i bambini vengono separati molto presto dai loro genitori? La casa non è il posto migliore, almeno quando la madre si prende davvero cura di loro e si preoccupa con tutte le sue forze del benessere dei figli?

Questo dipende soprattutto dalla qualità degli stimoli, dice Lieselotte Ahnert. I bambini hanno bisogno di una persona fidata, sensibile, che si dedichi a loro. Questa non deve essere per forza la madre. "Un eccessivo attaccamento alla madre non è un bene," dice Ahnert. Dopo il primo anno di vita sono necessari per lo sviluppo "contatti sociali allargati". Il bambino deve muovere i primi passi nel mondo, per poter fare le proprie esperienze indipendentemente dalla madre. Da questo punto di vista non sono solo i bambini di status sociale più basso a trarre maggior profitto dagli asili, dice la psicologa dello sviluppo Sabina Pauen, ma "anche i bambini iperprotetti".

Per la maggior parte dei bambini frequentare un asilo offre una gran quantità di stimoli positivi, che non trovano a casa, dice Pauen. "I bambini scoprono diversi stili di educazione e imparano a destreggiarsi in un gruppo, e queste sono esperienze preziose," sostiene anche lo psicologo dello sviluppo e della personalità Alexander Grob. Soprattutto per i primogeniti gli asili sono utili, per allenare le capacità sociali.

In generale, dice Grob, non tutti i bambini reagiscono allo stesso modo all'asilo. Se un bambino ha paura di fronte ad altri bambini, se reagisce continuamente piangendo alla separazione o all'inserimento in un gruppo, allora forse la madre, il padre o una baby-sitter sono l'opzione migliore. Anche Sabina Pauen sostiene che i genitori devono cercare di capire con sensibilità il loro figlio e non costringerlo a un asilo a tempo pieno, secondo un programma stabilito già prima della nascita.

Ma, anche se singoli bambini si trovano meglio con una baby-sitter o a casa, nessuna ricerca seria finora ha messo in luce l'esistenza di svantaggi nella frequentazione di un asilo. I contrari agli asili citano spesso uno studio statunitense, iniziato nel 1991. I ricercatori del National Institute of Child Health and Human Development (NICHD) hanno seguito la vita di oltre mille bambini di diversa provenienza. Hanno prestato attenzione a tutti i fattori possibili: se i bambini bagnavano il letto di notte, se soffrivano di malumori frequenti o di dolori intestinali cronici, se avevano la sindrome da deficit dell'attenzione. Sotto tutti questi aspetti i bambini che erano andati all'asilo erano del tutto normali. Il risultato principale è che durante il tempo passato a casa va tutto benissimo. Quando i piccoli sono ben accuditi da mamma e papà, si sviluppano benissimo, anche se intanto trascorrono molto tempo sotto la custodia di educatrici. "In ogni caso i bambini non hanno alcun problema di relazione, come invece spesso sostengono i critici," dice Michael Lamb, professore di Psicologia.

Ciononostante, gli avversari fanno leva su un risultato parziale dello studio NICHD per sostenere la loro posizione contro la separazione precoce di madre e figlio. Questo a prima vista può spaventare; all'età di quattro anni e mezzo in effetti nei bambini dell'asilo era evidente una particolarità: risultavano più spesso ribelli dei bambini accuditi a casa dalla madre o dalla baby-sitter.

"L'atteggiamento ribelle non è necessariamente negativo," dice Michael Lamb. Quando i bambini cercano il conflitto con insegnanti o genitori, è possibile che siano semplicemente più consapevoli di se stessi rispetto ad altri bambini. Lo pensa anche Stefanie Jaursch, che ha trovato lo stesso effetto, altrettanto minimo, nel suo studio a Erlangen. Il momento della facile ribellione però passa presto, dice Jaursch. E questo risultato non va visto come un elemento allarmante; con ogni probabilità si tratta di un processo del tutto naturale, che i bambini accuditi in famiglia superano solo a scuola. I bambini degli asili sono più "esposti a processi di gruppo con i coetanei". Da qui arrivano le insubordinazioni e anche l'uso di imprecazioni.

Senza alcun dubbio i bambini piccoli hanno bisogno della loro madre, ma non devono nemmeno stare continuamente con lei. Questo è il risultato delle ricerche moderne sulla formazione. Dovrebbero avere da tempo mandato in archivio il mito della madre indispensabile, dice Sabina Pauen.

Quello che è normale per un bambino dipende dalle esigenze e dalle decisioni dei genitori. I genitori devono avere meno paura di fare qualche passo sbagliato nell'educazione dei loro figli, consiglia anche Alexander Grob: "I bambini sono incredibilmente tolleranti agli errori". Sono predisposti a che non tutto vada perfettamente. "Se si pensa solo a quante volte i bambini cadono, prima di imparare a correre: perdonano molti errori, a se stessi, ma anche all'ambiente che li circonda." Per questo, dice conciliante Lieselotte Ahnert, anche "un bambino che cresce solo con la madre, di norma non subisce alcun danno".

Insegnamenti per la vita di tutti i giorni

L'infanzia non è tutto: le persone possono acquisire forza psichica anche più avanti nel corso degli anni, perché la personalità non è incisa nella pietra. Fino a pochi anni fa gli psicologi pensavano anche che, dopo la pubertà, al più tardi dopo il trentesimo anno, le persone non cambiassero più, se non di poco: i loro tratti caratteriali a quel punto erano sostanzialmente fissati. Gli esperti ora però vedono le cose diversamente: anche negli anni della maturità si può cambiare ancora profondamente. C'è però una condizione fondamentale: bisogna volerlo!

I test della personalità lo dicono: proprio le persone meno resilienti sono particolarmente in grado di cambiare. Gli psicologi hanno messo a punto una serie di indicazioni, seguendo le quali si può corazzare un po' la propria psiche. La cosa funziona meglio se ci si conosce bene, si conoscono i propri punti di forza e quelli di debolezza. Per questo la maggior parte dei programmi per lo sviluppo della resistenza psichica inizia con un test, che mette in luce i punti di forza della persona.

Anche per chi si sente forte, però, va detto chiaramente: la resilienza non è una proprietà di cui si goda per tutta la vita. Se subisce forti scosse, nelle persone psichicamente non così forti può anche andare persa. In ogni caso la forza di resistenza psichica in gran parte dipende dalla situazione in cui una persona si trova. Se è bene attrezzata contro ogni forma di crisi relazionale, questo non significa che un brutto incidente automobilistico la lasci indenne. E chi si limita ad alzare le spalle se perde il lavoro può essere sconvolto dalla diagnosi di una malattia cronica.

Per questo gli psicologi offrono consigli per riuscire a rinsaldare le proprie forze e a mantenerne piene le riserve. Fra questi, innanzitutto, quello di porsi delle sfide, anziché sfuggirvi, perché la resilienza può crescere solo se si fanno continuamente esperienze, si superano crisi o si riescono a portare a termine compiti difficili. Infine la resilienza non è soltanto un tratto della personalità, ma anche una strategia per affrontare le difficoltà. Questa strategia va messa continuamente alla prova e adattata alla situazione presente, e bisogna sempre rimanere aperti nell'applicarla in modo flessibile anche a ostacoli mai incontrati in precedenza.

In generale non bisogna neanche andare incontro a ogni sfida alla cieca: è bene andare all'attacco ben equipaggiati delle proprie risorse. Nessuno deve aprire contemporaneamente molti fronti. Se una persona deve già affrontare una situazione molto impegnativa nella vita privata, per esempio un divorzio, è meglio che contemporaneamente non lasci scoppiare anche al lavoro un conflitto latente da tempo. L'eccesso di stress è senza dubbio una delle minacce più gravi alla forza di resistenza psichica. Conviene imparare come comportarsi quando si alza la pressione sia nella vita professionale sia in quella privata. Imparare come staccare, come prestare maggiore attenzione alla vita e all'ambiente – e ricordare come si faceva a oziare.

Cambiare si può

Come poteva essere stato ancora così stupido? Solo un mese prima, dopo l'ultima separazione, si era riproposto solennemente che da quel momento in poi si sarebbe lasciato prendere da una nuova relazione solo con calma e con molta riflessione. E invece c'era cascato un'altra volta. Nonostante tutti i buoni propositi era già in mezzo a una nuova storia, tanto emozionante quanto difficile. Come mai gli succedeva sempre? Suo fratello era del tutto diverso. Avrebbe evitato di rivedere una donna, anche tanto attraente, per non farsi coinvolgere così in fretta.

Perché sono come sono? Questa domanda non affligge solo questi due fratelli, ma in fondo tutte le persone. Come è possibile che un fratello nelle questioni relazionali sia alla mercé delle proprie emozioni e l'altro sappia controllare così rigorosamente i propri sentimenti da non dover mai risolvere problemi relazionali, perché evita alla radice di avere una partner? Quanto è questione di caso e destino, quanto contribuisce ciascuno dei due fratelli? È già prestabilito se un tenero neonato diventerà un banchiere d'investimenti con tanto di pelo sullo stomaco e un altro un volontario in una organizzazione umanitaria nelle regioni più povere del mondo?

Questo interrogativo tormenta praticamente ogni persona per tutta la vita. Tutti vorrebbero sapere quali fattori sono stati importanti per lo sviluppo della loro personalità, per quello che li motiva – o per quello che li fa fallire. E senza dubbio l'interrogativo diventa particolarmente urgente quando ci sono motivi per essere insoddisfatti dei propri comportamenti o per non essere contenti di se stessi. E poi sta sulla punta della lingua quell'altra domanda, a cui gli psicologi della personalità da anni cercano di rispondere: le persone possono davvero cambiare?

I due fratelli erano così già da bambini. Il secondo era appena nato e già si vedeva quanto fossero diversi i loro caratteri. Uno amava essere preso in braccio ed essere accarezzato, l'altro era felice quando era lasciato solo nella sua culla e nessuno lo disturbava. Sotto l'aspetto di queste diverse esigenze di contatto, poco è cambiato negli anni e anche quando entrambi sono cresciuti. Uno è rimasto estroverso, attivo, coinvolto, l'altro più distaccato e chiuso in sé. "Già nei bambini piccoli si possono notare significative differenze di carattere. Alcuni sono timidi e paurosi, altri molto stabili emotivamente," dice anche Karena Leppert. Come la maggior parte degli esperti, che si occupano degli elementi e dei fondamenti della personalità umana, è convinta: "Esiste un nucleo innato".

Siamo proprio quello che siamo, si potrebbe pensare. Già molto presto, hanno ritenuto a lungo psicologi e psichiatri, la personalità è determinata dal carattere di un individuo. Sigmund Freud, con le sue idee sull'importanza della fase infantile, ha rafforzato questa concezione e agli inizi delle ricerche della genetica moderna questa era quasi completamente assodata. Oggi però lo sappiamo: anche se il temperamento e il carattere di un bambino sono importanti e anche se le sue caratteristiche fondamentali restano relativamente uguali fino all'età adulta, tutto questo non dipende solamente dal suo genoma. I geni sono solo il palcoscenico su cui ciascuno può danzare (vedi pp. 133 sgg.).

Che raramente, a una riunione di ex compagni di scuola, si rimanga completamente stupiti dallo sviluppo di qualche vecchio compagno, dipende anche dal fatto che la personalità di un giovane viene cementata da molti fattori esterni. Genitori, parenti e conoscenti consolidano continuamente il bambino nel suo ruolo di timido o di persona molto comunicativa. Quando poi cresce, il bambino spesso si plasma il proprio mondo, attraverso la scelta della professione e della cerchia degli amici, in modo che l'immagine del proprio carattere rimanga immutata. In fondo c'è anche sicurezza nel credere di sapere chi e come si è.

In questo modo spesso le caratteristiche si rafforzano: le persone intelligenti cercano stimoli e continuano a mettere alla prova le proprie capacità mentali, sostiene la psicologa dello sviluppo Emmy Werner. E chi è timido non tende ad andare spesso verso gli altri; con il tempo gli incontri con estranei diventano ancora più fonte di disagio – meglio restare da soli a casa.

Si può anche prevedere come reagirà una persona in una determinata situazione, quando sarà diventata adulta e i fattori determinanti di geni, educazione e formazione avranno lasciato la loro impronta? È una cosa che non soltanto molti capi d'azienda vorrebbero sapere. Tutti sono interessati a capire quanto il proprio comportamento sia determinato. Da decenni gli psicologi cercano di sviluppare test che permettano di prevedere le reazioni delle persone.

Questi tentativi sono iniziati durante la Prima guerra mondiale, sollecitati dall'esercito degli Stati Uniti. A quel tempo i generali volevano individuare i soldati meno soggetti alla paura e psichicamente più stabili, per affidare loro le missioni più difficili. I metodi sviluppati allora non erano però tanto affidabili quanto avrebbe voluto l'esercito; si verificavano ancora incidenti spiacevoli con persone depositarie di segreti importanti ma psichicamente labili, e con la promozione di psicopatici.

Con il tempo è aumentato lo scetticismo di fondo sulla possibilità di ricavare informazioni attendibili sulla base dei test della personalità. Del resto, non erano facilmente manipolabili dagli stessi soggetti studiati, che sapevano dove si voleva andare a parare? Negli anni sessanta e settanta poi l'atteggiamento culturale dominante metteva in dubbio l'esistenza di tratti fondamentalmente stabili della personalità. Il comportamento degli individui non era sempre dipendente in misura considerevole dalla situazione? Le persone non erano tutte vittime della società in cui vivevano? E per ciascuno non era possibile qualsiasi tipo di sviluppo, se solo le condizioni sociali lo permettevano?

Il dibattito poi si è concluso. Ben pochi esperti dubitano che il temperamento e i tratti del carattere in una certa misura siano dati e che quindi si possa prevedere in modo affidabile come ciascuno si comporterà in determinate circostanze. Molti scienziati sono riusciti in effetti a sviluppare test della personalità attendibili.

Le cinque dimensioni della personalità

La personalità si può ricondurre a cinque caratteristiche o fattori, i "big five": apertura alle esperienze, gradevolezza, coscienziosità, estroversione e nevroticismo o stabilità emotiva (vedi anche p. 193).

Queste cinque dimensioni della personalità determinano il modo di essere di un individuo, indipendentemente dal tipo di questionario e dai metodi statistici impiegati e anche dall'ambiente culturale dei soggetti sottoposti a test. Gli psicologi statunitensi Paul Costa e Robet McCrae alla metà degli anni ottanta hanno utilizzato la teoria delle cinque dimensioni in un test denominato NEO-FFI, dove NEO sono le iniziali inglesi di tre fra le big five (Neuroticism, Extroversion, Openness), mentre FFI sta per Five Factor Inventory (inventario dei cinque fattori).

I big five sono considerati tratti che, nel corso della vita di un individuo, non possono essere influenzati facilmente. Ambiente e geni sembrano influire su queste caratteristiche della personalità più o meno alla pari: sull'apertura a nuove esperienze i geni influiscono per il 57 per cento, sull'estroversione per il 54 per cento, su coscienziosità per il 49 per cento, su nevroticismo per il 48 per cento e sulla gradevolezza per il 42 per cento.

Senza dubbio le persone utilizzano molto più di queste cinque parole, se devono descrivere se stesse o altri. Ma a un esame attento la molteplicità dei termini che servono a caratterizzare gli altri si possono ricondurre a questi cinque tratti essenziali. In effetti quello da cui è nato il modello dei big five era in origine un contesto linguistico. La personalità è così evidente e inoltre così rilevante per una società, si sono detti i due psicologi americani negli anni trenta, che ogni lingua deve aver sviluppato dei concetti per esprimerla. Hanno analizzato due dizionari inglesi e hanno trovato esattamente 17.953 concetti che descrivono la personalità; hanno poi ridotto quell'elenco enorme a 4504 aggettivi; altri psicologi poi hanno proseguito la riduzione. Alla fine si è visto che le parole con cui parliamo di personalità si possono riunire in cinque gruppi. Il modello dei big five è ampiamente seguito dagli anni novanta. Questi cinque fattori sono i tratti fondamentali della personalità anche per l'area linguistica tede-

sca, come hanno potuto confermare gli psicologi Alois Angleitner e Fritz Ostendorf, che sono considerati l'autorità nel
campo dei big five per la Germania.

Anche i big five però non sono incisi nella pietra per sempre. Le ricerche più recenti confermano ampiamente un'idea
che circola già da tempo: alla fine la personalità è così varia-
bile, che anche anziani come l'Ebenezer Scrooge del *Canto di
Natale* di Charles Dickens possono ancora cambiare. "Non
esiste un punto finale in cui la personalità è definita per sempre," dice Werner Greve, psicologo dello sviluppo.

Indizi in merito risalgono già ad anni fa, quando si è scoperto che il cervello non è così immutabile come hanno creduto a lungo i neuroscienziati. Prima si partiva dal presupposto che nel cervello non potessero più formarsi nuove con-
nessioni, una volta raggiunta l'età adulta. Questa idea non è
più sostenibile: fino alla vecchiaia i neuroni mantengono la
loro plasticità, sostengono le nuove ricerche. Non solo il cervello forma nuove sinapsi, quando incontra qualcosa che
non è mai stato sentito o visto prima, ma può addirittura
affidare nuovi compiti a intere regioni, quando ciò si rende
necessario in conseguenza di un trauma.

La rapidità con cui questi processi ricostruttivi possono
avvenire nel cervello anche di persone adulte è stata messa in
luce nel 2006 da una ricerca di Bogdan Draganski e Arne
May all'Università di Regensburg. I due neuroscienziati hanno esaminato più volte con la risonanza magnetica il cervello
di studenti di medicina mentre, in preparazione agli esami,
accumulavano grandi quantità di nozioni specialistiche.
Nell'arco di mesi la materia grigia della loro corteccia cerebrale aumentava considerevolmente.

Perché la personalità cambi, verosimilmente devono avvenire anche dei processi biologici nel cervello. Jens Asendorpf, psicologo della personalità, considerato il maggiore
esperto in Germania dello sviluppo del carattere, sostiene
che "il carattere di un essere umano si stabilizza intorno ai
trent'anni. Ma solo dal cinquantesimo anno si può considerare completamente formato e anche dopo quel momento è

ancora modificabile". Asendorpf fa riferimento a uno studio di due psicologi statunitensi, Brent Roberts e Wendy DelVecchio, che nel 2000 hanno analizzato oltre 150 ricerche su un totale di 35.000 persone e sono arrivati alla conclusione che nel corso della vita mutino anche le big five. Tre anni dopo, questo risultato è stato confermato da uno studio su 130.000 soggetti.

In generale i diversi tratti della personalità tendono a rimanere statici in misura diversa: così con l'età si diventa più coscienziosi e più socievoli, mentre diminuisce l'apertura a nuove esperienze. Solo la tendenza al nevroticismo, ovvero alla labilità psichica, sembra essere saldamente ancorata, nel corso dei decenni, al modo di essere delle persone.

Questi cambiamenti della personalità dipendono da influssi dell'ambiente e della cultura, o piuttosto da un programma di maturazione biologica? Paul Costa e Robert McCrae sono convinti della seconda ipotesi: "Forse nel corso dell'evoluzione le cose si sono sviluppate in questo modo, perché così diventa più facile allevare la generazione successiva". Chi cresce dei figli deve essere più socievole e meno egocentrico rispetto a chi deve preoccuparsi solo di se stesso. La trasformazione di alcune fra le big five perciò sarebbe solo una forma dei processi con cui si diventa adulti. Gli influssi ambientali su quelle cinque caratteristiche poi non sono mai stati osservati, sostengono Costa e McCrae. Esistono analoghe tendenze legate all'età, per quanto riguarda il carattere, nelle scimmie.

Proprio il nevroticismo deve essere la caratteristica meno modificabile? Questo sembra lasciare poca speranza al lavoro degli psicoterapeuti. Ma anche in questo campo in realtà è possibile qualche cambiamento. In fondo anche l'intelligenza, che è in stretto rapporto con il fattore "apertura a nuove esperienze" è stata sempre vista come una proprietà che caratterizza una persona per tutta la vita. Gli scienziati credevano di poter stabilire il quoziente di intelligenza per ogni età della vita: se un bambino ha già un quoziente di 140, anche da adulto raggiungerà un valore simile.

Ma questa convinzione è caduta. Almeno nella pubertà il quoziente d'intelligenza può ancora variare significativamente, hanno annunciato Cathy Price e il suo gruppo di neuroscienziati nel 2011. Hanno stabilito il quoziente di intelligenza di trentatré ragazzi, fra i dodici e i sedici anni, poi hanno ripetuto il test quattro anni dopo. Gli stessi ricercatori sono rimasti stupiti nel constatare l'entità delle differenze: in alcuni soggetti il quoziente era salito di 20 punti, in altri era diminuito in misura analoga. Una variazione di 20 punti nel quoziente di intelligenza è enorme: il quoziente è definito in modo tale che 100 corrisponda al valore medio della popolazione; chi ha un QI di 70 è considerato mentalmente ritardato, chi ha un QI di 130 è molto dotato.

Per essere sicuri, i ricercatori inglesi hanno messo alla prova i risultati dei test con l'aiuto della risonanza magnetica. In effetti nei soggetti che avevano mostrato un miglioramento nelle domande relative al vocabolario o alla comprensione verbale, era visibile anche una crescita della materia grigia nella regione cerebrale da cui dipende l'intelligenza verbale. Per i soggetti che avevano ottenuto un punteggio migliore di quattro anni prima nella soluzione di problemi di forme o di calcolo era visibile una crescita nelle regioni cerebrali responsabili dell'intelligenza non verbale.

"Evidentemente la capacità intellettuale di un individuo può diminuire o crescere durante l'adolescenza," dice Cathy Price. Da che cosa dipende? Forse dal fatto che alcuni si sviluppano prima e altri dopo, pensa Price. Chi inizia più tardi ad allenare la propria intelligenza avrà successo più tardi, come succede anche nell'allenamento fisico. Price per ora non è in grado di dire se anche gli adulti possano cambiare in misura così significativa.

Riassumendo, quindi, chi si dà effettivamente da fare può modificare molto la propria personalità, anche in piena età adulta. Il presupposto però è una forte motivazione. È impossibile cambiare qualcuno contro la sua volontà. Lo scoprono quotidianamente i genitori quando cercano di far diventare più socievoli o più coraggiosi i loro figli solo imponendo la loro autorità. Per lo più però è una crisi o una grande felicità, in ogni caso un evento decisivo, che porta le persone a scoprire nuove strade, dice Greve. Può trattarsi di un divorzio, del trasferimento in un'altra città o di un'esperienza di grande profondità emotiva. "Quando cambiano le nostre motivazioni, anche noi possiamo cambiare," dice Greve. Chi rimane sempre lo stesso per tutta la vita, probabilmente non ha avuto alcun stimolo a cambiare. Magari, semplicemente perché è contento di come è.

I "big five"

Nevroticismo

Le persone con un nevroticismo elevato sono emotivamente labili. Sperimentano più spesso e più a lungo paura, nervosismo, dolore, tensione, imbarazzo e insicurezza. Nel complesso si preoccupano di più della propria salute, sono inclini alla immaginazione e in situazioni difficili reagiscono rapidamente con forte stress.

Le persone con minore nevroticismo sono tendenzialmente stabili, rilassate, contente e tranquille. Provano più raramente sentimenti spiacevoli – ma non necessariamente hanno più spesso emozioni positive.

Estroversione

Le persone estroverse sono dotate di entusiasmo, allegre e ottimiste. Nel rapporto con gli altri sono socievoli, parlano facilmente e sono attive. Prendono facilmente iniziative.

Gli introversi invece sono piuttosto trattenuti e anche riservati. Sono considerati tranquilli e indipendenti e stanno volentieri da soli.

Apertura alle esperienze

Le persone che hanno maggiore apertura amano fare nuove esperienze e sono felici per gli stimoli, i cambiamenti, i nuovi eventi. Spesso sono intelligenti, hanno molta fantasia e vivono intensamente le loro emozioni. Amano la conoscenza, la sperimentazione e coltivano molti interessi. Sono indipendenti nel giudizio, affrontano volentieri il nuovo e possono essere critiche nei confronti delle norme sociali.

Le persone meno aperte sono piuttosto convenzionali e conservatrici. Non vivono molto intensamente le loro emozioni. Sono realistiche e concrete e spesso conducono una vita molto regolare.

Gradevolezza

Le persone con elevata gradevolezza sono spesso molto bene inserite socialmente. Nei confronti degli altri sono empatiche e comprensive. Tendono alla fiducia e alla coesione. Per lo più sono propense ad aiutare gli altri, sono gentili e condiscendenti.

Le persone con minore gradevolezza invece sono tendenzialmente egocentriche. Nei confronti degli altri tendono a non fidarsi e a non comprenderli e sono più inclini a competere che a cooperare. L'emotività è per loro cosa estranea.

Coscienziosità

Chi è coscienzioso pianifica attentamente i propri comportamenti, è molto organizzato, determinato ed efficace. Si assume la responsabilità dei propri comportamenti e si dimostra affidabile e disciplinato. Le persone molto coscienziose possono diventare anche pedanti.

Le persone meno coscienziose tendono a comportarsi in modo più spontaneo e non sono particolarmente attente e precise. Sono considerate leggere e incostanti, spesso anche disordinate.

La resilienza si sviluppa per lo più presto: come si può farla crescere anche da adulti

> Nel mezzo dell'inverno ho scoperto
> che dentro di me c'è un'estate invincibile.
> ALBERT CAMUS

La forza di resistenza psichica per lo più nasce presto. Chi riceve le caratteristiche e le capacità corrispondenti nei primi anni della propria vita può solo esserne grato. Per i modi energici, per il temperamento allegro, per i legami saldi. Per la capacità di cercare aiuto, di vedere soprattutto il bello nella vita e per non addossare sempre esclusivamente a se stesso la colpa degli insuccessi.

Se però qualcuno, a vent'anni, a trenta o anche molto più tardi, si rende conto che è troppo sensibile rispetto agli altri, che prende troppo seriamente eventi che gli amici vivono tranquillamente, può ancora rafforzare la sua resilienza. Anche superato il trentesimo compleanno, chiunque può impegnarsi attivamente per far crescere in sé la forza di resistenza – e da questo punto di vista il potenziale delle persone poco resilienti è persino più alto di quello dei resilienti.

I resilienti in effetti sono stabili non solo psichicamente, ma anche per molti tratti della personalità, come hanno dimostrato ricerche sui bambini in età prescolare. In uno studio gli educatori hanno valutato il carattere e il temperamento dei bambini quando questi avevano quattro e sei anni; più avanti, al compimento del decimo anno d'età, lo hanno valutato ancora una volta i genitori. Ne è emersa una relazione chiara: i bambini che erano stati classificati come resilienti dagli adulti, si erano modificati molto poco. "Con ogni probabilità le cause sono molteplici," dice Karena Leppert. Da una parte resilienza e personalità stabile hanno spesso la stessa origine; poi, i bambini che crescono in un ambiente stabile hanno anche una personalità più stabile; perciò possono anche sviluppare più facilmente la resilienza in misura elevata.

Poi, la resilienza con tutta probabilità contribuisce attivamente a che la personalità rimanga quasi invariata nel corso degli anni; poiché i bambini forti possono affrontare i cambiamenti dell'ambiente, è più facile che trovino, in un ambiente che cambia, nuove nicchie in cui si sentono a loro agio e in cui sono protetti. "I bambini resilienti possono controllare meglio il loro ambiente," dice Leppert. Se dall'asilo va via un'educatrice a cui volevano bene, i bambini dotati di capacità di resistenza avranno maggiore facilità a costruire una buona relazione anche con quella che la sostituisce. "Così queste persone si creano ambienti stabili, che a loro volta contribuiscono a una personalità stabile." E infine le personalità resilienti se la cavano meglio con la frustrazione, gli insuccessi e le crisi, rispetto alle persone con una minore forza di resistenza psichica. Sono quindi anche meno sollecitate a cambiare se stesse.

Per le persone meno resilienti invece il bisogno e la spinta a trovare un nuovo equilibrio con le disavventure della vita è significativamente maggiore – e lo stesso vale per le loro possibilità di sviluppo. "Si può imparare la resilienza," sostiene anche Karena Leppert, e condivide la sua idea Georg Kormann, psicologo dell'infanzia e dell'adolescenza. La costruzione di un potenziale di resistenza funziona al meglio nei primi dieci anni di vita: "Anche gli adulti, però, in ogni momento della vita sono fondamentalmente in grado di imparare la capacità di resistenza," dice Kormann. "Un aspetto importante è quello di prendere a modello persone resilienti e imparare dal loro comportamento in una crisi di vita."

Una persona resiliente, dice Kormann, può essere paragonata a un pugile "che sul ring va al tappeto, si rialza prima che l'arbitro finisca di contare e poi cambia fondamentalmente la sua tattica". Chi non è così dotato di resistenza, invece, va avanti come prima e si fa mandare al tappeto di nuovo. "Le persone non dotate di resistenza commettono due errori fondamentali," continua Kormann. "Si lamentano del loro duro destino, così tutta la vicenda diventa ancora più nera. E inaspriscono la crisi dedicando tutta la loro attenzione al problema e alla sua origine, mentre non riflettono a sufficienza su come possano risolverlo."

Un gigantesco esperimento psicologico

Gli scienziati hanno dedicato enormi sforzi a capire come e in che misura si possa cambiare. Il progetto più ampio in questo senso riguarda al momento gli Stati Uniti. In una cultura in cui non si devono mai mostrare debolezze ma bisogna essere sempre all'altezza, la politica è particolarmente interessata a come si ottenga la forza di resistenza psichica.

Inoltre le molte guerre degli ultimi decenni, che gli Stati Uniti hanno condotto in tutte le parti del mondo, hanno generato un gruppo numericamente crescente di veterani fortemente traumatizzati, che non solo manifestano una grande sofferenza umana, ma costituiscono ogni anno anche un costo di molti milioni di dollari.

Dopo la Guerra del Vietnam, dopo quella in Iraq o in Afghanistan, molti veterani rientrati in patria non sono più stati in grado di riprendere la loro vita quotidiana normale. Fra i sopravvissuti alla Guerra del Vietnam, che è stata particolarmente spaventosa per i militari americani, uno su tre si è trovato in quella condizione, ma anche dopo gli interventi in Iraq o in Afghanistan, dove era meno facile venire a diretto contatto con il nemico e la guerra si combatteva più stando su un carro armato o davanti al computer e dove il numero dei morti è stato minore, il 17 per cento dei militari è tornato in patria traumatizzato, come ha potuto constatare il gruppo di lavoro di George Bonanno, in uno studio di lungo periodo durato oltre undici anni. I dati relativi sono molto affidabili, perché i militari erano stati esaminati psicologicamente già prima di lasciare il suolo americano. Per poco meno del 7 per cento dei militari tornati a casa la sofferenza è stata così grande, che è stata loro diagnosticata una sindrome da stress post-traumatico: nel 2010 questo è stato il caso di esattamente 10.756 soldati americani.

Perciò l'esercito americano, nel 2009, ha deciso di condurre un esperimento psicologico gigantesco: ha finanziato con 125 milioni di dollari un programma di addestramento denominato Comprehensive Soldier Fitness (CSF), a cui avrebbe dovuto partecipare oltre un milione di militari, per renderli immuni ai traumi. Continueranno a combattere, ma in futuro, dopo mesi di grande pressione psichica sotto costanti minacce terroristiche e attacchi, dovrebbero poter tornare a casa senza danni psicologici. "Vorrei creare un esercito che sia tanto pronto psichicamente quanto lo è fisicamente," ha detto George Casey, generale a quattro stelle, fino all'aprile 2011 capo di Stato maggiore dell'esercito degli Stati Uniti, all'avvio ufficiale del programma, "e la chiave della preparazione psicologica è la resilienza." Da quel momento i militari americani sono addestrati e misurati anche per la loro resilienza.

Dietro tutto questo sta Martin Seligman, lo psicologo che negli anni sessanta, con i suoi studi sui cani, ha scoperto e definito l'"impotenza appresa". Seligman è anche il fondatore della "psicologia positiva". Nel suo discorso di insediamento come presidente dell'American Psychological Association nel 1998, Seligman ha stupito il mondo degli addetti ai lavori annunciando di voler trasformare la psicologia da una scienza delle malattie a una scienza della salute.

Per Seligman, che è nato nel 1942, la chiave della forza di resistenza psichica sta nell'ottimismo. Una costituzione fondamentale serena, positiva e aperta alla vita da sola non crea resilienza. Ma la certezza di non farsi abbattere, più di tutte le altre caratteristiche, genera una psiche forte, dice Seligman. Fra i soggetti dei suoi esperimenti erano gli ottimisti che nelle prove non cedevano all'impotenza appresa.

Nel 1975 infatti Seligman, insieme con il collega Donald Hiroto, ha ripetuto con gli esseri umani gli esperimenti che avevano provocato l'impotenza appresa nei cani. Alle persone però i due scienziati non hanno somministrato scariche elettriche: chiedevano invece ai loro soggetti di concentrarsi e poi li disturbavano con costanti rumori ad alto volume. I partecipanti del primo gruppo potevano interrompere i rumori premendo un pulsante, mentre i partecipanti del secondo gruppo non avevano quella possibilità.

Il giorno dopo tutti i soggetti sono stati rimessi in una situazione analoga, con i rumori snervanti. Questa volta però tutti avrebbero potuto farli cessare – avrebbero dovuto soltanto spostare la mano di un paio di centimetri e premere un pulsante. Il primo gruppo l'ha scoperto rapidamente, mentre la maggior parte dei membri del secondo gruppo non faceva niente. "Erano diventati passivi e non cercavano nemmeno più di venirne fuori," racconta Seligman. Anche loro avevano appreso l'impotenza.

Nel gruppo degli impotenti però non tutti erano nelle stesse condizioni. Circa uno su tre, nonostante i tentativi infruttuosi nel primo esperimento, cercava ancora di vedere se poteva servire a qualcosa premere il pulsante. A queste persone che non si davano per vinte, Seligman si è interessato particolarmente. Che cosa avevano di fuori dal comune questi individui che non si erano lasciati abbattere? "La risposta è l'ottimismo," dice. Erano persone che consideravano le avversità come qualcosa di temporaneo e di modificabile. Interiormente si dicevano frasi come "Presto sarà passata", oppure "È solo una situazione particolare, e posso farci qualcosa". Queste persone vedono la causa delle avversità nel comportamento di altri e non cercano l'errore in se stessi. E credono fermamente di poter migliorare la loro condizione.

Portare gli impotenti a pensare come gli ottimisti: questo è il compito che si è dato da allora Seligman, perché bisogna intervenire sul proprio modo di pensare, per costruire la propria forza di resistenza in situazioni di crisi psichica. Chi accetta la propria sofferenza, ma al tempo stesso crede fermamente che passerà, non sviluppa tanto facilmente una sindrome da stress post-traumatico o una depressione, e possiede invece la forza per modificare qualcosa nelle condizioni di contorno.

Ogni anno perciò i militari americani nell'ambito del programma Comprehensive Soldier Fitness compilano un questionario online, che valuta la loro salute psichica. Devono dire quanto si adattano a loro centocinque affermazioni, come "In tempi di insicurezza mi aspetto di solito il meglio", oppure "Se qualcosa può andar male, lo farà sicuramente". La valutazione alla fine dice ai soldati in quali aree stanno i loro punti di forza e dove invece sono vulnerabili. I risultati sono confidenziali, ma vengono analizzati in forma anonima dallo Stato maggiore.

Quelli la cui forza psichica non è al meglio possono ricorrere a un aiuto professionale oppure prendere parte a corsi online secondo le indicazioni di Seligman. Uno degli esercizi centrali, con cui si può risvegliare l'ottimista che c'è in ciascuno, è chiamato da Seligman "To Hunt the Good Stuff", "alla ricerca del buono". Non è una cosa difficile. Seligman consiglia di scrivere ogni sera, prima di andare a dormire, tre cose che sono andate bene nella giornata trascorsa.

La cosa funziona, conferma il soldato Brian Hinkley, che ha partecipato a una missione in Afghanistan e si è sentito molto pauroso – soprattutto perché lui e i suoi commilitoni erano fortemente indesiderati. Nei villaggi i bambini lanciavano pietre ai soldati e sputavano loro addosso. Ma a Hinkley è stato di aiuto tirar fuori "le buone cose", come ha raccontato a un giornalista: "I pochi che ti invitano e ti offrono un po' di pane e del tè controbilanciano i cinquanta che ti lanciano sassi e ti vorrebbero far saltare in aria".

Fa parte del programma anche istruire i formatori nell'esercito. Invece di sbraitare e distruggere completamente i soldati già molto provati, devono trasmettere loro una visione positiva del mondo. Devono raccontare loro che tutte le persone sono vulnerabili e che la paura e il dolore sono reazioni sane. Devono anche incoraggiare i soldati a parlare apertamente delle loro difficoltà. Ci sono sempre brutte giornate, ma si può cercare di superarle nel modo migliore possibile. Così l'esercito lentamente abbandona quell'immagine del marine coriaceo, che non si lascia sconvolgere da nulla.

Nel dicembre 2011 l'esercito americano ha presentato una prima comunicazione sul programma Comprehensive Soldier Fitness. Sono stati valutati per l'occasione i dati di otto brigate con le loro varie migliaia di componenti: solo in quattro il programma era stato avviato. Dopo quindici mesi le truppe entrate nel programma avevano raggiunto valori di resilienza notevolmente più alti rispetto alle altre. I soldati avevano sviluppato una maggiore fitness emotiva e sociale e pensavano in modo meno autodistruttivo. "Abbiamo ora conferme scientifiche solide che il CSF migliori la resilienza e la salute psichica dei soldati," hanno commentato lo psicologo Paul Lester e gli altri estensori del programma.

Anche i militari hanno apprezzato il programma, in parte sorprendendo quanti l'hanno messo a punto. Mentre i ranghi superiori dell'esercito avevano temuto che i "soldati incalliti" avrebbero considerato il training per la resilienza "roba da femminucce", "sdolcinato" o "psicospazzatura", le cose sono andate in modo del tutto diverso: hanno attribuito al corso un punteggio medio di 4,9 su un massimo di 5 punti! Circa la metà ha addirittura sostenuto che era stato il corso migliore che l'esercito avesse mai offerto loro. La formazione aveva anche contribuito a risolvere problemi della loro vita privata.

Dall'esterno invece sono arrivate forti critiche. Il programma di fitness psichica avrebbe tenuto conto solo di parametri generali, poco significativi, hanno sostenuto Roy Eidelson e Stephen Soldz della Coalition for an Ethical Psychology nel maggio 2012. Già un anno prima avevano avanzato critiche al programma dell'esercito, che secondo il loro punto di vista mancava di scientificità. Specificamente, le misure importanti per la sindrome da stress post-traumatico, i pensieri suicidi, le depressioni e altri disturbi psichici, non sarebbero state formulate in modo valido, nonostante l'obiettivo fosse proprio quello di ridurli; perciò alla fine non sarebbe stato neanche possibile dire se l'intervento fosse utile ad affrontare meglio situazioni difficili come un intervento bellico. Anche Bonanno, ricercatore nel campo della resilienza, non è molto convinto: "Questi programmi sono stati sviluppati per rendere le persone più felici e più sane. Non è la stessa cosa che preparare a situazioni di stress in cui letteralmente se la faranno nei pantaloni, in cui sperimentano una forma di stress che si spera debbano provare una sola volta nella loro vita".

Sappiamo effettivamente di più sul successo dell'addestramento alla resilienza per quanto riguarda le persone comuni. Per chi non deve andare in guerra, ma ha a che fare con le disavventure e le ferite comuni della vita quotidiana, programmi come quello di Martin Seligman possono essere di molto aiuto. È stato esaminato in particolare l'addestramento alla forza per bambini e adolescenti. Insieme con le sue collaboratrici Karen Reivich e Jane Gillham, Seligman ha sviluppato il Penn Resiliency Program contro l'ansia e le depressioni per le scuole della Pennsylvania. Sono riusciti a rafforzare l'ottimismo dei bambini: come hanno dimostrato vari studi, fra i partecipanti sintomi d'ansia e di depressione si presentavano più raramente. Il programma è stato esteso con successo anche alle scuole superiori.

Gli studenti devono rendersi conto che "i colloqui interiori, che teniamo tutti nella nostra testa" non sempre sono uno specchio della realtà, racconta Amy Challen, filosofa e scienziata della politica, che insieme con altri colleghi ha portato il Penn Resiliency Program nelle scuole inglesi. I bambini devono capire che questi colloqui sono reazioni a sentimenti e a loro volta provocano sentimenti – e che per lo più potrebbero portare anche qualcosa di completamente diverso. I bambini "vengono incoraggiati a riconoscere i punti di vista negativi e a metterli in dubbio," dice Challen. Invece di "Dovevo subire anche questo", dopo una disavventura si può anche dire "Però ho avuto sfortuna". I bambini devono imparare a riconoscere quando le emozioni negative diventano eccessive e come possono tracciare la linea di confine. Per esempio, imparano come si possono rafforzare i propri sentimenti positivi. Da lì poi imparano come possono rilassarsi e come possono cavasela meglio con gli altri. Perciò il programma per la resilienza ha aiutato anche "a migliorare le relazioni con i coetanei e i membri della famiglia, a migliorare i risultati scolastici e a interessare i bambini ad altre attività," riassume Amy Challen.

Come si allena la forza del carattere

"Build what's strong!" (Costruisci ciò che è forte!) invece di "Fix what's wrong" (Ripara quello che non va): è questo il credo di Martin Seligman. Che funzioni è confermato da uno studio condotto da Seligman su 577 persone. Gli psicologi hanno chiesto a questi soggetti di annotarsi tutte le sere, per una settimana, quello che avevano trovato di buono nella giornata – come nel programma CSF dell'esercito americano. Un gruppo di controllo doveva, a fine giornata, semplicemente scrivere quello che era capitato; ai membri del gruppo non era chiesto di parlare solo degli aspetti positivi. Di fatto, ancora sei mesi dopo la conclusione dell'addestramento, le persone che alla sera avevano dovuto estrarre le cose buone della giornata avevano un atteggiamento fondamentalmente più ottimistico e meno sintomi depressivi.

Altrettanto efficace si è dimostrata una seconda strategia: i soggetti dovevano riconoscere i punti forti del loro carattere con l'aiuto di un questionario online. Così scoprivano quali fossero i loro cinque principali punti di forza e poi per una settimana, ogni giorno, dovevano sfruttarli in un modo per loro nuovo. Così per esempio, una persona che si distingueva per la sua generosità avrebbe dovuto mettere un nuovo scontrino sotto il tergicristallo della macchina di uno sconosciuto, il cui scontrino di parcheggio era scaduto, così da non fargli prendere una multa; chi risultava particolarmente creativo avrebbe dovuto rispondere mimando il pranzo quando il/la partner avesse chiesto che cosa voleva mangiare. Chi era incline a perdonare, poteva consentire a se stesso un errore. E chi possedeva molta gioia di vivere poteva manifestarla con un abbigliamento particolarmente stravagante o mettersi a saltare sul letto come un bambino.

All'addestramento dei punti di forza si dedica anche Willibald Ruch, docente di Psicologia della personalità, con il suo Zürcher Stärken Programm (Programma per i punti di forza di Zurigo), sviluppato seguendo il modello di Seligman e messo analogamente alla prova. Si può verificare di quali punti di forza si disponga rispondendo a un test sul sito di Ruch (www.charakterstaerken.org).

Nella sua ricerca (finora) più importante su questo tema, i soggetti per esempio si sono esercitati nella gratitudine: dovevano individuare una persona che aveva avuto un ruolo importante nella loro vita e poi dirglielo in una lettera. Potevano stimolare il loro senso del bello facendo attenzione ai momenti e alle situazioni della vita quotidiana, in cui provavano meraviglia per qualcosa di bello. Poteva trattarsi di persone o di cose, ma anche di gesti o movimenti particolari.

"Allenare i punti di forza del carattere rende felici," dice Ruch. Nelle sue ricerche si è visto che l'effetto di un breve addestramento può durare anche sei mesi. Non è indifferente, però, quale dei propri lati forti si addestra. L'effetto maggiore, dice Ruch, si ottiene se ci si orienta alla curiosità, alla gratitudine, all'ottimismo, allo humour o all'entusiasmo e li si cerca di rafforzare.

Le dieci vie per la resilienza

Sulla base del programma di Seligman, la American Psychological Association ha messo in rete un piano in dieci punti come Road to Resilience (Via per la resilienza) (http://www.apa.org/helpcenter/road-resilience.aspx). Le dieci vie per una maggiore forza di resistenza psichica sono queste:

1. Arricchite i contatti sociali: buone relazioni verso la propria famiglia, gli amici e gli altri sono importanti. Accettate aiuto e sostegno da persone che si preoccupano per voi. State accanto agli altri, quando hanno bisogno di aiuto. Chi fa parte di gruppi, società religiose o associazioni politiche, può trarne forza.

2. Non vedete le crisi come problemi insolubili: anche se non si può fare nulla per far scomparire le cose più spiacevoli, si può comunque influire su come si interpretano queste crisi e come vi si reagisce. Immaginatevi che in futuro le cose per voi andranno di nuovo bene. Cercate di capire che cosa potrebbe andare meglio la prossima volta, se vi capitasse ancora di imbattervi in qualcosa di spiacevole

3. Accettate il fatto che il cambiamento fa parte della vita: in situazioni avverse certi obiettivi non sono più raggiungibili. Accettate le circostanze che non potete modificare e concentratevi su quello che potete cambiare.

4. Cercate di raggiungere i vostri obiettivi: ponetevi delle mete realistiche, invece di sognare cose irraggiungibili. Fate qualche proposito. Fate regolarmente qualcosa, anche se sembra essere solo una piccolezza, che vi avvicini un poco alle vostre mete.

5. Intraprendete azioni con decisione: agite sulle situazioni avverse al meglio che vi è possibile. Non infilate la testa sotto la sabbia, con la speranza che le difficoltà scompaiano rapidamente. Prendete l'iniziativa e cercate di affrontare i vostri problemi.

6. Cercate le occasioni per scoprire voi stessi: provate il più possibile a capire come potete imparare qualcosa su di voi. Forse scoprirete che nelle situazioni difficili siete cresciuti. Molti che si sono lasciati alle spalle brutti momenti, raccontano poi di avere avuto relazioni più intense e una maggiore forza. Anche se vi sentite vulnerabili, scoprirete di avere una nuova consapevolezza del vostro valore e di apprezzare di più la vita.

7. Sviluppate un punto di vista positivo su voi stessi: affidatevi alla vostra capacità di risolvere i problemi e al vostro istinto.

8. Non perdete di vista il futuro: tentate, anche nelle situazioni difficili, di avere una prospettiva di lungo periodo e di considerare la vostra condizione in un contesto più ampio. Cercate di non trasformare quell'evento in qualcosa di più grande di quello che è.

9. Aspettatevi il meglio: cercate di avere un atteggiamento ottimista. Vi aiuterà ad avere aspettative positive. Cercate di immaginare che cosa potreste fare, invece di continuare a rimuginare su quello di cui avete paura.

10. Prendetevi cura di voi stessi: prestate attenzione ai vostri bisogni e ai vostri sentimenti. Impegnatevi in attività che vi divertono e che trovate rilassanti. Fate regolarmente moto. Chi si prende cura di se stesso rafforza il corpo e

lo spirito, per poter affrontare bene anche le situazioni difficili.

Si potrebbe anche dire: diventate spirituali! Secondo molte ricerche, le persone attraversano meglio le fasi difficili della vita se credono in qualcosa di superiore. Non importa se credono in Dio, Allah, Jahvè, Buddha o alle molte divinità dell'induismo, non importa che si sentano legate a una delle grandi religioni; per molti è utile la convinzione che la natura sia la forza che veglia su di loro, altri trovano la felicità in comunità esoteriche, altri ancora trovano il senso della loro vita in un'idea politica. Sono l'energia del gruppo e la convinzione di appartenere su questa Terra a un tutto più grande che aiutano a sopportare i colpi bassi della vita.

Naturalmente non è necessario per forza elaborare tutti i dieci punti per percorrere la via verso la resilienza e arrivare alla meta. Anche questo è resilienza: decidere autonomamente che cosa ci fa bene. "La forza è sempre una combinazione di molti fattori," dice lo psicologo Ralf Schwarzer. La cosa più importante, ai suoi occhi, è che le persone costruiscano una propria rete sociale e la mantengano. "Per questo è ancora meglio nella quotidianità non condurre una vita così orientata alla conflittualità," dice ancora Schwarzer, che consiglia inoltre di esplorare sempre qualcosa di nuovo: "Questo rafforza l'autoefficacia". Non deve trattarsi per forza di cose complicate, può essere una buona idea provare a prepararsi qualche piatto della cucina asiatica, oppure esercitarsi a parcheggiare bene in retromarcia.

Vaccinati contro lo stress

I ragazzi meno abbienti del Minnesota si godevano la vita molto meno dei loro coetanei di altri stati. Durante gli anni della scuola superiore dovevano sgobbare per potersi comprare qualcosa, o per contribuire con i loro guadagni al sostentamento della famiglia. Mentre i loro coetanei facevano sport, imparavano a suonare uno strumento o semplicemente si divertivano con gli amici nel tempo libero, i ragazzi delle famiglie più povere lavoravano nei bar o nelle stazioni di servizio e durante le ore di lezione rischiavano di addormentarsi sul banco. E dalla famiglia non solo non avevano un sostegno finanziario, ma neanche incoraggiamento o aiuto nelle difficoltà di una vita da adolescenti costellata di crisi. Così alla fine avevano meno fiducia in se stessi dei loro coetanei ben protetti e presentavano più spesso sintomi depressivi e un livello di stress più elevato.

Dieci anni più tardi però il quadro si era ribaltato. Da giovani adulti quelli che erano stati adolescenti stressati avevano addirittura un temperamento meno depressivo dei giovani provenienti dai quartieri migliori del paese. "In realtà ci eravamo aspettati che ai giovani che fin da ragazzi nella loro vita avevano dovuto darsi da fare per guadagnare qualcosa alla lunga sarebbe andata peggio," dicono gli psicologi americani Jeremy Staff e Jeylan Mortimer, perché il tempo che avevano trascorso facendo i camerieri o gli inservienti, gli altri avevano potuto dedicarlo ad attività che dal punto di vista pedagogico sono favorevoli allo sviluppo di un giovane. Inoltre quanti non avevano dovuto lavorare avevano subìto meno stress e avevano dovuto fare meno esperienze spiacevoli, per le quali non erano ancora maturi.

Nel momento in cui avevano lasciato la scuola, però, quelle precoci esperienze lavorative si sono rivelate fonti di resilienza: erano già, per così dire, vaccinati contro lo stress che li aspettava nella vita adulta.

L'idea di una vaccinazione contro lo stress emerge sempre più spesso nella ricerca sulla resilienza. "Quantità moderate di stress possono favorire la resilienza," dice la psicologa Julia Kim-Cohen. "Si rafforzano, diventano tenaci, meglio adattati." Lo stress però non deve diventare eccessivo. "Se le esperienze spiacevoli diventano troppo frequenti e troppo opprimenti, una persona può esserne schiacciata e questo può portare, invece che a una vaccinazione contro lo stress, all'esatto contrario."

È proprio quello che accade con le vaccinazioni in senso stretto: provocano una forma molto leggera della malattia, perché l'organismo si doti dei mezzi necessari per combatterla e sia pronto a respingerne gli attacchi. Così sarà preparato, se un giorno arriverà un'infezione in piena regola. Se nel vaccino ci fossero troppo pochi virus o batteri, sarebbe inutile; una quantità eccessiva invece darebbe luogo alla malattia in tutta la sua potenza. Anche l'effetto di vaccinazione contro lo stress "risulta dal fatto che si accumulino esperienze in cui si riescono ad affrontare in modo efficace le avversità," dice Julia Kim-Cohen.

Gli scienziati sono riusciti a produrre queste "vaccinazioni contro lo stress" in modo mirato nelle ricerche sugli animali. Solo con gli animali è possibile creare artificialmente situazioni spiacevoli che poi vengono valutate; nel caso degli esseri umani i ricercatori, come si può immaginare, possono solo aspettare di vedere che cosa succede loro nella vita, oppure possono chiedere loro di eventi trascorsi già da tempo. Le scimmie scoiattolo di pochi mesi utilizzate nei loro esperimenti sul comportamento da David Lyons e il suo team, non potevano lamentarsi per i maltrattamenti psichici, perciò gli scienziati le hanno separate più volte per breve tempo dal loro gruppo.

Come si è visto in esperimenti successivi, questo aveva un effetto sulla vita psichica delle piccole scimmie, ma le conseguenze erano diverse da quello che ci si sarebbe potuto aspettare: quando le scimmie avevano un anno, i ricercatori le hanno messe in un altro ambiente, che avrebbero dovuto esplorare. Le scimmie che a pochi mesi si erano trovate nelle condizioni di cavarsela da sole reagivano in modo meno timoroso di quelle che invece erano sempre state accudite dalle madri. Potevano affrontare meglio anche situazioni nuove e mangiavano con più appetito. Nelle scimmie "vaccinate" contro le situazioni spiacevoli i ricercatori hanno rilevato anche livelli significativamente inferiori di cortisolo, ormone dello stress.

"Non scappate!"

Negli esseri umani sembra che le cose non vadano diversamente, anche se è meno facile condurre esperimenti in merito. Una ricerca particolarmente interessante in questo campo ha a che fare ancora una volta con le adozioni. Il gruppo dello psicologo e pedagogista Mark Van Ryzin ha studiato bambini di tutto il mondo adottati da genitori americani. Hanno confrontato le loro reazioni allo stress con quelle di bambini che erano sempre vissuti con i loro genitori naturali negli Stati Uniti. I bambini adottati si dividevano poi in due gruppi: da una parte c'erano quelli che avevano dovuto sperimentare notevoli difficoltà perché avevano trascorso molto tempo in un istituto, dall'altra quelli che erano stati adottati da piccoli e in orfanotrofio avevano trascorso al massimo un paio di mesi. Nel momento in cui la ricerca è stata condotta, tutti i bambini avevano fra i dieci e i dodici anni.

Mark Van Ryzin ha fatto una scoperta stupefacente: il destino dei bambini si poteva ricavare dalla quantità di cortisolo che producevano in situazioni di stress. E i bambini che erano stati adottati da piccoli avevano, fra tutti, il livello di stress più basso. I bambini americani cresciuti nella loro famiglia erano invece soggetti allo stress tanto quanto i bambini con la permanenza più lunga in un istituto.

Anche per gli adulti un po' di contrarietà nella vita fa bene, come hanno confermato le ricerche basate su interviste. Le persone con una storia non del tutto leggera perciò hanno condizioni di salute psichica migliori rispetto a quelle che hanno avuto una vita molto difficile o molto facile. Sviluppano più di rado una sindrome da stress post-traumatico, hanno meno paure e sono più contente della loro situazione, come dice lo psicologo Mark Seery riassumendo le sue ricerche. "Inoltre le persone che hanno superato una certa quantità di afflizioni sono meno colpite dai successivi eventi stressanti."

La saggezza comune, "quello che non ti uccide ti rende più forte", secondo lo psicologo Jens Asendorpf, "viene sempre più confermata dalle ricerche". "Non scappate!" è la sua traduzione nella vita pratica: "Bisogna affrontare anche le sfide". Se per esempio si odia parlare di fronte a estranei e si trova più comoda la routine quotidiana dell'ufficio, bisogna accettare tranquillamente l'invito a tenere una presentazione, consiglia Asendorpf. Il giorno prima, mentre si prepara la presentazione, si avrà probabilmente paura e nei minuti immediatamente precedenti al grande evento è giusto che sia così. Quando poi sarà finita e magari si è visto che tutto è andato bene, si sarà fatto qualcosa anche per la propria resilienza.

La curva a u della felicità

Per ciascuno di noi la vita, nel corso del tempo, prepara naturalmente una serie di vaccinazioni contro lo stress, che lo vogliamo o no. In effetti, esiste anche una possibilità molto semplice per rafforzare la propria forza di resistenza psichica: a poco a poco, invecchiando.

I primi indizi sono offerti dalle ricerche attuali sulla felicità. La forza psichica non è affatto indipendente dalla felicità: è senza dubbio più facile parare i colpi del destino in una situazione in cui fondamentalmente ci si sente bene. La felicità però per tutte le persone è particolarmente grande in gioventù e poi tende a diminuire con continuità. Fino intorno alla metà della quarantina, la felicità diminuisce progressivamente, poi arriva la famosa e temuta crisi di mezza età. Ma c'è ancora speranza: se ci si lascia alle spalle il punto più basso intorno al cinquantesimo compleanno, poi per la maggior parte delle persone il senso di felicità ricomincia ad aumentare con continuità – e cresce, cresce fino a poco prima della morte, come racconta la neuroscienziata Tali Sharot: "Lo si osserva in generale in tutto il mondo, dalla Svizzera all'Ecuador, dalla Romania alla Cina". Quel che cambia è solo il momento in cui si raggiunge il punto più basso. Per i tedeschi in media si colloca a 42,9 anni, mentre gli inglesi ci arrivano già a 35,8 anni. Gli italiani invece hanno davanti a sé più anni felici, prima di raggiungere il minimo a 64,2 anni. Qualcuno non ci arriva mai.

Gli scienziati hanno già raccolto molti dati sulla curva a u della felicità, ma da che cosa può dipendere? Forse dal fatto che la vita dei trentenni e dei quarantenni è particolarmente impegnativa, quando si cerca di andare avanti professionalmente e al tempo stesso si hanno bambini piccoli, che hanno bisogno di attenzione? "No," dice Sharot, "non è questa la ragione." Perché la curva a u della felicità vale anche per le persone che non hanno figli. È indipendente anche dal livello d'istruzione, dal reddito, dai rapporti di coppia. "E si rileva addirittura anche nelle scimmie antropomorfe," dice il primatologo Alexander Weiss.

Recentemente Weiss ha chiesto al personale che cura 508 scimmie negli zoo una stima del benessere degli animali loro affidati. Il risultato è stato sorprendente: stando a quanti accudiscono questi animali, anche le scimmie soffrono di una crisi di mezza età. È possibile quindi che il punto di minimo a metà della vita non abbia a che fare con la civiltà umana, ma possieda un fondamento biologico e sia fissato nelle strutture cerebrali già alla nascita; oppure il fenomeno, per cui subito dopo aver raggiunto quel punto di minimo si ricomincia a salire, ha qualcosa a che vedere con l'apprendimento sociale.

Anche le crisi possono rendere resilienti

Verso quest'ultima interpretazione inclinerebbe Emmy Werner. Spesso, dice, i punti di svolta nella vita portano alla forza di cui si ha bisogno. È quello che può essere successo a Kauai, secondo l'esperienza di Werner, per esempio con l'ingresso nella vita lavorativa. L'immagine di sé dei giovani adulti, che a scuola avevano incontrato regolarmente difficoltà, a quel punto è cambiata, immediatamente, non appena hanno trovato un lavoro che li divertiva, in cui potevano mettere a frutto i loro punti di forza e potevano ottenere riconoscimento. Anche nella vita adulta si presentano continuamente punti di svolta di questo genere. Talvolta sono dovuti addirittura a una circostanza inizialmente infelice, per esempio quando si perde un posto di lavoro da cui si traeva più delusione che riconoscimento.

Molti dei giovani di Kauai avevano avuto anche una "sorta di illuminazione", dice Emmy Werner. Per qualcuno era successo dopo una malattia potenzialmente mortale in famiglia. "L'incontro ravvicinato con la morte li ha costretti a confrontarsi con la vita che avevano condotto fino a quel momento e a pensare alla possibilità di un cambiamento positivo," dice Werner, e aggiunge: "Le crisi rendono resilienti".

Lo pensava anche Rosmarie Welter-Enderlin, svizzera, terapeuta della famiglia e della coppia, oggi scomparsa: "A volte la resilienza viene alla luce solo nelle crisi più grandi, anche se nelle piccole ci si è sempre lamentati". Questo vale anche per le coppie, che mobilitano insieme le loro forze per salvare il loro rapporto. "La loro capacità di resilienza fino a quel punto può essere stata sommersa nelle turbolenze quotidiane o non essere stata visibile dall'esterno," diceva Welter-Enderlin. "Ma nelle crisi scoprono a volte delle capacità, di cui loro stessi non sapevano l'esistenza."

Nel loro insieme le crisi alla fine offrono, a chi ne sa trarre insegnamento, un'ampia gamma di strategie di superamento. "Non è tanto che si disponga di determinate risorse," spiega il pedagogista Michael Fingerle. "Se si devono affrontare delle difficoltà, dipende da come si impiegano le risorse che si hanno a disposizione." E questo si può imparare. Per esempio, aiuta riandare con la memoria regolarmente ai punti più bassi della propria vita – e ricordare come si è riusciti a superarli.

L'apprendimento sociale può anche essere il motivo per cui molti eventi negativi (anche se non tutti) non appaiono più tanto brutti, se si verificano una seconda volta. Questo vale per esempio per la separazione dal partner. "La separazione è uno degli eventi più stressanti che si possano vivere," scrivono Maike Luhmann e Michael Eid, psicologi dello sviluppo. "Il secondo divorzio però non viene più vissuto male come il primo." Le persone evidentemente si abituano alle ripetute separazioni. Questo non è necessariamente un effetto di ottundimento. Probabilmente le persone interessate hanno semplicemente imparato come si possa uscire meno distrutti da questa difficile situazione. Sanno che possono tornare a essere felici, un giorno, e magari anche trovare un nuovo partner.

La tranquillità dell'età avanzata

Quasi fino alla fine della vita si può aumentare la resilienza. "Le persone più anziane possono gestire meglio le difficoltà," sostiene anche George Bonanno. Di primo acchito questo può stupire, perché dalla metà della vita sono visibili "numerosi processi degenerativi, legati allo sviluppo, e molte perdite di funzionalità," come dice Ursula Staudinger, ricercatrice nel campo della gerontologia. Perciò per molto tempo gli esperti avevano dato per scontato che nell'età avanzata non ci potesse essere molto in termini di soddisfazione, di gioia di vivere e di forza psichica. Per le persone molto anziane è così – probabilmente perché le malattie nell'età più avanzata diventano sempre più debilitanti e l'efficienza e la mobilità ne sono fortemente limitate. Ma fino a pochi anni prima della morte è vero il contrario: la resilienza cresce.

"Nella vecchiaia si ha un tesoro di esperienze più cospicuo," dice lo psicologo Denis Gerstorf. Questo aiuta a superare le crisi. "Ci si conosce anche meglio e si sa come si affrontano le situazioni difficili." Infine, chiunque abbia vissuto a lungo ha alle spalle anche molte crisi risolte.

Non si tratta però solo di esperienze. "Nella vecchiaia in media si diventa anche più socievoli, più rilassati ed emotivamente più stabili," dice Ursula Staudinger. Questo dipende soprattutto dal fatto che le persone, con l'età, rafforzano automaticamente la loro capacità di adattamento sociale, e questo favorisce la stabilità delle reti, le buone relazioni e anche una maggiore accettazione delle cose che non si possono modificare. Non è affatto chiaro ancora da dove venga questa indulgenza, ma ci sono esperimenti che ne confermano l'esistenza.

Ute Kunzmann, psicologa dello sviluppo, ha potuto dimostrare in un esperimento che le persone anziane hanno una maggiore comprensione degli altri: ha presentato ai soggetti del suo test una breve sequenza cinematografica, con il litigio di una coppia. Questo ha agitato gli spettatori anziani meno dei giovani: reagivano in modo più rilassato e mostravano anche una maggiore empatia nei confronti dei litiganti.

Il carattere più tranquillo degli anziani porta cambiamenti anche nel modo in cui affrontano le situazioni difficili. "Nell'età avanzata la resilienza è sempre più orientata alle risorse esterne," dice Ursula Staudinger. "I problemi vengono più raramente risolti, ma invece relativizzati e accettati." Questo li rende più leggeri. Così la rilassatezza dà forza, in modo del tutto particolare, a quanti hanno già visto molto nella loro vita.

Come si conserva la forza

Si può dunque acquisire resilienza, ma purtroppo è vero che la si può anche perdere nuovamente. Persone che in molte situazioni hanno già avvertito la loro forza interiore, possono anche non affidarvisi. "La resilienza è un fenomeno molto dinamico, che può scomparire e riemergere di nuovo," dice Michael Fingerle. Chi per decenni è andato avanti nella vita con sicurezza, un giorno magari non ci riesce più, o perché la sua resilienza in conseguenza di eventi gravi si è ridotta o perché quella particolare situazione va a colpire proprio il punto vulnerabile della sua psiche.

Non è che le caratteristiche e le capacità che danno forza in una situazione lo facciano anche all'occasione successiva. Nessun tratto del carattere, nessuna condizione esterna sono sempre buoni o cattivi. "Quello che oggi è un fattore di difesa domani può rappresentare un fattore di rischio," dice il sociologo Bruno Hildenbrand. Così una forte coesione familiare può proteggere un bambino quando è piccolo ma può diventare un ostacolo quando viene il momento di staccarsi e iniziare una propria vita. Un altro esempio è la spiritualità: "Le esperienze spirituali possono essere molto d'aiuto nella vita," dice lo psicologo Friedrich Lösel, ma può anche succedere che le persone si perdano nelle sètte. "Ogni medaglia ha il suo rovescio," dice ancora Lösel. Se singoli fattori proteggano o minaccino la psiche, dipende sempre dal tempo e dal luogo. Così, l'essere paurosi non è una caratteristica che renda particolarmente forti; in una famiglia violenta, però, come abbiamo già visto, i bambini timorosi non tendono facilmente a violare le norme come i loro fratelli dotati di maggior fiducia in se stessi. La loro paura li protegge di fronte all'esplosione di aggressività.

"Non esiste una specifica caratteristica della resilienza," dice Jens Asendorpf. La resilienza risulta da un insieme di tratti diversi della personalità e di fattori esterni e ha una forma sempre diversa. "Si deve accettare che non si è sempre forti in tutte le situazioni," aggiunge Michael Fingerle. Conoscere i propri punti di forza e sapere da quali situazioni ci si deve guardare può costituire una difesa importante contro le sofferenze psichiche.

Friedrich Lösel consiglia poi di non porre troppe sfide alle proprie forze: "Se devi sostenere degli esami, non metterti anche a cambiar casa," dice. Mettersi alla prova, ma non esagerare. "Se ci si concentra su una o due sfide, si possono impiegare meglio le proprie risorse psichiche, rispetto a quando si sono aperti contemporaneamente quattro o cinque fronti."

Le circostanze esterne possono influire molto sulla forza distruttiva delle crisi: lo conferma Urs Hepp, psichiatra e terapeuta sistemico, che in passato ha sempre studiato le persone che, nonostante un incidente con gravi conseguenze fisiche, non avevano riportato ferite psichiche, per sapere come loro stesse se lo spiegavano.

Gli era capitato, per esempio, un paziente che aveva da poco superato i trent'anni quando, ubriaco, era caduto sui binari del treno dal marciapiede della stazione. Era sì in stato di ebbrezza, ma pienamente cosciente, così ha visto arrivare il treno senza riuscire a rialzarsi, e ha perso una gamba. Perché, nonostante tutto, questo è stato un bene per la sua vita psichica? Il suo capo gli aveva fatto visita in ospedale il primo giorno dopo l'incidente e gli aveva promesso che in ogni caso avrebbe potuto tornare al suo posto di lavoro, indipendentemente da quanto tempo avrebbe richiesto la sua ripresa. Così raccontava il giovane, e questo gli aveva infuso un senso di fiducia e di sicurezza che aveva influito positivamente su tutto il processo di riabilitazione.

In modo analogo ha contribuito alla propria sfortuna una donna, madre di tre figli, che aveva parcheggiato l'auto in discesa e si era dimenticata di tirare il freno a mano. Quando l'auto aveva cominciato a muoversi da sola, aveva cercato di fermarla e si era procurata ferite gravi. Psicologicamente però era rimasta illesa: "Era colpa mia, non potevo dare la colpa dell'incidente a nessun altro," spiegava. Era convinta che le sarebbe stato necessario molto più tempo, prima di tornare a lavorare, se qualcun altro avesse dimenticato di tirare il freno a mano.

Queste storie, e altre simili, che Urs Hepp ha sentito dai suoi pazienti, illustrano quanto influisca sul superamento di situazioni difficili anche il modo in cui le persone interessate vivono quelle circostanze. Hepp fa riferimento a una ricerca di Ulrich Schnyder e altri psichiatri dell'Università di Zurigo, che lo conferma. Il tempo per cui i pazienti rimangono infermi dopo un incidente dipende soprattutto dalla loro valutazione soggettiva della gravità dell'incidente stesso, che ha una scarsa correlazione con la situazione reale, racconta Hepp.

Visti tutti gli elementi imponderabili, anche per le persone forti vale comunque la pena continuare a lavorare alla propria forza. "Devo cercare di rimodulare in ogni situazione la mia resilienza," dice la sociologa Karena Leppert. Anche Friedrich Lösel consiglia di cercare di adattarsi duttilmente all'ambiente che muta: "Poniti una meta, ma non farla diventare un'ossessione". Le mete sono una cosa meravigliosa, possono rafforzare la fiducia in se stessi e l'autoefficienza percepita. "Ma bisogna anche non rimanere costantemente sotto pressione e in tensione," ammonisce Lösel. "Quando non si raggiunge la meta come si era previsto, bisogna proporsene una nuova."

Rimanete flessibili!

"Rimanere flessibili" è anche il consiglio principale dell'American Psychological Association: "Possedere resilienza significa avere flessibilità ed equilibrio anche nelle situazioni gravi". Questo può avvenire in vari modi:

1. Accogliete le emozioni forti. Ma fate anche attenzione a quando non è una buona idea. In certi momenti bisogna tenere sotto controllo le proprie emozioni per poter continuare a funzionare.

2. Affrontate i problemi in modo attivo e rispondete alle sfide della vita quotidiana. Ma qualche volta fate anche un passo indietro per riposare e riprendere le forze.

3. Trascorrete molto tempo con le persone che amate. Tutti hanno bisogno di sostegno e di incoraggiamento. Date questo incoraggiamento anche a voi stessi.

4. Abbiate fiducia negli altri e abbiate fiducia anche in voi stessi.

"Sono così stressato!" Il nostro contributo alla nostra vulnerabilità

Lo stress può immunizzare contro il crollo, ma può anche distruggere. Per ottenere l'immunità serve la dose giusta: è così per tutti i vaccini. È importante tirare il freno al momento giusto, ammonisce la Società tedesca per la psichiatria e la psicoterapia, la psicosomatica e la neurologia. Il rischio di burn-out cresce immensamente se "il singolo attribuisce al proprio ambito di lavoro un significato eccessivo in termini di autorealizzazione, autoaffermazione ed efficienza attesa". Se il lavoro esige sempre di più, vengono trascurati la famiglia e il tempo libero. Alla fine si rischia di cadere in una crisi psichica. "Per questo sono tanto più importanti la gestione dello stress e il rafforzamento delle risorse interiori."

Questo è il momento giusto per parlare con Gert Kaluza, psicologo dell'istituto GLM di psicologia della salute a Marburg, che da anni si occupa della gestione dello stress, tiene corsi e ha scritto numerosi libri sull'argomento.

È difficile trovarla al telefono – anche la sua giornata non sembra proprio priva di stress.
Ho molto da fare, sì. I clienti non mancano.

La vita delle persone diventa davvero sempre più stressante, come si dice spesso?
Non ne sono tanto sicuro. Ai tempi della Guerra dei trent'anni le cose probabilmente non andavano tanto meglio. Se si guarda alle interviste, le persone oggi si sentono molto stressate. E sono aumentati anche quelli che lo dichiarano.

Lei che ne sa così tanto, perché non se ne sta più a lungo sdraiato su un'amaca nei Mari del Sud?
Vivere su un'amaca non è l'obiettivo. Non è la mia vocazione, passare una vita senza sfide lungo un percorso di minima energia. È importante però avere un rapporto salutare con la propria energia. Ma è una cosa per cui non esiste una ricetta generale.

Perché no? Lo stress alla fine è anche un fenomeno biologico.

Giusto. Ma lo stress si manifesta in modo molto diverso nelle persone. Si tratta di una sensazione molto soggettiva. Il programma biologico per lo stress viene attivato quando una persona si trova in una situazione che le sembra importante. Si tratta sempre di ideali e motivazioni personali. E poi tutti affrontano lo stress in modo molto individuale: è necessario che ciascuno trovi il proprio modo personale di affrontarlo. Proprio per questo non si può formulare una ricetta generica.

Devo imparare allora a convivere con lo stress? Preferirei piuttosto eliminarlo.

In sé lo stress non è una cattiva cosa. Abbiamo bisogno di fasi di stress, per diventare migliori, per imparare cose nuove e per avere successo. Il nostro organismo è organizzato in questo modo. Il nostro programma biologico per lo stress è un catalizzatore importante del successo e della soddisfazione. Per questo consiglio a tutti di fare per prima cosa un inventario.

Un inventario di che cosa?

Ciascuno deve valutare quanta parte hanno le fasi stressanti e quelle non stressanti nella sua vita. L'obiettivo è trovare un equilibrio dinamico fra stress e rilassamento. Fasi di sfida, di attività e di impegno devono alternarsi a fasi di distanziamento, di rilassamento e di ricreazione. Questa è la vita vissuta! Anche negli sport agonistici c'è bisogno di fasi in cui ci si rigenera. L'allenatore di una grande squadra di calcio pianifica quelle fasi in modo mirato. Prima di una partita importante al mattino si fa solo un allenamento leggero di riscaldamento e al pomeriggio i giocatori si riposano.

E da dove si ricava che la vita debba prosperare nell'equilibrio? Chi lavora molto, spesso lo fa volentieri.

All'inizio magari lavorare molto paga. Rispetto ai colleghi che staccano all'orario dovuto si fa di più, magari si è stimati di più dall'azienda. Ma prima o poi arrivano i problemi di concentrazione e si commettono errori stupidi. È il primo segnale. Magari da principio non sono cose gravi. Si spediscono e-mail con informazioni sbagliate o si dimentica di rispondere a una lettera. Molti a quel punto cercano di lavorare ancora di più e ancora più a lungo.

È qui che entra in gioco il tanto citato burn-out?

Sì, queste persone a un certo punto hanno bisogno di farmaci per tirare avanti: stimolanti, per esempio. Partono dal falso presupposto di non poter ridurre il loro stress legato al lavoro. E così cercano di aumentare sempre di più la propria resistenza, finché non funziona più nulla. La maggior parte di queste persone cerca un aiuto solo dopo che sono crollate.

C'è un tipo ben definito di personalità che è predestinato al burn-out?

Difficile da dire. Ci sono tratti della personalità che sicuramente aumentano il pericolo. E sono sicuramente anche caratteristiche che nella nostra società vengono molto apprezzate. Per esempio la disponibilità a impegnarsi, l'identificazione con la propria professione, la disponibilità a mettersi in gioco per altri.

Tutte cose che non si possono cambiare completamente.

Sono caratteristiche fondamentali che non è necessario cambiare. Ma il tema dell'ozio è importante. È una cosa che si deve reimparare.

Non fare niente – quello che qualcuno trova seducente per altri è puro orrore.

Sì, a molti risulta difficile non fare niente. Non è neanche detto che sia il modo giusto di riprendersi per tutti. Per chi sta seduto tutto il giorno al lavoro davanti al computer e legge molto, andare in vacanza al mare e stare in spiaggia sulla sedia a sdraio con una pila di libri potrebbe essere la cosa sbagliata. Per lo stesso motivo per quelli che passano tutto il giorno in riunioni, e alla fine della settimana si chiedono che cosa hanno fatto, è meglio dedicarsi al giardinaggio o ai lavori domestici. Si possono ricostruire al meglio le proprie forze, quando si riesce a trovare un contrappunto alla propria giornata lavorativa.

Chi ha fatto pausa in misura sufficiente, deve poi rituffarsi nel lavoro?

Naturalmente. Quando si trova un equilibrio fra tensione e rilassamento, questo vuol anche dire che metà della vita deve essere difficile, esigente o complicata. Semplicemente non deve essere vissuta come eccessivamente opprimente. La soddisfazione e la salute psicologica in ogni caso non devono essere distrutte.

C'è stress e stress. In qualche caso lo si sente come una buona cosa, in altri è spaventosamente sgradevole. Bisogna tener conto nel proprio equilibrio anche di quello sgradevole?

Se ci sono cose che non si possono evitare, bisogna cercare di affrontarle con un atteggiamento interiore diverso, perché non risultino così stressanti. Noi la chiamiamo "competenza mentale per lo stress". Bisogna sviluppare un atteggiamento favorevole: accettare la realtà così com'è. Per questo è importante stabilire contro che cosa val la pena lottare e dove invece è meglio risparmiare le risorse. A quel punto si può anche riuscire ad accettare più facilmente l'inevitabile e ad affrontarlo. Molti si lasciano mettere sotto pressione dal loro stesso perfezionismo: possono imparare a dirsi che non devono per forza fare sempre tutto al massimo.

Qualche volta non è necessariamente il tipo di stress, ma semplicemente l'eccessiva quantità di impegni che bisogna soddisfare.

Allora bisogna come prima cosa chiarire quali sono le proprie priorità. Non va messo tutto sullo stesso piano. Che cosa è davvero importante? Bisogna darsi una risposta e poi elaborare il tutto passo per passo, senza cattiva coscienza. Spesso aiuta molto già dare una struttura a una settimana lavorativa strapiena. Sono utili in parte cose estremamente semplici, per esempio vedere quali impegni devono essere necessariamente sbrigati oggi, e scrivere in una lista delle cose da fare il giorno dopo il gran numero di compiti non assolti, per poi non pensarci più fino alla mattina successiva. Con le cose però che non si possono procrastinare bisogna darsi da fare. Se no alla fine ci si procura solo uno stress maggiore,

perché si sforano le scadenze, si mette in difficoltà il lavoro
di altri o i processi si accavallano. È importante fissare dei
confini. Proprio nella nostra società delle molte opzioni bisogna imparare assolutamente a dire di no. Anche a se stessi:
quanto è davvero importante per me avere il contratto più
favorevole per il cellulare? Cinque euro in più o in meno al
mese: posso anche semplicemente decidere che non me ne
voglio più preoccupare.

Che cosa è veramente stressante?

Per alcuni sono le faccende di cuore, che possono produrre le lacerazioni più profonde. Per altri può essere traumatico
quando i colleghi ne mettono in dubbio le prestazioni. Per
altri ancora il punto debole può essere la nostalgia. Inoltre
nelle culture occidentali esistono valori medi per il modo in
cui vengono percepiti stressanti i diversi eventi della vita.

Gli psichiatri americani Thomas Holmes e Richard Rahe
hanno sviluppato già più di quarant'anni fa una scala di qua-
rantatré circostanze negative. Hanno chiesto a circa 5000
pazienti quali fossero state le cose per loro importanti suc-
cesse nei mesi precedenti e le hanno messe in rapporto con le
malattie che avevano.

La Social Readjustment Rating Scale (o Scala dello stress
di Holmes e Rahe) può aiutare a valutare quanto siano importanti per la salute eventi negativi. Holmes e Rahe hanno
attribuito a tutti gli eventi un "valore di stress" compreso fra
0 e 100. Da tempo altri ricercatori hanno dimostrato che la
scala vale sia per le diverse etnie negli Stati Uniti, sia oltre i
confini culturali, fino alla Malesia e al Giappone.

Da notare che si tratta sia di avvenimenti che normalmente vengono vissuti come negativi, sia di accadimenti considerati positivi. Secondo gli psichiatri un caso è tanto più
stressante, quanto più numerosi sono gli ambiti della vita che
devono essere adattati alle nuove circostanze.

Rango	Evento	Valore di stress
1	Morte del partner	100
2	Divorzio	73
3	Separazione dal partner	65
4	Carcerazione	63
5	Morte di un parente stretto	63
6	Trauma o malattia personale	53
7	Matrimonio	50
8	Perdita del posto di lavoro	47
9	Riconciliazione con il partner	45
10	Pensionamento	45
11	Cambiamento nelle condizioni di salute di un familiare	44
12	Gravidanza	40
13	Problemi sessuali	39
14	Arrivo di un nuovo membro nella famiglia	39
15	Cambiamento nel lavoro	39
16	Variazione nel reddito	38
17	Morte di un amico stretto	37
18	Cambiamento di lavoro	36
19	Variazione nella frequenza delle discussioni con il partner	35
20	Stipula di un mutuo elevato	31
21	Richiesta anticipata di restituzione di un mutuo o di un prestito	30
22	Variazione delle responsabilità al lavoro	29
23	Un figlio esce di casa	29
24	Problemi con parenti acquisiti	29
25	Importante successo personale	28
26	Il partner inizia o smette di lavorare	26

27	Inizio o fine della scuola	26
28	Variazione nelle condizioni di vita	25
29	Cambiamento nelle abitudini personali	24
30	Problemi con i superiori	23
31	Cambiamento nell'orario o nelle condizioni di lavoro	20
32	Cambiamento di casa	20
33	Cambiamento di scuola	20
34	Cambiamento nelle attività di tempo libero	19
35	Cambiamento nelle attività di quartiere o della chiesa	19
36	Cambiamento nelle attività sociali	18
37	Mutuo o prestito non molto elevato	17
38	Cambiamento nelle abitudini di sonno	16
39	Cambiamento nel numero delle riunioni di famiglia	15
40	Cambiamento nelle abitudini alimentari	15
41	Vacanza	13
42	Natale	13
43	Piccola infrazione alla legge	11

Piccolo allenamento dell'attenzione

L'acqua luccica nella luce della sera. Scorre tra le dita lenta e calda. Striscioline di schiuma danzano qua e là seducenti sulle onde.

Non è una serata nei Mari del Sud, quella che si sta godendo Andrea Voigt. Sta ad Augsburg e sta sciacquando i piatti. Lava quelli che non hanno trovato posto nella lavastoviglie. Prima si è data da fare per togliere a mano lo sporco più resistente, per scrostare i residui rimasti attaccati alle pentole o per pulire i coltelli da cucina che non devono andare in lavastoviglie.

Andrea non si spingerebbe a dire che lavare i piatti sia il suo hobby preferito, ma fa attenzione a questa attività, non cerca più di togliersela di torno il più in fretta possibile. Prende consapevolmente una stoviglia dopo l'altra, la pulisce senza esitare e cerca di vederci il bello: come l'acciaio freddo si scalda sotto il getto d'acqua calda; e come dall'acqua calda alla fine emerge fra la schiuma una pentola tirata a lucido.

Andrea Voigt ha cambiato la sua concezione del lavare i piatti, direbbe Ulrike Anderssen-Reuster, specialista di psicosomatica che aiuta le persone ad avere un nuovo punto di vista sulla vita. Insegna l'attenzione, secondo il modello di un programma denominato Mindfulness-Based Stress Reduction, che ha sviluppato l'americano Jon Kabat-Zinn, biologo molecolare e medico, nel 1979.

Si tratta di diminuire lo stress, ma anche di trovare maggiormente senso nelle cose. "Le persone attente percepiscono di più, e questo migliora la qualità delle esperienze e della vita," dice Anderssen-Reuster. Si esercita la concentrazione sul momento, per osservare il meglio possibile l'ambiente circostante e se stessi, senza classificare i fenomeni come buoni o cattivi. Così spesso ciò che è spiacevole diventa meno spiacevole, perché l'addestramento all'attenzione nel complesso insegna a non dare valutazioni. Vale la pena di prendere la vita com'è.

"Portiamo con noi molte idee," dice Anderssen-Reuster. Anche molte negative: "Adesso mi tocca portare fuori la spazzatura!" oppure "La lavatrice ha finito e adesso devo ancora stendere!". Queste idee negative sulla spazzatura e sui panni da far asciugare possono però diventare positive, se si vivono queste attività momento per momento. Perché alla fine non è poi una cosa così terribile portar fuori la spazzatura. Si fa un passo dopo l'altro, con in mano un secchio. "E se nello stendere i panni si prende in mano ogni indumento consapevolmente, si sentono i punti umidi e li si stende sul filo con cura, interviene una certa tranquillità, che produce una sensazione positiva," conclude lo psicologo Stefan Schmidt.

Quando Schmidt consiglia ai suoi pazienti di prendere in considerazione la meditazione, molti da principio sobbalzano stupiti. Ma non si tratta di esoterismo, di guru o di LSD, come quando i Beatles alla fine degli anni sessanta hanno imparato la meditazione in India. Schmidt dirige un centro di ricerca su "Meditazione, attenzione e neurofisiologia" alla clinica dell'Università di Friburgo. Quello che lo interessa è la salute, e vi possono contribuire gli esercizi di concentrazione e di attenzione, che fanno parte della meditazione. Vanno in questa direzione ricerche di tutto il mondo.

Già agli inizi degli anni settanta ricercatori dell'Università di Harvard hanno scoperto che le tecniche di meditazione non solo rilassano spirito e corpo, ma riducono la pressione sanguigna e il consumo di ossigeno. In questo modo la meditazione può proteggere dalle conseguenze patologiche dello stress eccessivo, si è detto Jon Kabat-Zinn, e così ha iniziato a sviluppare il suo programma per la riduzione dello stress attraverso l'attenzione. I fondamenti di questo tipo di addestramento, oggi ampiamente riconosciuto, si possono apprendere in otto settimane.

Il libro di Kabat-Zinn, *Vivere momento per momento*, è diventato famosissimo. Questa tecnica peraltro sembra aiutare non solo le persone sane. Viene utilizzata anche per numerose malattie, fra le altre i disturbi alimentari e le dipendenze, i dolori cronici e le depressioni. Anche la Società tedesca per la psichiatria e la psicoterapia, la psicosomatica e la neurologia dice che esistono solo "poche strategie di prevenzione dimostratesi efficaci" contro il burn-out. Un'eccezione però è il programma di gestione dello stress basato sull'attenzione.

Chi soffre di depressione fa in misura di solito eccessiva quello che oggi fanno un po' tutti: pensare continuamente a se stessi. "Si va da un posto all'altro e per tutto il tempo si sta a rimuginare sulle proprie preoccupazioni," dice Anderssen-Reuster. "Può essere molto rilassante, però, uscire dal circolo vizioso dello scervellarsi e cominciare a raccogliere delle sensazioni."

Gli effetti terapeutici della meditazione sono stati stabiliti sin dagli inizi delle ricerche sui maestri di meditazione, già avanzati sulla via dell'illuminazione. Non è necessario però diventare monaci tibetani e vestire un saio rosso per trarre giovamento dalla meditazione. È quello che dice Stefan Schmidt ai suoi pazienti: gli esercizi di attenzione non aiutano solo i professionisti della meditazione. Arricchiscono tutti, sani o malati. Permettono di allenare semplicemente la rilassatezza e lo stato d'animo positivo attraverso gli esercizi di attenzione.

Chi ciononostante non vuole meditare, magari perché non sopporta di star seduto immobile anche solo cinque minuti, può cominciare a fare esercizi di attenzione nella vita quotidiana. Il trucco è "abitare le cose", invece di trovarle fastidiose e tenerle a distanza. Si può ridurre la pena di attività noiose e spiacevoli come la compilazione della denuncia dei redditi. Anche in quella si può trovare tranquillità e rilassamento. Bisogna semplicemente trattare in modo neutro i molti calcoli, mettere in ordine le ricevute, mettere le cifre nelle caselle giuste. E possibilmente durante tutte queste operazioni essere consapevoli della propria respirazione. La respirazione consapevole è uno degli esercizi fondamentali dell'attenzione, che si può allenare in qualunque momento, per esempio mentre si ha in mano un libro sulla resilienza.

Non sono solo i compiti spiacevoli quelli su cui l'attenzione ha un effetto sorprendentemente positivo. Chi, mentre va al lavoro, anziché il trascorrere del tempo nota il vento, osserva gli uccelli o guarda le molte persone che viaggiano con lui, con i loro diversi volti e i loro stili di abbigliamento, già ricava di più dalla vita. E invece di prestare attenzione al teppista che ha appena ignorato una precedenza, si può anche guardare con interesse come a qualcuno stia montando la collera e ci si può chiedere se quella collera sia sensata o se non faccia altro che liberare sentimenti negativi. Può darsi che l'altro non sia un egoista, magari semplicemente è stato disattento, immerso nelle sue preoccupazioni. Uno sguardo del genere rende più rilassata la quotidianità e sensibilmente più gradevole la vita.

"L'attenzione aiuta a imparare come sopportare le contrarietà della vita," riassume Stefan Schmidt. "Non importa di quale contrarietà si tratti nei singoli casi. Un capo antipatico, nel senso dello studio dell'attenzione, è una sfida del tutto analoga a un tumore." Sono centrali le domande: come mi comporto? Reagisco in un modo che mi fa soffrire ancora di più? Come posso superarlo in un senso positivo?

Fondamentalmente ciascuno può esercitarsi ogni giorno, ma è difficile, senza un aiuto professionale, o senza il sostegno di un gruppo ricco d'esperienza, dicono gli esperti. "Con l'aiuto delle tecniche di meditazione si impara a mantenere stabile l'attenzione," dice Schmidt. "Altrimenti scivola facilmente via."

Spesso tutti sono attenti nella loro vita; l'allenamento all'attenzione serve a sviluppare questa capacità in modo mirato, per poterla utilizzare nel quotidiano. Spesso guardiamo un panorama in un paese straniero con profondità e lo godiamo con tutti i sensi. Spesso siamo lieti con tutto il cuore, quando un bambino si accoccola fiducioso fra le nostre braccia. "Questa qualità dell'esperienza si può raggiungere anche con stimoli meno forti," dice Anderssen-Reuster.

Ma è naturalmente del tutto giusto a volte non essere attenti: bisogna prendere la vita com'è.

Introduzione all'arte di staccare

La tecnologia ha reso la vita più facile. Troviamo più rapidamente di prima i programmi del cinema, i numeri di telefono o i contatti. Le informazioni sulle persone che dobbiamo incontrare e i particolari dei prodotti importanti si trovano in internet in un baleno. E invece di preparare una lettera commerciale pomposa e formale, scriviamo tranquilli un paio di frasi, magari anche senza preoccuparci dell'ortografia, in un messaggio di posta elettronica. Eppure le persone lamentano oggi un carico di lavoro maggiore che in passato. Evidentemente non usiamo la tecnologia per essere più liberi, ma solo per caricarci di più lavoro. E così finiamo magari per dedicargli ancora più tempo di prima.

I lavoratori moderni tendono a sfruttare se stessi. Con l'aiuto del Web e degli smartphone si può lavorare in qualunque momento e ovunque. A volte è effettivamente un alleggerimento, che viene percepito anche come tale: se alla fine dell'orario di lavoro in ufficio non si sono potute sbrigare tutte le faccende importanti si sa che a casa si può rapidamente prenotare un volo o rispondere a una richiesta che è rimasta lì troppo tempo senza riscontro. Inizialmente tutto questo dà una buona sensazione.

Ma FERMA!

Anche se si tratta solo di un paio di minuti la sera, il non staccare mai dal lavoro neanche nel tempo libero e in vacanza, è un attacco pesante al riposo che è così necessario! Una vera sensazione di vacanza si genera solo dopo un paio di settimane, dicono i ricercatori.

Forse a quelli che sono sempre reperibili, agli utenti impenitenti di telefonino, internet, e-mail, smartphone, bisogna dirlo ancora con grande chiarezza: deve essere riposo!

Deve essere riposo, perché, se non si sta senza far nulla a riprendersi, ci si ammala. Deve essere ozio, perché è la fonte di nuove idee, di modi inusuali di affrontare un problema e del nostro potenziale creativo. Senza prendere un po' le distanze, senza fermarsi un po', non si riesce a guardare in modo nuovo le vecchie sfide. Senza ozio restiamo sempre sul sentiero già tracciato e cerchiamo di risolvere i nostri compiti sempre nello stesso modo.

Anche quelle persone cariche di energia e ricche di forza, che ancora godono di salute fisica e che pensano di averne a sufficienza, dovrebbero metterselo bene in testa: il cervello ha bisogno di riposo, per poter buttar via la zavorra e fare posto per il nuovo. Si fa spazio alla creatività solo con il non fare nulla.

Chi ha timori per la propria produttività può fidarsi delle ricerche: le persone che la sera staccano veramente lavorano meglio il giorno dopo. Lo ha riconfermato di recente la psicologa Sabine Sonnentag: "Quanto più una persona può allontanare dai suoi pensieri il lavoro, tanto più riposata e meno irritata sarà il mattino dopo," dice Sonnentag. Quelli che nel fine settimana si dedicano maggiormente al tempo libero e alla famiglia, iniziano la settimana con più slancio. Lavorano in modo più indipendente, con maggiore impegno e prendono più spesso l'iniziativa di nuovi progetti. "Studi empirici hanno mostrato che gli impiegati che nel tempo libero riescono a staccare e a non pensare al lavoro sono più soddisfatti della loro vita, mostrano meno sintomi di difficoltà psichica ma sono comunque impegnati nel loro lavoro," afferma Sonnentag.

Se ne sono resi conto anche alcuni datori di lavoro. I dipendenti della Daimler possono automaticamente respingere tutti i messaggi di posta elettronica che arrivano alla loro casella mentre sono in vacanza; chi ha spedito il messaggio ne viene informato e deve rivolgersi a qualcun altro o, se ha proprio bisogno di chi è assente, deve rimandargli un messaggio dopo il rientro dalle ferie. Nella maggior parte dei casi le richieste vengono soddisfatte dai colleghi e chi è in vacanza viene completamente sgravato.

Molti non vogliono e non possono più fare a meno di guardare la loro posta elettronica anche nel tempo libero, così il gruppo Volkswagen è ricorso a una misura un po' paternalistica: dopo le 18.15 la posta elettronica semplicemente non viene più inoltrata agli smarphone dei destinatari. Così la sera possono liberare la mente e rimettersi in forma per la giornata lavorativa seguente. Staccare nell'era di internet significa anche staccare la spina nel senso concreto del termine.

Il sonno è la forma più forte di ozio e come tale non è solo importante per la vita, ma è anche alla base di un buon apprendimento, come è stato da tempo dimostrato. "Dormire troppo poco fa ammalare, fa ingrassare e rimbecillire," dice Jürgen Zulley, ricercatore del sonno di Regensburg. Nel sonno il cervello è estremamente produttivo. Rielabora gli avvenimenti della giornata, seleziona, archivia ciò che è importante e butta via ciò che non lo è, e addirittura continua a imparare. Lo ha dimostrato un ricercatore di Harvard, Robert Stickgold, già nel 1999 con alcuni esperimenti clamorosi: ha dato dei compiti da svolgere al computer ai suoi studenti, che dovevano imparare a riconoscere nel modo più efficiente possibile dei codici a barre. Esercitandosi, gli studenti con il tempo miglioravano, ma riuscivano a ottenere un vero salto nelle prestazioni da un giorno all'altro – dopo che avevano dormito.

Bisognerebbe prendersi un po' di pausa anche durante il giorno, però – addirittura sul posto di lavoro. Le pause intermedie sono importanti quanto la serata libera e un adeguato riposo notturno. Nessuno deve sentirsi in colpa, se nel corso della giornata qualche volta si ferma a fissare nel vuoto la parete di fronte, a guardare dalla finestra o si gira i pollici senza concentrarsi su nulla. Anche in quei momenti il cervello rimane attivo, analizza i pensieri che vi si sono accumulati e li mette opportunamente di nuovo in ordine.

Tutti abbiamo avuto lampi d'ingegno, effetti "aha" e momenti "eureka": ma quando? Quando abbiamo smesso di cercare la soluzione di un problema con tutte le forze, con la fronte aggrottata. Le idee migliori nascono quando cessiamo di almanaccare, stacchiamo e lasciamo vagare liberamente i pensieri. A quel punto sembra che una potenza magica nel cervello rimescoli tutto quello che sappiamo, fino a che non salta fuori la risposta. Pensieri e ricordi diversi si incrociano in modi inaspettati, in quei momenti, e così all'improvviso emergono nuovi punti di vista, nuove idee e nuove conclusioni. "Mettete a confronto in modo consapevole e razionale tutte le argomentazioni, ma rimandate la decisione. Rilassatevi, dormiteci sopra. Le reti preconsce, intuitive nel vostro cervello porteranno a termine il lavoro per voi," consigliava Gerhard Roth, studioso del cervello.

Molte invenzioni innovative, come i comodissimi post-it, il rivestimento di teflon e le chiusure a strappo sono modi completamente nuovi di sfruttare conoscenze acquisite da tempo. Il sociologo Robert Merton ha riconosciuto per primo il principio, che ha chiamato "serendipità": "Il caso favorisce uno spirito preparato" è la sua sostanza. Questo vuol dire: i casi fortuiti succedono spesso, ma portano a qualcosa di davvero nuovo solo se qualcuno sa farsi condurre senza pregiudizi e sa interpretarli correttamente.

Queste righe vuote vi danno una possibilità di rilassarvi per un po' senza fare nulla:

....

....

....

....

"Pling!"

Ma come si fa a passare un po' di tempo senza pensare a nulla di preciso, quando già dopo neanche un minuto si sente un "pling" che annuncia l'arrivo di un'e-mail?

Via l'avviso acustico. È già abbastanza brutto che periodicamente ci mettiamo a guardare la casella di posta elettronica e così facendo perdiamo concentrazione e produttività, ma il "pling" praticamente ci costringe a farlo. Anche se decidiamo di non dedicarci ai messaggi ricevuti, siamo di nuovo buttati fuori dalla strada su cui mentalmente ci eravamo avviati. Dopo la lettura di un messaggio, gli scienziati hanno scoperto che ci vogliono diversi minuti per tornare a concentrarsi su quello che si stava facendo. Questa costante distrazione è un veleno per la nostra attenzione e la nostra produttività.

Che cosa penserebbe oggi di noi il matematico e filosofo francese Blaise Pascal, che già nel diciassettesimo secolo, nei suoi *Pensieri sulla religione* scriveva: "Tutta l'infelicità degli uomini viene dal fatto che non sono capaci di stare tranquilli in una stanza". Noi abbiamo portato in quella stanza tutto il mondo.

La nostra giornata è completamente interrotta dai continui messaggi e dalle telefonate. È un vero lusso, se ogni tanto si riesce a lavorare per una o due ore di fila senza essere distratti, ma è un lusso che ci si dovrebbe permettere. Per esempio, semplicemente chiudendo il programma di posta elettronica o silenziandolo: non è sufficiente guardare i messaggi in arrivo tre o quattro volte al giorno, in momenti predeterminati? Prima andavamo ogni due minuti a vedere la cassetta delle lettere? Non ci avrebbe dato fastidio se il postino avesse consegnato alla porta personalmente ogni lettera, a mano a mano che arrivavano nel corso della giornata, suonando ogni volta il campanello?

All'inizio è incredibilmente difficile lavorare offline, tanto siamo abituati a prestare continuamente attenzione alle e-mail, sempre curiosi di sapere che cosa ci abbia inviato qualcuno. Questo continuo guardare la casella della posta ha anche qualcosa di molto seducente. Solletica il desiderio intimo di notizie, comunicazione e contatto che tutti abbiamo. I messaggi, se non si tratta di circolari impersonali, significano che si partecipa a un discorso, che si riceve attenzione e che in qualche modo si è importanti. E infine è una buona sensazione poter sbrigare qualcosa, non lasciarsi sfuggire nulla ed essere costantemente attivi.

Ma anche se all'inizio sembra colpevole, ridicolo, doloroso o irritante, chi si abitua a lasciare a casa il telefonino quando va a fare una passeggiata e a chiudere il programma di posta elettronica quando deve concentrarsi su un lavoro, ne guadagna molto.

Poiché inizialmente risulta tanto difficile, i produttori di software hanno sviluppato strumenti per renderlo più facile. Il programma MacFreedom, per esempio, interrompe la connessione internet del computer per un periodo di tempo prestabilito; passato quell'intervallo, per tornare in internet bisogna spegnere e riavviare il pc. Questi programmi possono essere molto utili, per darsi la possibilità di ricordare quanto sia gratificante lavorare indisturbati.

Molti coraggiosi negli ultimi anni hanno raccontato le loro esperienze di distacco e disconnessione. All'inizio per tutti è stata dura, ma poi le cose sono andate meglio. Si scopre che subito si notano cose molto emozionanti, di cui non si ricordavano più l'esistenza e la bellezza: il proprio respiro, per esempio. Anche la semplice sensazione di essere qualcosa di più di una testa. E di essere vivi.

RINGRAZIAMENTI

Ringrazio il mio agente letterario Michael Gaeb, che mi ha dato l'idea di scrivere sul tema della resilienza non solo un articolo di giornale, ma un intero libro; è un tema di ampio respiro, che fino alla fine non mi ha annoiato neanche un attimo (e spero sia così anche per i miei lettori).

Un grande grazie va anche alla mia redattrice alla Deutsche Taschenbuch Verlag, Katharina Festner, che ha dato un incredibile sguardo d'insieme al libro, come non era riuscito nemmeno a me. Con la sua esperienza e la sua competenza non solo mi è stata di grande aiuto; ha anche saputo ricavare il meglio dal mio manoscritto.

Senza le molte persone intervistate, che mi sono state al fianco con le loro conoscenze, il progetto si sarebbe sviluppato con molta più difficoltà. Li ringrazio tutti, perché con colloqui a volte molto lunghi mi hanno messo a parte delle loro esperienze e delle loro conoscenze sullo stato della ricerca, perché potessi raccontarne ai miei lettori.

Per i consigli e le molte conversazioni devo ringraziare anche il collega Christian Weber, che ha condiviso generosamente con me le sue conoscenze tanto estese quanto profonde, risparmiandomi molte ricerche faticose.

Un grazie particolare a mia madre, Irmgard Berndt, che ha messo al secondo posto le sue attività e regolarmente ha attraversato la Germania per raggiungere Monaco e prendersi cura delle sue nipotine e darmi così la possibilità di portare a termine il libro.

Ma soprattutto ringrazio mio marito, Peter Keulemans, che in un momento senza dubbio professionalmente già impegnativo, in cui indagavo sulle irregolarità nei trapianti d'organo nelle cliniche universitarie tedesche, mi ha sostenuto in tutti i modi. Solo perché per mesi si è occupato delle nostre due figlie più spesso del solito ho potuto trovare abbastanza tempo, energia e forza di resistenza (psichica) per scrivere questo libro.

Ahnert, Lieselotte, Prof. Dr., Institut für Entwicklungspsychologie und Psychologische Diagnostik, Fakultät für Psychologie, Universität Wien.

Als, Heidelise, Ph.D., Department of Psychiatry, Neurobehavioral Infant and Child Studies, Children's Hospital, Boston (Massachusetts).

Alvaro, Celeste, Ph.D., Department of Psychology, Simon Fraser University, Burnaby, British Columbia.

Anderssen-Reuster, Ulrike, Dr., Zentrum für Psychische Gesundheit Weißer Hirsch, Klinik für Psychosomatik und Psychotherapie, Städtisches Krankenhaus, Dresden-Neustadt.

Angleitner, Alois, Prof. Dr. em., Fakultät für Psychologie und Sportwissenschaft, Abteilung für Psychologie, Universität Bielefeld.

Antonovsky, Aaron, Ph.D., Medizinsoziologe, già alla Ben-Gurion-University.

Asendorpf, Jens, Prof. Dr., Institut für Psychologie, Persönlichkeitspsychologie, Humboldt-Universität, Berlino.

Bakermans-Kranenburg, Marian, Prof. Dr., Faculteit der Sociale Wetenschappen Instituut Pedagogische Wetenschappen, Algemene en Gezinspedagogiek, Universiteit Leiden.

Bamberger, Christoph, Prof. Dr., Medizinisches Präventions-Centrum Hamburg, Universitätsklinikum Hamburg-Eppendorf.

Bender, Doris, Dr., Institut für Psychologie, Lehrstuhl für Psychologische Diagnostik, Universität Erlangen-Nürnberg.

Binder, Elisabeth, Dr., Arbeitsgruppe Molekulare Genetik der Depression, Max-Planck-Institut für Psychiatrie, Monaco.

Boehm, Julia, Department of Social and Behavioral Sciences, Harvard School of Public Health, Harvard University, Cambridge (Massachusetts).

Bonanno, George, Ph.D., Department of Psychology and Education, Clinical Psychology, Columbia University, New York.

Borst, Ulrike, Dr., Ausbildungsinstitut für systemische Therapie und Beratung in Meilen (Cantone Zurigo).

Bowler, Rosemarie, Ph.D., Psychology Department, San Francisco State University, San Francisco.

Boyce, Thomas, M.D., Child and Family Research Institute, Interdisciplinary Studies and Pediatrics, University of British Columbia, Vancouver (British Columbia).

Braun, Anna Katharina, Prof. Dr., Institut für Biologie, Abteilung Zoologie/Entwicklungsneurobiologie, Universität Magdeburg.

Brennan, Patricia, Ph.D., Department of Psychology, Clinical Psychology, Emory University, Atlanta (Georgia).

Bullinger, Monika, Prof. Dr., Institut für Medizinische Psychologie, Universitätsklinikum Hamburg-Eppendorf.

Calhoun, Lawrence, Ph.D., Department of Psychology, University of North Carolina, Charlotte (North Carolina).

Canli, Turhan, Ph.D., Psychology Department, Biopsychology, Stony Brook University, Stony Brook (New York).

Caspi, Avshalom, Ph.D., Institute for Genome Sciences and Policy, Department of Psychology and Neuroscience Psychiatry & Behavioral Sciences, Duke University, Durham (North Carolina).

Challen, Amy, Coordinator and Lead Researcher of Resilience Programme, Center for Economic Performance, London School of Economics and Political Science, Londra.

Costa, Paul, Ph.D., Scientist Emeritus, Laboratory of Behavioral Neuroscience, National Institute on Aging, National Institutes of Health, Bethesda (Maryland).

Craig, Jeffrey, Dr., Population Health, Genes & Environment, Early Life Epigenetics, Royal Children's Hospital, Victoria.

Daniel, Brigid, Ph.D., Department of Applied Social Science, Social Work Subject Group, University of Stirling, Stirling.

Davidson, Richard, Ph.D., Laboratory for Affective Neuroscience, University of Wisconsin-Madison, Madison (Wisconsin).

DelVecchio, Wendy, Ph.D., già al Department of Psychology, University of Tulsa, Tulsa (Oklahoma).

Diamond, Jared, Ph.D., Department of Geography, University of California in Los Angeles.

Draganski, Bogdan, Dr., Abteilung Neurologie, Max-Planck-Institut für Kognitions- und Neurowissenschaften, Lipsia.

Eid, Michael, Prof. Dr., Fachbereich Erziehungswissenschaft und Psychologie, Arbeitsbereich Methoden und Evaluation, Freie Universität Berlin, Berlino.

Eidelson, Roy, Ph.D., psicologo, Eidelson Consulting, Boston (Massachusetts).

Esteller, Manel, Dr., Cancer Epigenetics and Biology Program, Grupo de Epigenética del Cáncer, Università di Barcellona.

Fingerle, Michael, Prof. Dr., Fachbereich Erziehungswissenschaften, Institut für Sonderpädagogik, Goethe-Universität, Francoforte.

Fox, Nathan, Ph.D., Department of Human Development, Child Development Lab, University of Maryland, College Park (Maryland).

Frankl, Viktor, Prof. Dr., Klinik für Neurologie und Psychiatrie, Università di Vienna, scomparso nel 1997.

Fredrickson, Barbara, Ph.D., Positive Emotions and Psychophysiology Lab, University of North Carolina, Chapel Hill (North Carolina).

Freudenberger, Herbert, psicoanalista, già alla New York University e alla National Psychological Association for Psychoanalysis.

Garmezy, Norman, Ph.D., Emeritus of Psychology, University of Minnesota, Minneapolis (Minnesota).

Garssen, Bert, Dr., Helen Dowling Instituut, Utrecht.

Gerstorf, Denis, Prof. Dr., Institut für Psychologie, Entwicklungs- und pädagogische Psychologie, Humboldt-Universität, Berlino.

Gillham, Jane, Ph.D., Penn Resiliency Project, Department of Psychology, Positive Psychology Center, University of Pennsylvania, Philadelphia (Pennsylvania).

Göppel, Rolf, Prof. Dr., Institut für Erziehungswissenschaft, Pädagogische Hochschule Heidelberg.

Greve, Werner, Prof. Dr., Institut für Psychologie, Universität Hildesheim.

Grob, Alexander, Prof. Dr., Fakultät für Psychologie, Lehrstuhl für Entwicklungs- und Persönlichkeitspsychologie, Università di Basilea.

Harlow, Harry, Ph.D., Department of Psychology, University of Wisconsin-Madison, Madison (Wisconsin).

Heckman, James, Ph.D., Department of Economics, University of Chicago, Chicago (Illinois).

Hegerl, Ulrich, Prof. Dr., Klinik und Poliklinik für Psychiatrie und Psychotherapie, Università di Lipsia; presidente del Deutsches Bündnis gegen Depression.

Heim, Christine, Ph.D., Department of Psychiatry and Behavioral Sciences, Emory University School of Medicine, Atlanta (Georgia).

Heisenberg, Martin, Prof. Dr., Lehrstuhl Genetik und Neurobiologie, Biozentrum, Universität Würzburg.

Hepp, Urs, Dr., Ausbildungsinstitut für systemische Therapie und Beratung in Meilen (Cantone Zurigo) e Privatdozent für Psychiatrie und Psychotherapie, Medizinische Fakultät, Università di Zurigo.

Hildenbrand, Bruno, Prof. Dr., Institut für Soziologie, Arbeitsbereich Sozialisationstheorie und Mikrosoziologie, Università di Jena.

Hiroto, Donald, Ph.D., psicologo, Santa Monica (California).

Holland, Jimmie, M.D., Psychiatric Oncology, Memorial Sloan-Kettering Cancer Center, New York.

Holmes, Thomas, M.D., già alla University of Washington School of Medicine, Seattle (Washington).

Holsboer, Florian, Prof. Dr., Max-Planck-Institut für Psychiatrie, Monaco.

Holtmann, Martin, Prof. Dr., Klinik für Kinder- und Jugend-psychiatrie, Psychotherapie und Psychosomatik im LWL-Psychiatrieverbund Westfalen, Hamm.

Hosser, Daniela, Prof. Dr., Institut für Psychologie, Lehrstuhl für Entwicklungs-, Persönlichkeits- und Forensische Psychologie, Technische Universität Braunschweig.

Ittel, Angela, Prof. Dr., Pädagogische Psychologie, Institut für Erziehungswissenschaft, Technische Universität, Berlino.

Jacobi, Frank, Prof. Dr., Klinische Psychologie (Schwerpunkt Verhaltenstherapie), Psychologische Hochschule, Berlino.

Jaenisch, Rudolf, Ph.D., Massachusetts Institute of Technology e Whitehead Institute for Biomedical Research, Cambridge (Massachusetts).

Jaursch, Stefanie, Prof. Dr., Institut für Psychologie, Università di Erlangen-Norimberga.

Kabat-Zinn, Jon, Ph.D., già alla Stress Reduction Clinic e al Center for Mindfulness in Medicine, Health Care, and Society della University of Massachusetts Medical School, Worcester (Massachusetts).

Kaluza, Gert, Prof. Dr., GKM-Institut für Gesundheitspsychologie, Marburg.

Kappauf, Herbert, Dr., Facharzt für Psychosomatische Medizin und Psychotherapie, Internistische Schwerpunktpraxis, MediCenter, Starnberg.

Kendler, Kenneth, M.D., Virginia Institute for Psychiatric and Behavioral Genetics, Virginia Commonwealth University, Richmond (Virginia).

Kilpatrick, Dean, Ph.D., Department of Psychiatry and Behavioral Sciences, Medical University of South Carolina, Charleston (South Carolina).

Kim-Cohen, Julia, Ph.D., Department of Psychology, Yale University, New Haven (Connecticut).

Kirschbaum, Clemens, Prof. Dr., Lehrstuhl für Biopsychologie, Technische Universität, Dresda.

Klengel, Torsten, Dr., Arbeitsgruppe Molekulare Genetik der Depression, Max-Planck-Institut für Psychiatrie, Monaco.

Koenen, Karestan, Ph.D., School of Public Health, Harvard University, Cambridge (Massachusetts).

Kormann, Georg, Dr., psicoterapeuta dell'infanzia e dell'adolescenza a Mosbach e docente di Psicologia alla Pädagogische Hochschule di Gmünd.

Kunzmann, Ute, Prof. Dr., Institut für Psychologie, Lehrstuhl für Entwicklungspsychologie, Università di Lipsia.

Lamb, Michael, Ph.D., docente di Psicologia, Università di Cambridge, Cambridge.

Landgraf, Rainer, Prof. Dr., Arbeitsgruppe Verhaltens-neuroendokrinologie, Max-Planck-Institut für Psychiatrie, Monaco.

Laucht, Manfred, Prof. (on.) Dr., Abteilung Psychiatrie und Psychotherapie des Kindes und Jugendalters, Arbeitsgruppe Neuropsychologie des Kindes und Jugendalters, Zentralinstitut für Seelische Gesundheit, Mannheim.

Lederbogen, Florian, Prof. Dr., Abteilung Psychiatrie und Psychotherapie, Arbeitsgruppe Stressbezogene Erkrankungen, Zentralinstitut für Seelische Gesundheit, Mannheim.

Leppert, Karena, Dr., Institut für Psychosoziale Medizin und Psychotherapie, Universitätsklinikum Jena.

Lesch, Klaus-Peter, Prof. Dr., Klinik und Poliklinik für Psychiatrie, Psychosomatik und Psychotherapie, Forschungsschwerpunkt Molekulare Psychiatrie, Universitätsklinikum Würzburg.

Lester, Paul, Ph.D., Department of Behavioral Sciences and Leadership, United States Military Academy, West Point (New York).

Lösel, Friedrich, Prof. Dr., Institut für Psychologie, Università di Erlangen-Norimberga; Institute of Criminology, Università di Cambridge, Cambridge.

Lucas-Thompson, Rachel, Ph.D., Assistant Professor of Human Development and Family Studies, Colorado State University, Fort Collins (Colorado).

Luhmann, Maike, Dr., Fachbereich Erziehungswissenschaft und Psychologie, Arbeitsbereich Methoden und Evaluation, Freie Universität, Berlino.

Lyons, David, M.D., Department of Psychiatry & Behavioral Science, Stanford School of Medicine, Stanford (California).

Maercker, Andreas, Prof. Dr., Psychologisches Institut, Psychopathologie und Klinische Intervention, Università di Zurigo.

Maier, Steven, Ph.D., Department of Psychology and Neuroscience, University of Colorado, Boulder (Colorado).

Maier, Wolfgang, Prof. Dr., Klinik und Poliklinik für Psychiatrie und Psychotherapie, Universitätsklinikum Bonn; presidente della Deutsche Gesellschaft für Psychiatrie und Psychotherapie, Psychosomatik und Nervenheilkunde.

May, Arne, Prof. Dr., Institut für Systemische Neurowissenschaften, Universitätsklinikum Hamburg-Eppendorf.

Mayr, Toni, Psicologo, Staatsinstitut für Frühpädagogik, Monaco.

McCrae, Robert, Ph.D., Senior Investigator, Personality, Stress and Coping Section, Laboratory of Personality and Cognition, National Institute on Aging, National Institutes of Health, Bethesda (Maryland).

McFarland, Cathy, Ph.D., Department of Psychology, Simon Fraser University, Burnaby, British Columbia.

Meaney, Michael, Ph.D., Departments of Psychiatry and Neurology & Neurosurgery, McGill University, Montreal (Québec).

Merton, Robert, Ph.D., già docente di Sociologia, Columbia University, New York.

Meyer-Lindenberg, Andreas, Prof. Dr., Zentralinstitut für Seelische Gesundheit, Mannheim.

Mitte, Kristin, Dr., Fakultät für Sozial- und Verhaltenswissenschaften, Institut für Psychologie, Università di Jena.

Moffitt, Terrie, Ph.D., Institute for Genome Sciences and Policy, Department of Psychology and Neuroscience Psychiatry & Behavioral Sciences, Duke University, Durham (North Carolina); Dunedin Multidisciplinary Health and Development Research Unit, Dunedin School of Medicine, Dunedin.

Mortimer, Jeylan, Ph.D., Department of Sociology, University of Minnesota, Minneapolis (Minnesota).

Mund, Marcus, Fakultät für Sozial- und Verhaltenswissenschaften, Institut für Psychologie, Università di Jena.

Nelson, Charles, Ph.D., Division of Developmental Medicine, Laboratories of Cognitive Neuroscience, Boston Children's Hospital, Boston (Massachusetts).

Nestler, Eric, M.D., Ph.D., Department of Psychiatry, Neuroscience, Mount Sinai Medical Center, New York.

Obradovic, Jelena, School of Education, Stanford University, Stanford (California).

Olshansky, Stuart Jay, Ph.D., Institute of Epidemiology, School of Public Health, University of Illinois at Chicago, Chicago (Illinois).

Ostendorf, Fritz, Dr., Fakultät für Psychologie und Sportwissenschaft, Abteilung für Psychologie, Università di Bielefeld.

Pauen, Sabina, Prof. Dr., Psychologisches Institut, Abteilung für Entwicklungspsychologie und Biologische Psychologie, Università di Heidelberg.

Petermann, Franz, Prof. Dr., Zentrum für Klinische Psychologie und Rehabilitation, Università di Brema.

Pieper, Georg, Dr., Praxis für Trauma- und Stressbewältigung, Friebertshausen bei Marburg.

Pitman, Roger, M.D., Department of Psychiatry, Massachusetts General Hospital, Boston (Massachusetts).

Pollak, Seth, Ph.D., Department of Psychology, Child Emotion Lab, University of Wisconsin-Madison, Madison (Wisconsin).

Price, Cathy, Ph.D., Institute of Cognitive Neuroscience, University College London, Londra.

Rahe, Richard, M.D., già us Navy; University of Washington School of Medicine, Seattle (Washington).

Raine, Adrian, Departments of Criminology, Psychiatry, and Psychology, University of Pennsylvania, Philadelphia (Pennsylvania).

Rehan, Virender, M.D., Professor of Pediatrics, Division of Neonatology, Harbor-UCLA Medical Center, Torrance (California).

Reivich, Karen, Ph.D., Penn Resiliency Project, Department of Psychology, Positive Psychology Center, University of Pennsylvania, Philadelphia (Pennsylvania).

Richter, Horst-Eberhard, Prof. Dr., già docente di Psicosomatica, Università di Gießen; Sigmund-Freud-Institut, Francoforte.

Roberts, Brent, Ph.D., Department of Psychology, Division Social-Personality, University of Illinois, Urbana-Champaign (Illinois).

Robinson, Gene, Ph.D., Department of Entomology and Institute for Genomic Biology, University of Illinois, Urbana-Champaign (Illinois).

Roseboom, Tessa, Ph.D., Dutch Famine Birth Cohort Study, Academisch Medisch Centrum, Università di Amsterdam.

Roth, Gerhard, Prof. Dr., Institut für Hirnforschung, Abteilung Verhaltensphysiologie und Entwicklungsneurobiologie, Università di Brema.

Ruch, Willibald, Prof. Dr., Psychologisches Institut, Fachgruppe Persönlichkeitspsychologie und Diagnostik, Università di Zurigo.

Saffery, Richard, Dr., Department of Cell Biology, Development and Disease, Institute of Cancer & Disease Epigenetics, Royal Children's Hospital, Victoria.

Scheithauer, Herbert, Prof. Dr., Fachbereich Erziehungswissenschaft und Psychologie, Arbeitsbereich Entwicklungswissenschaft und Angewandte Entwicklungspsychologie, Freie Universität, Berlino.

Scherl, Hermann, Prof. Dr. em., già Professor für Sozialpolitik, Università di Erlangen-Norimberga.

Schmidt, Stefan, Prof. Dr., Institut für Umweltmedizin und Krankenhaushygiene, Komplementärmedizinische Evaluationsforschung, Universitätsklinikum Freiburg.

Schnyder, Ulrich, Prof. Dr., Ordinarius für Poliklinische Psychiatrie und Psychotherapie, Medizinische Fakultät, Università di Zurigo.

Schumann, Monika, Prof. Dr., Fachbereich Heilpädagogik, Katholische Hochschule für Sozialwesen, Berlino.

Schwarzer, Ralf, Univ.-Prof. Dr., Fachbereich Erziehungswissenschaft und Psychologie, Arbeitsbereich Gesundheitspsychologie, Freie Universität, Berlino.

Seery, Mark, Ph.D., Department of Psychology, University at Buffalo, Buffalo (New York).

Seligman, Martin, Ph.D., Department of Psychology, University of Pennsylvania, Philadelphia (Pennsylvania).

Selye, Hans, Ph.D., M.D., D. Sc., già alla McGill University, Montreal, Canada.

Sharot, Tali, Ph.D., Division of Psychology and Language Sciences, Faculty of Brain Sciences, University College London, Londra.

Soldz, Stephen, Ph.D., Boston Graduate School of Psychoanalysis, Boston (Massachusetts).

Sonnentag, Sabine, Prof. Dr., Fachbereich Psychologie, Lehrstuhl für Arbeits und Organisationspsychologie, Università di Mannheim.

Staff, Jeremy, Ph.D., Department of Crime, Law, and Justice and Sociology, Penn State University, University Park (Pennsylvania).

Stangl, Werner, Prof. Dr., Abteilung für Pädagogik und Pädagogische Psychologie, Johannes-Kepler-Universität di Linz.

Staudinger, Ursula, Prof. Dr., Jacobs Center on Lifelong Learning and Institutional Development, Jacobs University, Brema.

Stickgold, Robert, Ph.D., Division of Sleep Medicine, Center for Sleep and Cognition, Harvard Medical School, Cambridge (Massachusetts).

Szyf, Moshe, Ph.D., Pharmacology and Therapeutics, McGill University, Montreal (Québec).

Tedeschi, Richard, Ph.D., Department of Psychology, Health Psychology, University of North Carolina, Charlotte (North Carolina).

Thorn, Petra, Dr., terapeuta della coppia e della famiglia, Mörfelden.

Torday, John, Ph.D., Professor of Pediatrics and Obstetrics/Gynecology, Division of Neonatology, Harbor-UCLA Medical Center, Torrance (California).

Tscharnezki, Olaf, Dr., medico del lavoro, Unilever Deutschland, Hamburg.

Turecki, Gustavo, M.D., Ph.D., McGill Group for Suicide Studies (MGSS), McGill University, Montreal (Québec).

Uddin, Monica, Ph.D., Assistant Professor in the Center for Molecular Medicine and Genomics, Wayne State University School of Medicine, Detroit (Michigan).

Ulich, Michaela, Dr., già referente scientifica allo Staatsinstitut für Frühpädagogik, Monaco.

Van Ryzin, Mark, Ph.D., Child and Family Center, University of Oregon, Eugene (Oregon).

Walsh, Froma, Ph.D., Chicago Center for Family Health und Department of Psychiatry, University of Chicago (Illinois).

Weiss, Alexander, Dr., Scottish Primate Research Group, Department of Psychology, School of Philosophy, Psychology and Language Sciences, The University of Edinburgh, Edimburgo.

Welter-Enderlin, Rosmarie, già direttrice dello Ausbildungsinstitut für systemische Therapie und Beratung di Meilen (Cantone Zurigo) e docente all'Università di Zurigo.

Werner, Emmy, Ph.D., Department of Human and Community Development, University of California, Davis (California).

Wittchen, Hans-Ulrich, Prof. Dr., Institut für Klinische Psychologie und Psychotherapie, Technische Universität, Dresda.

Wustmann Seiler, Corina, Projekt Bildungs- und Resilienzförderung im Frühbereich, Marie-Meierhofer-Institut für das Kind, Zurigo.

Yehuda, Rachel, Ph.D., Department of Psychiatry and Neuroscience, Traumatic Stress Studies Division, Mount Sinai School of Medicine, New York.

Zeanah, Charles, Ph.D., Psychiatry and Behavioral Sciences, Institute of Infant and Early Childhood Mental Health, Tulane University, New Orleans (Louisiana).

Zierath, Juleen, Prof. Dr., Clinical Integrative Physiology, Karolinska-Institut, Stoccolma.

Zöllner, Tanja, Dr., Schön-Kliniken Roseneck, Zentrum für Psychosomatische Medizin, Prien.

Zulley, Jürgen, Prof. Dr. , già direttore dello Schlafmedizinisches Zentrum, Universitätsklinikum Regensburg.

1. Forza cercasi

Lo stress quotidiano
Berndt C. (2010), "Von allem zuviel", *Wohlfühlen*, 15, dicembre.
Lederbogen F., Kirsch P., Haddad L., Streit F., Tost H., Schuch P., Wüst S., Pruessner J.C., Rietschel M., Deuschle M. e Meyer-Lindenberg A. (2011), "City living and urban upbringing affect neural social stress processing in humans", *Nature*, 474, p. 498.
Luhmann M. ed Eid M. (2009), "Does it really feel the same? Changes in life satisfaction following repeated life events", *Journal of Personality and Social Psychology*, 97, p. 363.
Selye H. (1936), "A syndrome produced by diverse nocuous agents", *Nature*, 138, p. 32.

Quando all'anima manca l'armatura
Boehm J.K., Peterson C., Kivimaki M. e Kubzansky L.D. (2011), "Heart health when life is satisfying: Evidence from the Whitehall II cohort study", *European Heart Journal*, 32, p. 2672.
Deutsche Gesellschaft für Psychiatrie und Psychotherapie, "Psychosomatik und Nervenheilkunde" (2012), *Positionspapier zum Thema Burnout*, 7 marzo.
Freudenberger H. (1974), "Staff burn-out", *Journal of Social Issues*, 30, p. 159.
Liesemer D. (2011), "Ausgebrannt am Arbeitsplatz", GEO *Wissen*, 1 novembre.

Lohmann-Haislah A. (2012), *Stressreport Deutschland 2012. Psychische Anforderungen, Ressourcen und Befinden*, Bundesanstalt für Arbeitsschutz und Arbeitsmedizin, Dortmund.

Olshansky S.J. (2011), "Aging of us presidents", *Journal of the American Medical Association*, 306, p. 2328.

Pan A., Sun Q., Okereke O.I., Rexrode K.M. e Hu F.B. (2011), "Depression and risk of stroke morbidity and mortality: A meta-analysis and systematic review", *Journal of the American Medical Association*, 306, p. 1241.

Towfighi A., Valle N., Markovic D. e Ovbiagele B. (2013), "Depression is associated with higher risk of death among stroke survivors", *American Academy of Neurology 2013 Annual Meeting*, Abstract 3498.

Weber C. (2011), "Epidemie des 21. Jahrhunderts? Die Zahl der psychischen Störungen nimmt nicht dramatisch zu, aber ihre absolute Häufigkeit wird unterschätzt", *Süddeutsche Zeitung*, 12 marzo.

Wittchen H.U., Jacobi F., Rehm J., Gustavsson A., Svensson M., Jönsson B., Olesen J., Allgulander C., Alonso J., Faravelli C., Fratiglioni L., Jennum P., Lieb R., Maercker A., van Os J., Preisig M., Salvador-Carulla L., Simon R. e Steinhausen H.C. (2011), "The size and burden of mental disorders and other disorders of the brain in Europe 2010", *European Neuropsychopharmacology*, 21, p. 655.

Test: quanto sono stressato?
Stangl W.: http://arbeitsblaetter.stangl-taller.at/

Le crisi
La madre che ha perso il figlio

Hönscheid U. (2005), *Drei Kinder und ein Engel. Ein tödlicher Behandlungsfehler und der Kampf einer Mutter um die Wahrheit*, Pendo-Verlag, Monaco.

L'uomo che pretendeva troppo da se stesso

Witte H. (2011), "Hart am Wind. Thorsten Rarreck, 47, Mannschaftsarzt des Fußball-Bundesligisten Schalke 04, über den Rücktritt des am Burn-out-Syndrom erkrankten Trainers Ralf Rangnick", *Der Spiegel*, 26 settembre.

La donna che ha perso la sua identità

Berndt C. (2007), "Auf der Suche nach dem Ich. Immer mehr Kinder anonymer Samenspender drängen darauf, die Namen ihrer biologischen Väter zu erfahren", *Süddeutsche Zeitung*, 17 dicembre.

Quelli che sono sfuggiti all'omicida

Pracon A. (2012), *Hjertet mot steinen. En overlevendes beretning fra Utøya*, Verlag Cappelen Damm, Oslo.

L'handicappato grave

Bruno M.A., Bernheim J.L., Ledoux D., Pellas F., Demertzi A. e Laureys S. (2011), "A survey on self-assessed well-being in a cohort of chronic locked-in syndrome patients: Happy majority, miserable minority", *British Medical Journal Open*, 1, DOI: 10.1136/bmjopen-2010-000039.

Lucas R.E. (2007), "Long-term disability is associated with lasting changes in subjective well-being: Evidence from two nationally representative longitudinal studies", *Journal of Personality and Social Psychology*, 92, p. 717.

La sequestrata

Amend C. (2006), "Wir können von Natascha nur lernen: Der Psychoanalytiker Horst-Eberhard Richter kritisiert den Voyeurismus seiner Kollegen im Fall Kampusch und erzählt von seinen eigenen Erfahrungen in Isolationshaft", *Die Zeit*, 21 settembre.

Brüning A. (2006), "Der starke Wille dieser jungen Frau ist bemerkenswert: Die Psychologin Daniela Hosser über Natascha Kampusch". *Berliner Zeitung*, 8 settembre.

Kampusch N. (2012), "3096 Tage", Ullstein Taschenbuch Verlag, Berlino.

2. Che cosa contraddistingue nella vita quotidiana le persone resistenti?

La forza di resistenza poggia su molti pilastri

Bender D. e Lösel F. (1997), "Protective and risk effects of peer relations and social support on antisocial behaviour in adolescents from multiproblem milieus", *Journal of Adolescence*, 20, p. 661.

Berndt C. (2010), "Das Geheimnis einer robusten Seele: Wer früh erfahren hat, dass er anderen etwas bedeutet, findet auch nach

Schicksalsschlägen neuen Mut", *Süddeutsche Zeitung*, 30 ottobre.

Borst U. (2012), "Von psychischen Krisen und Krankheiten, Resilienz und Sollbruchstellen", in Welter-Enderlin R. e Hildenbrand B. (a cura di), *Resilienz – Gedeihen trotz widriger Umstände*, Verlag Carl Auer, Heidelberg.

Shamai M., Kimhi S. e Enosh G. (2007), "Social systems and personal reactions to threats of war and terror", *Journal of Social and Personal Relationships*, 24, p. 747.

Werner E. (1992), "The Children of Kauai: Resiliency and recovery in adolescence and adulthood", *Journal of Adolescent Health*, 13, p. 262.

Wustmann C. (2005), "Die Blickrichtung der neueren Resilienzforschung: Wie Kinder Lebensbelastungen bewältigen", *Zeitschrift für Pädagogik*, 2, p. 192.

Chi è forte spesso si conosce particolarmente bene

Berndt C. (2011), "Von der Melancholie der Insekten. Was Psychiater von Fruchtfliegen und Hamstern über Erkrankungen der menschlichen Seele lernen können", *Süddeutsche Zeitung*, 16 febbraio.

Eisenstein E.M. e Carlson A.D. (1997), "A comparative approach to the behavior called 'learned helplessness'", *Behavioural Brain Research*, 86, p. 149.

Seligman M.E. e Maier S.F. (1967), "Failure to escape traumatic shock", *Journal of Experimental Psychology*, 74, p. 1.

Wassell S. (2008), *The early years. Assessing and promoting resilience in vulnerable children 1*, Jessica Kingsley Publishers, Londra.

Che cosa rafforza e che cosa indebolisce

Lösel F. e Farrington D. (2012), "Direct protective and buffering protective factors in the development of youth violence", *American Journal of Preventive Medicine*, 43, p. 8.

L'errore del cuorcontento: resilienza e salute

Bowler R.M., Harris M., Li J., Gocheva , Stellman S.D., Wilson K., Alper H., Schwarzer R. e Cone J.E., "Longitudinal mental health impact among police responders to the 9/11 terrorist attack", *American Journal of Industrial Medicine*, 55, p. 297.

Garmezy N. (1991), "Resilience in children's adaptation to negative life events and stressed environments", *Pediatric Annals*, 29, p. 459.

Mancini A.D. e Bonanno G.A. (2010), "Resilience to potential trauma: toward a lifespan approach", in Reich J., Zautra A.J. e Hall J.S. (a cura di) (2010), *Handbook of adult resilience*, Guilford Press, New York.

Schröder K., Schwarzer R. e Konertz W. (1998), "Coping as a mediator in recovery for cardiac surgery", *Psychology and Health*, 13, p. 83.

Strauss B., Brix C., Fischer S., Leppert K., Füller J., Röhrig B., Schleussner C., Wendt T.G. (2007), "The influence of resilience on fatigue in cancer patients undergoing radiation therapy (RT)", *Journal of Cancer Research and Clinical Oncology*, 133, p. 511.

Walsh F. (1998), "The resilience of the field of family therapy", *Journal of Marital and Family Therapy*, 24, p. 269.

Welter-Enderlin R. e Hildenbrand B. (a cura di) (2012), *Resilienz – Gedeihen trotz widriger Umstände*, Verlag Carl Auer, Heidelberg.

È permesso rimuovere

Bonanno G.A., Brewin C.R., Kaniasty K. e La Greca A.M. (2010), "Weighing the costs of disaster: Consequences, risks, and resilience in individuals, families, and communities", *Psychological Science in the Public Interest*, 11, p. 1.

Garssen B. (2007), "Repression: Finding our way in the maze of concepts", *Journal of Behavioral Medicine*, 30, p. 471.

Mund M. e Mitte K. (2012), "The costs of repression: A meta-analysis on the relation between repressive coping and somatic diseases", *Health Psychology*, 31, p. 640.

Sharot T., Korn C.W. e Dolan R.J. (2011), "How unrealistic optimism is maintained in the face of reality", *Nature Neuroscience*, 14, p. 1475.

Weber C. (2012), "Der Körper schlägt zurück. Seit Sigmund Freud erstmals über Verdrängung geschrieben hat, streiten Forscher über diesen Begriff. Eine Studie zeigt nun, dass unterdrückte Gefühle mit Krankheiten zumindest zusammenhängen", *Süddeutsche Zeitung*, 30 novembre.

Crescere nella sfortuna

Frankl E. (2005), *Der Wille zum Sinn*, Verlag Hans Huber, Berna.

Fredrickson B.L., Tugade M.M., Waugh C.E. e Larkin G.R. (2003), "What good are positive emotions in crises? A prospective study of resilience and emotions following the terrorist attacks on the United States on September 11th, 2001", *Journal of Personality and Social Psychology*, 84, p. 365.

Holland J.C. e Lewis S. (2001), *The human side of cancer: living with hope, coping with uncertainty*, Harper Perennial, New York.

McFarland C, e Alvaro C. (2000), "The impact of motivation on temporal comparisons: Coping with traumatic events by perceiving personal growth", *Journal of Personality and Social Psychology*, 79, p. 327.

Nietzsche F. (2005), *Ecce homo – Wie man wird, was man ist*, Deutscher Taschenbuch Verlag, Monaco [tr. it. *Come si diventa ciò che si è*, Feltrinelli, Milano].

Paulsen S. (2009), "Wenn das Leben ins Wanken gerät", GEO *Wissen*, 1 giugno.

Smith S.G. e Cook S. (2004), "Are reports of PTG positively biased?", *Journal of Trauma and Stress*, 12, p. 353.

Tedeschi R.G. e Calhoun L.G. (1996), "The posttraumatic growth inventory: Measuring the positive legacy of trauma", *Journal of Traumatic Stress*, 9, p. 455.

Tedeschi R.G., Park C.L. e Calhoun L.G. (a cura di) (1998), *Posttraumatic growth: positive changes in the aftermath of crisis*, Psychology Press, New York.

Wortman C.B. (2004), "Posttraumatic growth: Progress and problems", *Psychological Inquiry*, 15, p. 81.

Zöllner T. e Maercker A. (2006), "Posttraumatic growth in clinical psychology 10 – a critical review and introduction of a two component model", *Clinical Psychology Review*, 26, p. 626.

Zöllner T., Rabe S., Karl A. e Maercker A. (2008), "Posttraumatic growth in accident survivors: Openness and optimism as predictors of its constructive or illusory sides", *Journal of Clinical Psychology*, 64, p. 245.

Qual è il vero sesso forte?

Holtmann M. e Laucht M. (2007), "Biologische Aspekte der Resilienz", in Opp G. e Fingerle M. (a cura di), *Was Kinder stärkt. Erziehung zwischen Risiko und Resilienz*, Ernst-Reinhardt-Verlag, Monaco.

Ittel A. e Scheithauer H. (2008), "Geschlecht als Stärke oder Risiko? Überlegungen zur geschlechterspezifischen Resilienz", in Opp G. e Fingerle M. (a cura), *Was Kinder stärkt. Erziehung zwischen Risiko und Resilienz*, Ernst-Reinhardt-Verlag, Monaco.

Test: quanto sono resiliente?
Hildenbrand B. (2012), "Resilienz, Krise und Krisenbewältigung", in Welter-Enderlin R. e Hildenbrand B. (a cura di), *Resilienz. Gedeihen trotz widriger Umstände*, Verlag Carl Auer, Heidelberg.
Leppert K., Koch B., Brähler E. e Strauß B. (2008), "Die Resilienzskala (RS) – Überprüfung der Langform RS-25 und einer Kurzform RS-13", *Klinische Diagnostik und Evaluation*, 2, pp. 226 sgg.
Schumacher J., Leppert K., Gunzelmann T., Strauß B. e Brähler E. (2005), "Die Resilienzskala: Ein Fragebogen zur Erfassung der psychischen Widerstandsfähigkeit als Personmerkmal", *Zeitschrift für Klinische Psychologie, Psychiatrie und Psychotherapie*, 53, p. 16.

3. I fatti concreti degli uomini forti: da dove arriva la forza di resistenza?

Come l'ambiente modella la vita di un essere umano
Als H., Lawhon G., Duffy F.H., McAnulty G.B., Gibes-Grossman R. e Blickman J.G. (1994), "Individualized developmental care for the very lowbirth-weight preterm infant. Medical and neurofunctional effects", *Journal of the American Medical Association*, 272, p. 853.
Borge A.I.H., Rutter M., Côté S. e Tremblay R.E. (2004), "Early childcare and physical aggression: Differentiating social selection and social causation", *Journal of Child Psychology and Psychiatry*, 45, p. 367.
Brennan P.A., Raine A., Schulsinger F., Kirkegaard-Sorensen L., Knop J., Hutchings B., Rosenberg R. e Mednick S.A. (1997), "Psychophysiological protective factors for male subjects at high risk for criminal behavior", *American Journal of Psychiatry*, 154, p. 853.

Harlow H.F. (1959), "Love in infant monkeys", *Scientific American*, 200, p. 68.

Harlow H.F., Dodsworth R.O. e Harlow M.K. (1965), "Total social isolation in monkeys", *Proceedings of the National Academy of Sciences of the USA*, 54, p. 91.

Laucht M., Esser G. e Schmidt M.H. (2001), "Differential development of infants at risk for psychopathology: The moderating role of early maternal responsivity", *Developmental Medicine and Child Neurology*, 43, p. 292.

Nelson C.A. 3rd, Zeanah C.H., Fox N.A., Marshall P.J., Smyke A.T. e Guthrie D. (2007), "Cognitive recovery in socially deprived young children: the Bucharest early intervention project", *Science*, 318, p. 1937.

Raine A., Venables P.H. e Williams M. (1995), "High autonomic arousal and electrodermal orienting at age 15 years as protective factors against criminal behavior at age 29 years", *American Journal of Psychiatry*, 152, p. 1595.

Raine A, Liu J., Venables P.H., Mednick S.A. e Dalais C. (2010), Cohort profile: the Mauritius child health project", *International Journal of Epidemiology*, 39, p. 1441.

Shirtcliff E.A., Coe C.L. e Pollak S.D. (2009), "Early childhood stress is associated with elevated antibody levels to herpes simplex virus type 1", *Proceedings of the National Academy of Sciences of the USA*, 106, p. 2963.

Che cosa succede nel cervello (neurobiologia)

Canli T. e Lesch K.P. (2007), "Long story short: The serotonin transporter in emotion regulation and social cognition", *Nature Neuroscience*, 10, p. 1103.

Davidson R.J. e Fox N.A. (1982), "Asymmetrical brain activity discriminates between positive and negative affective stimuli in human infants", *Science*, 218, p. 1235.

Gilbertson M.W., Shenton M.E., Ciszewski A., Kasai K., Lasko N.B., Orr S.P. e Pitman R.K. (2002), "Smaller hippocampal volume predicts pathologic vulnerability to psychological trauma", *Nature Neuroscience*, 5, p. 1242.

Von dem Hagen E.A.H., Passamonti L., Nutland S., Sambrook J. e Caldera A.J. (2011), "The serotonin transporter gene polymorphism and the effect of baseline on amygdala response to emotional faces", *Neuropsychologia*, 49, p. 674.

Heim C., Newport D.J., Heit S., Graham Y.P., Wilcox M., Bonsall R., Miller A.H. e Nemeroff C.B. (2000), "Pituitary-adrenal and autonomic responses to stress in women after sexual and physical abuse in childhood", *Journal of the American Medical Association*, 284, p. 592.

Helmeke C., Poeggel G. e Braun K. (2001), "Differential emotional experience induces elevated spine densities on basal dendrites of pyramidal neurons in the anterior cingulate cortex of Octodon degus", *Neuroscience*, 104, p. 927.

Meaney M.J. (2001), "Maternal care, gene expression, and the transmission of individual differences in stress reactivity across generations", *Annual Review of Neuroscience*, 24, p. 1161.

Murmu M.S., Salomon S., Biala Y., Weinstock M., Braun K. e Bock J. (2006), "Changes of spine density and dendritic complexity in the prefrontal cortex in offspring of mothers exposed to stress during pregnancy", *European Journal of Neuroscience*, 24, p. 1477.

Shakespeare-Finch J.E., Smith S.G., Gow K.M., Embleton G. e Baird L. (2003), "The prevalence of post-traumatic growth in emergency ambulance personnel", *Traumatology*, 9, p. 58.

Che cosa trasmette a una persona l'eredità (genetica)

Bakermans-Kranenburg M.J., van IJzendoorn M.H., Pijlman F.T., Mesman J. e Juffer F. (2008), "Experimental evidence for differential susceptibility: Dopamine D4 receptor polymorphism (DRD4 VNTR) moderates intervention effects on toddlers' externalizing behavior in a randomized controlled trial", *Developmental Psychology*, 44, p. 293.

Belsky J., Bakermans-Kranenburg M.J. e van IJzendoorn M.H. (2007), "For better and for worse: Differential susceptibility to environmental influences", *Current Directions in Psychological Science*, 16, p. 300.

Bouchard T.J. e McGue M. (2003), "Genetic and environmental influences on human psychological differences", *Journal of Neurobiology*, 54, p. 4.

Canli T., Qiu M., Omura K., Congdon E., Haas B.W., Amin Z., Herrmann M.J., Constable R.T. e Lesch K.P. (2006), "Neural correlates of epigenesist", *Proceedings of the National Academy of Sciences of the USA*, 103, p. 16 033.

Caspi A., McClay J., Moffitt T.E., Mill J., Martin J., Craig I.W., Taylor A. e Poulton R. (2002), "Role of genotype in the cycle of violence in maltreated children", *Science*, 297, p. 851.

Caspi A., Sugden K., Moffitt T.E., Taylor A., Craig I.W., Harrington H., McClay J., Mill J., Martin J., Braithwaite A. e Poulton R. (2003), "Influence of life stress on depression: Moderation by a polymorphism in the 5-htt gene", *Science*, 301, p. 386.

Karg K., Burmeister M., Shedden K. e Sen S. (2011), "The serotonin transporter promoter variant (5-httlpr), stress, and depression meta-analysis revisited: Evidence of genetic moderation", *Archives of General Psychiatry*, 68, p. 444.

Kendler K.S., Kuhn J.W., Vittum J., Prescott C.A. e Riley B. (2005), "The interaction of stressful life events and a serotonin transporter polymorphism in the prediction of episodes of major depression: a replication", *Archives of General Psychiatry*, 62, p. 529.

Kilpatrick D.G., Koenen K.C., Ruggiero K.J., Acierno R., Galea S., Resnick H.S., Roitzsch J., Boyle J. e Gelernter J. (2007), "The serotonin transporter genotype and social support and moderation of post-traumatic stress disorder and depression in hurricane-exposed adults", *American Journal of Psychiatry*, 164, p. 1693.

Koenen K.C., Aiello A.E., Bakshis E., Amstadter A.B., Ruggiero K.J., Acierno R., Kilpatrick D.G., Gelernter J. e Galea S. (2009), "Modification of the association between serotonin transporter genotype and risk of post-traumatic stress disorder in adults by county-level social environment", *American Journal of Epidemiology*, 169, p. 704.

Lesch K.-P., Bengel D., Heils A., Sabol S.Z., Greenber B.D., Petri S., Benjamin J., Muller C.R., Hamer D.H. e Murphy D.L. (1996), "Association of anxietyrelated traits with a polymorphism in the serotonin transporter gene regulatory region", *Science*, 274, p. 1527.

Mueller A., Armbruster D., Moser D.A., Canli T., Lesch K.P., Brocke B. e Kirschbaum C. (2011), "Interaction of serotonin transporter gene-linked polymorphic region and stressful life events predicts cortisol stress response", *Neuropsychopharmacology*, 36, p. 1332.

Murgatroyd C., Patchev A., Wu Y., Micale , Bockmühl Y., Fischer D., Holsboer F., Wotjak C.T., Almeida O.F. e Spengler D.

(2009), "Dynamic DNA methylation programs persistent adverse effects of early-life stress", *Nature Neuroscience*, 12, p. 1559.

Obradovic J., Bush N.R., Stamperdahl J., Adler N.E. e Boyce W.T. (2010), "Biological sensitivity to context: the interactive effects of stress reactivity and family adversity on socio-emotional behavior and school readiness", *Child Development*, 81, p. 270.

Radtke K.M., Ruf M., Gunter H.M., Dohrmann K., Schauer M., Meyer A. e Elbert T. (2011), "Transgenerational impact of intimate partner violence on methylation in the promoter of the glucocorticoid receptor", *Translational Psychiatry*, 1, p. e21.

Rutter M. (2002), "Nature, nurture, and development: From evangelism through science toward policy and practice", *Child Development*, 73, p. 1.

Rytina S. e Marschall J. (2010), "Gegen Stress geimpft", Gehirn und Geist, 3, p. 51.

Come i genitori tramandano senza volerlo le loro esperienze (epigenetica)

Barrès R., Yan J., Egan B., Treebak J.T., Rasmussen M., Fritz T., Caidahl K., Krook A., O'Gorman D.J. e Zierath J.R. (2012), "Acute exercise remodels promoter methylation in human skeletal muscle", *Cell Metabolism*, 15, p. 405.

Caldji C., Hellstrom I.C., Zhang T.-Y., Diorio J. e Meaney M. (2011), "Environmental regulation of the neural epigenome", FEBS *Letters*, 585, p. 2049.

Caspi A., Williams B., Kim-Cohen J., Craig I.W., Milne B.J., Poulton R., Schalkwyk L.C., Taylor A., Werts H. e Moffitt T.E. (2007), "Moderation of breastfeeding effects on the IQ by genetic variation in fatty acid metabolism", *Proceedings of the National Academy of Sciences of the USA*, 104, p. 18.860.

Fraga M.F., Ballestar E., Paz M.F., Ropero S., Setien F., Ballestar M.L., Heine-Suñer D., Cigudosa J.C., Urioste M., Benitez J., Boix-Chornet M., Sanchez-Aguilera A., Ling C., Carlsson E., Poulsen P., Vaag A., Stephan Z., Spector T.D., Wu Y.Z., Plass C. ed Esteller M. (2005), "Epigenetic differences arise during the lifetime of monozygotic twins", *Proceedings of the National Academy of Sciences of the USA*, 26, p. 10604.

Gordon L., Joo J.E., Powell J.E., Ollikainen M., Novakovic B., Li X., Andronikos R., Cruickshank M.N., Conneely K.N., Smith A.K., Alisch R.S., Morley R., Visscher P.M., Craig J.M. e Saffery R. (2012), "Neonatal DNA methylation profile in human twins is specified by a complex interplay between intrauterine environmental and genetic factors, subject to tissue-specific influence", *Genome Research*, 22, p. 1395.

Kim-Cohen J. e Gold A.L. (2009), "Measured gene-environment interactions and mechanisms promoting resilient development", *Current Directions in Psychological Science*, 18, p. 138.

Kim-Cohen J., Moffitt T.E., Caspi A. e Taylor A. (2004), "Genetic and environmental processes in young children's resilience and vulnerability to socioeconomic deprivation", *Child Development*, 75, p. 651.

Klengel T., Mehta D., Anacker C., Rex-Haffner M., Pruessner J.C., Pariante C.M., Pace T.W., Mercer K.B., Mayberg H.S., Bradley B., Nemeroff C.B., Holsboer F., Heim C.M., Ressler K.J., Rein T. e Binder E.B. (2013), "Allele-specific FKBP5 DANN demethylation mediates gene-childhood trauma interactions", *Nature Neuroscience*, 16, p. 33.

Koenen K.C., Uddin M., Chang S.C., Aiello A.E., Wildman D.E., Goldmann E. e Galea S. (2011), "SLC6A4 methylation modifies the effect of the number of traumatic events on risk for post-traumatic stress disorder", *Depression and Anxiety*, 28, p. 639.

Labonté B., Suderman M., Maussion G., Navaro L., Yerko , Mahar I., Bureau A., Mechawar N., Szyf M., Meaney M.J. e Turecki G. (2012), "Genomewide epigenetic regulation by early-life trauma", *Archives of General Psychiatry*, 69, p. 722.

McGowan P.O., Sasaki A., D'Alessio A.C., Dymov S., Labonté B., Szyf M., Turecki G. e Meaney M.J. (2009), "Epigenetic regulation of the glucocorticoid receptor in human brain associates with childhood abuse", *Nature Neuroscience*, 12, p. 342.

Nestler E.J. (2012), "Stress makes its molecular mark", *Nature*, 490, p. 171.

Phillips A.C., Roseboom T.J., Carroll D. e de Rooij S.R. (2012), "Cardiovascular and cortisol reactions to acute psychological stress and adiposity: cross-sectional and prospective associations in the Dutch famine birth cohort study", *Psychosomatic Medicine*, 74, p. 699.

Rehan K., Liu J., Naeem E., Tian J., Sakurai R., Kwong K., Akbari O. e Torday J.S. (2012), "Perinatal nicotine exposure induces asthma in second generation offspring", BMC *Medicine*, 10, p. 129.

Roseboom T.J., van der Meulen J.H., Ravelli A.C., Osmond C., Barker D.J. e Bleker O.P. (2001), "Effects of prenatal exposure to the Dutch famine on adult disease in later life: An overview", *Molecular and Cellular Endocrinology*, 185, p. 93.

Spork P. (2010), *Der zweite Code: Epigenetik oder: Wie wir unser Erbgut steuern können*, Rowohlt-Verlag, Reinbek.

Spork P. (2012), "Schutz aus dem Erbgut", *Süddeutsche Zeitung*, 3 dicembre.

Sun H., Kennedy P.J. e Nestler E.J. (2013), "Epigenetics of the depressed brain: Role of histone acetylation and methylation", *Neuropsychopharmacology*, 38, p. 124.

Weaver I.C., Cervoni N., Champagne F.A., D'Alessio A.C., Sharma S., Seckl J.R., Dymov S., Szyf M. e Meaney M.J. (2004), "Epigenetic programming by maternal behavior", *Nature Neuroscience*, 7, p. 847.

Yehuda R., Bell A., Bierer L.M. e Schmeidler J. (2008), "Maternal, not paternal, PTSD is related to increased risk for PTSD in offspring of Holocaust survivors", *Journal of Psychiatric Research*, 42, p. 1104.

4. Come si rendono forti i bambini

"Non bisogna tenere i figli nella bambagia"

Kim-Cohen J. e Turkewitz R. (2012), "Resilience and measured gene-environment Interactions", *Development und Psychopathology*, 24, p. 1297.

Il principio della resilienza entra nei programmi formativi degli asili

Beelmann A., Jaursch S. e Lösel F. (2004), "Ich kann Probleme lösen: Soziales Trainingsprogramm für Vorschulkinder", Universität Erlangen-Nürnberg: Institut für Psychologie.

Göppel R. (2007), *Lehrer, Schüler und Konflikte*, Verlag Julius Klinkhardt, Bad Heilbrunn.

Kormann G. (2007), "Resilienz – Was Kinder stärkt und in ihrer Entwicklung unterstützt", in Plieninger M. e Schumacher E. (a cura di), "Auf den Anfang kommt es an – Bildung und Erziehung im Kindergarten und im Übergang zur Grundschule", *Gmünder Hochschulreihe*, n. 27, p. 37.

Lösel F. e Bender D., "Von generellen Schutzfaktoren zu spezifischen protektiven Prozessen: Konzeptuelle Grundlagen und Ergebnisse der Resilienzforschung", in Opp G. e Fingerle M. (a cura di) (2007), *Was Kinder stärkt. Erziehung zwischen Risiko und Resilienz*, Ernst-Reinhardt-Verlag, Monaco.

Lösel F., Beelmann A., Stemmler M. e Jaursch S. (2006), "Prävention von Problemen des Sozialverhaltens im Vorschulalter: Evaluation des Eltern-und Kindertrainings EFFEKT", *Zeitschrift für Klinische Psychologie und Psychotherapie*, 35, p. 127.

Lösel F., Hacker S., Jaursch S., Runkel D., Stemmler M. ed Eichmann A. (2006), *Training im Problemlösen (TIP). Sozial-kognitives Kompetenztraining für Grundschulkinder*, Universität Erlangen-Nürnberg, Institut für Psychologie.

Mayr T. e Ulich M. (2006), "Basiskompetenzen von Kindern begleiten und unterstützen – der Beobachtungsbogen Perik", *Kindergarten heute*, 6-7, p. 26.

Opp G. e Fingerle M. (a cura di) (2007), *Was Kinder stärkt. Erziehung zwischen Risiko und Resilienz*, Ernst-Reinhardt-Verlag, Monaco.

Opp G. e Teichmann J. (a cura di) (2008), *Positive Peerkultur: Best Practices in Deutschland*, Verlag Julius Klinkhardt, Bad Heilbrunn.

Schick A. e Cierpka M. (2010), "Förderung sozial-emotionaler Kompetenzen mit Faustlos: Konzeption und Evaluation der Faustlos-Curricula", *Bildung und Erziehung*, 63, p. 277.

Quanto un bambino ha bisogno della madre?

Adi-Japha E. e Klein P.S. (2009), "Relations between parenting quality and cognitive performance of children experiencing varying amounts of childcare", *Child Development*, 80, p. 893.

Ahnert L. (2010), *Wieviel Mutter braucht ein Kind? Bindung – Bildung – Betreuung*, Spektrum Akademischer Verlag, Heidelberg.

Ahnert L., Rickert H. e Lamb M.E. (2000), "Shared caregiving: Comparison between home and child care", *Developmental Psychology*, 36, p. 339.

Berndt C. (2008), "Der gebildete Säugling. Nie wieder lernen Menschen so viel wie in den ersten Jahren ihres Lebens. Kinder früh zu fördern, bringt der Gesellschaft mehr Gewinn als jede Eliteuniversität", *sz Wissen*, 10 maggio.

Bredow R. (2010), "Mütter, entspannt euch! Die Entwicklungspsychologin Lieselotte Ahnert über emotionale Bedürfnisse von Kleinkindern, Anforderungen an die Eltern und die Fremdbetreuung bei Naturvölkern", *Der Spiegel*, 8 marzo.

Campbell F.A., Ramey C.T., Pungello E.P., Sparling J. e Miller-Johnson S. (2002), "Early childhood education: young adult outcomes from the Abecedarian project", *Applied Developmental Science*, 6, p. 42.

Fritschi T. e Oesch T. (2008), *Volkswirtschaftlicher Nutzen von frühkindlicher Bildung in Deutschland. Eine ökonomische Bewertung langfristiger Bildungseffekte bei Krippenkindern*, Bertelsmann Stiftung, Bielefeld.

Heckman J., Moon S.H., Pinto R., Savelyev P. e Yavitz A. (2010), "Analyzing social experiments as implemented: a reexamination of the evidence from the HighScope Perry Preschool Program", Forschungsinstitut zur Zukunft der Arbeit (iza), DP n. 5095.

Huston A.C. e Rosenkrantz A.S. (2005), "Mothers' time with infant and time in employment as predictors of motherchild relationships and children's early development", *Child Development*, 76, p. 467.

Jaursch S. e Lösel F. (2011), "Mütterliche Berufstätigkeit und kindliches Sozialverhalten", *Kindheit und Entwicklung*, 20, p. 164.

Lucas-Thompson R.G., Goldberg W.A. e Prause J.A. (2010), "Maternal work early in the lives of children and its distal associations with achievement and behavior problems: A metaanalysis", *Psychological Bulletin*, 136, p. 915.

nichd Early Child Care Research Network (1997), "The effects of infant child care on infant-mother attachment security: Results of the nichd study of early child care", *Child Development*, 68, p. 860.

nichd Early Child Care Research Network (2000), "The relation of child care to cognitive and language development", *Child Development*, 71, p. 960.

NICHD Early Child Care Research Network (2001), "Nonmaternal care and family factors in early development: An overview of the NICHD Study of Early Child Care", *Applied Developmental Psychology*, 22, p. 457.

NICHD Early Child Care Research Network (2003), "Does amount of time spent in child care predict socioemotional adjustment during the transition to kindergarten?", *Child Development*, 74, p. 976.

NICHD Early Child Care Research Network (2005), "Duration and developmental timing of poverty and children's cognitive and social development from birth through third grade", *Child Development*, 76, p. 795.

Ramey C.T., Campbell F.A., Burchinal M., Skinner M.L., Gardner D.M. e Ramey S.L. (2000), "Persistent effects of early intervention on high-risk children and their mothers", *Applied Developmental Science*, 4, p. 2.

Scherl H. (2007), "Für viele Kinder wäre es ein Segen, wenn sie betreut würden", *Die Zeit*, 14 giugno.

Scheuer J. e Dittmann A. (2007), "Berufstätigkeit von Müttern bleibt kontrovers. Einstellungen zur Vereinbarkeit von Beruf und Familie in Deutschland und Europa", *Informationsdienst Soziale Indikatoren*, 38, p. 1.

5. Insegnamenti per la vita di tutti i giorni

Cambiare si può

Costa P.T. e McCrae R.R. (2006), "Age changes in personality and their origins: comment on Roberts, Walton, and Viechtbauer", *Psychological Bulletin*, 132, p. 26.

Draganski B., Gaser C., Kempermann G., Kuhn H.G., Winkler J., Büchel C. e May A. (2006), "Temporal and spatial dynamics of brain structure changes during extensive learning", *The Journal of Neuroscience*, 26, p. 6314.

Rakic P. (2002), "Neurogenesis in adult primate neocortex: An evaluation of the evidence", *Nature Reviews Neuroscience*, 3, p. 65.

Ramsden S., Richardson F.M., Josse G., Thomas M.S., Ellis C., Shakeshaft C., Seghier M.L. e Price C.J. (2011), "Verbal and non-verbal intelligence changes in the teenage brain", *Nature*, 479, p. 113.

Roberts B.W. e DelVecchio W.F. (2000), "The rank-order consistency of personality traits from childhood to old age: A quantitative review of longitudinal studies", *Psychological Bulletin*, 126, p. 3.

Srivastava S., John O.P., Gosling S.D. e Potter J. (2003), "Development of personality in early and middle adulthood: Set like plaster or persistent change?", *Journal of Personality and Social Psychology*, 84, p. 1041.

Le cinque dimensioni della personalità

Borkenau P. e Ostendorf F. (2008), NEO-*Fünf-Faktoren-Inventar nach Costa und McCrae (NEO-FFI)*, Verlag Hogrefe, Göttingen, seconda edizione.

Costa P.T. e McCrae R.R. (1992), *Revised NEO Personality Inventory (NEO-PI-R) and NEO Five-Factor Inventory (NEO-FFI) manual*, Psychological Assessment Resources, Odessa (Florida).

La resilienza si sviluppa per lo più presto: come si può farla crescere anche da adulti

American Psychological Association (2002), *The Road to Resilience*, in: http://www.apa.org/helpcenter/road-resilience. aspx. Questo materiale è stato pubblicato inizialmente come *Ten Ways to build resilience* e *Staying flexible*, Copyright © 2002 by the American Psychological Association. Tradotto e adattato per concessione. La American Psychological Association non è responsabile dell'accuratezza della traduzione. Questa traduzione non può essere riprodotta o ulteriormente distribuita senza autorizzazione scritta dell'APA.

Asendorpf J.B. e van Aken M.A. (1999), "Resilient, overcontrolled, and undercontrolled personality prototypes in childhood: Replicability, predictive power, and the trait-type issue", *Journal of Personality and Social Psychology*, 77, p. 815.

Bonanno G.A., Mancini A.D., Horton J.L., Powell T.M., Leardmann C.A., Boyko E.J., Wells T.S., Hooper T.I., Gackstetter G.D. e Smith T.C. (2012), "Trajectories of trauma symptoms and resilience in deployed U. S. military service members: prospective cohort study", *British Journal of Psychiatry*, 200, p. 317.

Challen A., Noden P., West A. e Machin S. (2009), *uk Resilience Programme Evaluation Interim Report*, Department for Children, Schools and Families Research Report (DCSF-RR) n. 094.

Cornum R., Matthews M.D. e Seligman M.E. (2011), "Comprehensive soldier fitness: building resilience in a challenging institutional context", *The American Psychologist*, 66, p. 4.

Eidelson R. e Soldz S. (2012), *Does comprehensive soldier fitness work? csf research fails the test*, Coalition for an Ethical Psychology, working paper, n. 1, maggio 2012.

Eidelson R., Pilisuk M. e Soldz S. (2011), "The dark side of comprehensive soldier fitness", *American Psychologist*, 66, p. 643.

Gander F., Proyer R.T., Ruch W. e Wyss T. (2012), "Strength-based positive interventions: Further evidence on their potential for enhancing wellbeing and alleviating depression", *Journal of Happiness Studies*, DOI 10.1007/s10902-012-9380-0.

Gillham J.E., Jaycox L.H., Reivich K.J., Seligman M.E.P. e Silver T. (1990), *The Penn Resiliency Program*, manoscritto non pubblicato, University of Pennsylvania, Philadelphia.

Gillham J.E., Reivich K.J., Brunwasser S.M., Freres D.R., Chajon N.D., Kash-Macdonald M., Chaplin T.M., Abenavoli R.M., Matlin S.L., Gallop R.J. e Seligman M.E. (2012), "Evaluation of a group cognitive-behavioral depression prevention program for young adolescents: a randomized effectiveness trial", *Journal of Clinical Child and Adolescent Psychology*, 41, p. 621.

Gillham J.E., Reivich K.J., Freres D.R., Chaplin T.M., Shatté A.J., Samuels B., Elkon A.G., Litzinger S., Lascher M., Gallop R. e Seligman M.E. (2007), "School-based prevention of depressive symptoms: A randomized controlled study of the effectiveness and specificity of the Penn Resiliency Program", *Journal of Consulting and Clinical Psychology*, 75, p. 9.

Hiroto D.S. e Seligman M.E.P. (1975), "Generality of learned helplessness in man", *Journal of Personality and Social Psychology*, 31, p. 311.

Lester P.B., Harms P.D., Herian M.N., Krasikova D., Beal S.J. (2011), *The Comprehensive soldier fitness program evaluation, Report #3: Longitudinal analysis of the impact of master resilience,*

Training on Self-Reported Resilience and Psychological Health Data.

McNally R.J. (2012), "Are we winning the war against post-traumatic stress disorder?", *Science*, 336, p. 872.

Proyer R.T., Ruch W. e Buschor C. (2012), "Testing strengths-based interventions: A preliminary study on the effectiveness of a program targeting curiosity, gratitude, hope, humor, and zest for enhancing life satisfaction", *Journal of Happiness Studies* DOI 10.1007/s10902-012-9331-9.

Reivich K.J., Seligman M.E.P. e McBride S. (2011), "Master resilience training in the U.S. Army", *American Psychologist*, 66, p. 25.

Rendon J. (2012), "Post-traumatic stress's surprisingly positive flip side", *New York Times*, 22 marzo.

Ruch W. e Proyer R.T. (2011), "Positive Interventionen: Stärkenorientierte Ansätze", in Frank R (a cura di), *Therapieziel Wohlbefinden*, Springer-Verlag, Berlino/Heidelberg, II ed.

Seligman M.E. (2012), *A visionary new understanding of happines and well-being*, Free Press, New York.

Seligman M.E., Steen T.A., Park N. e Peterson C. (2005), "Positive psychology progress: empirical validation of interventions", *American Psychologist*, 60, p. 410.

Vaccinati contro lo stress

Gunnar M.R., Frenn K., Wewerka S.S. e van Ryzin M.J. (2009), "Moderate versus severe early life stress: Associations with stress reactivity and regulation in 10-12 year-old children", *Psychoneuroendocrinology*, 34, p. 62.

Leppert K. e Strauß B. (2011), "Die Rolle von Resilienz für die Bewältigung von Belastungen im Kontext von Alters-übergängen", *Zeitschrift für Gerontologie und Geriatrie*, 44, p. 313.

Leppert K., Gunzelmann T., Schumacher J., Strauß B. e Brähler E. (2005), "Resilienz als protektives Persönlichkeitsmerkmal im Alter", *Psychotherapie, Psychosomatik, Medizinische Psychologie*, 55, p. 365.

Mortimer J. e Staff J. (2004), "Early work as a source of developmental discontinuity during the transition to adulthood", *Development and Psychopathology*, 16, p. 1047.

Parker K.J., Buckmaster C.L., Schatzberg A.F. e Lyons D.M. (2004), "Prospective investigation of stress inoculation in young monkeys", *Archives of General Psychiatry*, 61, p. 933.

Richter D. e Kunzmann U. (2011), "Age differences in three facets of empathy: Performance-based evidence", *Psychology and Aging*, 26, p. 60.

Seery M.D., Holman E.A. e Silver R.C. (2010), "Whatever does not kill us: cumulative lifetime adversity, vulnerability, and resilience", *Journal of Personality and Social Psychology*, 99, p. 1025.

Staudinger U.M. e Baltes P.B. (1996), "Weisheit als Gegenstand psychologischer Forschung", *Psychologische Rundschau*, 47, p. 1.

Staudinger U.M. e Greve W. (2007), "Resilienz im Alter aus der Sicht der Lebensspannen-Psychologie", in Opp G. e Fingerle M. (a cura di), *Was Kinder stärkt. Erziehung zwischen Risiko und Resilienz*, Ernst-Reinhardt-Verlag, Monaco.

Weiss A., King J.E., Inoue-Murayama M., Matsuzawa T. e Oswald A.J. (2012), "Evidence for a midlife crisis in great apes consistent with the u-shape in human well-being", *Proceedings of the National Academy of Sciences of the* usa, 109, p. 19.949.

Come si conserva la forza

American Psychological Association, *Road to resilience, staying flexible, Internet Psychology Help Center*: http://www.apa.org/helpcenter/roadresilience.aspx.

Hepp U. (2012), "Trauma und Resilienz – Nicht jedes Trauma traumatisiert", in Welter-Enderlin R. e Hildenbrand B. (a cura di) (2012), *Resilienz – Gedeihen trotz widriger Umstände*, Verlag Carl Auer, Heidelberg.

Schnyder U., Moergeli H., Klaghofer R., Sensky T. e Buchi S. (2003), "Does patient cognition predict time off from work after life-threatening accidents?", *American Journal of Psychiatry*, 160, p. 2025.

"Sono così stressato!" Il nostro contributo alla nostra vulnerabilità

Kaluza G. (2011), *Stressbewältigung: Trainingsmanual zur psychologischen Gesundheitsförderung*, Springer-Verlag, Heidelberg, seconda edizione.

Kaluza G. (2012), *Gelassen und sicher im Stress: Das Stresskompetenzbuch. Stress erkennen, verstehen, bewältigen*, Springer-Verlag, Heidelberg, quarta edizione riveduta.

Che cos'è veramente stressante?
Holmes T.H. e Rahe R.H. (1967), "The social readjustment rating scale", *Journal of Psychosomatic Research*, 11, p. 213.

Piccolo allenamento dell'attenzione
Kabat-Zinn J. (2008), *Vivere momento per momento*, Corbaccio, Milano.

Introduzione all'arte di staccare
Merton R.K. (1949), *Social theory and social structure*, Free Press Publisher, New York.
Pascal B. (2004), *Pensieri*, Rizzoli BUR, Milano.
Schneider M. (2006), *Teflon, Post-it und Viagra. Große Entdeckungen durch kleine Zufälle*, Verlag Wiley-VCH, Weinheim.
Schwenke P. (2008), "Niemand ist frei: Ein Gespräch mit dem Gehirnforscher Gerhard Roth über schwierige Entscheidungen, den freien Willen und warum Menschen ihr Verhalten nur schwer ändern können", *Zeit Campus*, 11 aprile.
Sonnentag S. (2012), "Psychological detachment from work during leisure time: the benefits of mentally disengaging from work", *Current Directions in Psychological Science*, 21, p. 114.
Stickgold R., Scott L., Rittenhouse C. e Hobson J.A. (1999), "Sleep-induced changes in associative memory", *Journal of Cognitive Neuroscience*, 11, p. 182.

5-HTT O SERT 5 Hydroxytryptamine Transporter. Il gene 5-HTT è il trasportatore della serotonina, un neurotrasmettitore che regola moltissimi processi tra cui l'umore, il sonno e l'appetito.

ADHS Attention-Deficit/Hyperactivity Disorder. La sindrome da deficit di concentrazione/disturbo da iperattività (ADHS) si manifesta attraverso una ridotta capacità di concentrazione, iperattività e impulsività.

ALS2 Amyotrophic Lateral Sclerosis 2. Sclerosi laterale amiotrofica: patologia neurodegenerativa (in sigla SLA) caratterizzata da progressiva paralisi muscolare, che riflette la degenerazione dei motoneuroni a livello della corteccia cerebrale, del tronco encefalico e del midollo spinale.

APA American Psychological Association.

BNDF Brain-Derived Neurotrophic Factor. Il fattore neurotrofico cerebrale è una neurotrofina. Agisce su determinati neuroni del sistema nervoso centrale e del sistema nervoso periferico. Il BDNF ha un ruolo importante per la memoria a lungo termine.

CHRM2 Cholinergic Receptor, muscarinic 2. Il recettore muscarinico è un recettore transmembrana che appartiene alla grande famiglia dei recettori accoppiati alle proteine G. Varianti del gene per il recettore sembrano importanti per la memoria. In molti casi di disturbi neuropsichiatrici si verifica una mancanza di CHRM2. Inoltre varianti del gene in famiglie difficili sembra aumentino il rischio di aggressività, violazione delle norme e alcolismo.

CRHR-1 Corticotropin-releasing Hormone Receptor-1. Ormone di rilascio della corticotropina. È un ormone polipeptidico ipotalamico, nonché un neurotrasmettitore, coinvolto nella risposta agli stress.

CRP C-reactive Protein. Proteina C-reattiva. È una proteina rilevabile nel sangue prodotta dal fegato e facente parte delle cosiddette proteine di fase acuta, un gruppo di proteine sintetizzate durante uno stato infiammatorio.

CSF Comprehensive Soldier Fitness, programma di formazione dell'esercito degli Stati Uniti.

DGPPN Deutsche Gesellschaft für Psychiatrie und Psychotherapie, Psychosomatik und Nervenheilkunde. Società tedesca di psichiatria e psicoterapia, psicosomatica e neurologia.

DNA L'acido desossiribonucleico è un acido nucleico che contiene le informazioni genetiche necessarie alla sintesi di RNA e proteine, molecole indispensabili per lo sviluppo e il corretto funzionamento della maggior parte degli organismi viventi.

DRD4 Dopamine receptor D4. Recettore della dopamina D4 nel cervello sembra favorire la curiosità. Varianti sembrano favorire la sindrome AHDS.

EFFEKT Entwicklungsförderung in Familien: Eltern und Kindertraining. Programma sviluppato dall'Università di Erlangen-Norimberga per favorire lo sviluppo della resilienza nelle famiglie.

FK506 Chiamato anche Tacrolimus, è un farmaco immunosoppressore utilizzato soprattutto nei trapianti d'organo per ridurre l'attività del sistema immunitario del paziente e di conseguenza il rischio di rigetto.

FKBP5 FK506 Binding Protein 5, in quanto recettore dello FK506 ha un ruolo nella regolazione del sistema immunitario.

FMRI Functional magnetic resonance. Risonanza magnetica funzionale. La FMRI è una tecnica che utilizza le proprietà magnetiche dei nuclei atomici. Permette di mappare quali aree cerebrali si attivano durante l'esecuzione di un determinato compito, come parlare, muovere una mano e via dicendo.

ICD-10 International Classification of Diseases. La ICD-10 è la decima revisione della classificazione ICD, la classificazione internazionale delle malattie e dei problemi correlati, proposta dall'OMS.

IKPL Ich kann Probleme lösen, letteralmente "Posso risolvere i problemi", addestramento alla forza per i bambini degli asili, sviluppato dall'Istituto di psicologia dell'Università di Erlangen-Norimberga.

MAO-A Monoamine Oxidase A. Le ammino ossidasi o monoammino ossidasi (MAO) sono enzimi che contribuiscono allo smantellamento della serotonina nel cervello.

NEO-FFI NEO Five-Factor Inventory. La teoria dei big five di McCrae e Costa è spesso utilizzata per la valutazione della personalità nei contesti organizzativi. Lo strumento di misurazione validato da Costa e McCrae è il NEO-PI, nel quale i big five sono chiamati Estroversione, Gradevolezza, Coscienziosità, Nevroticismo, Apertura all'esperienza.

NICHD National Institute of Child Health and Development.

OMS Organizzazione mondiale della sanità.

PERIK Positive Entwicklung und Resilienz im Kindergartenalter (Sviluppo positivo e resilienza in età prescolare). Questionario sviluppato dall'Istituto statale per la pedagogia della prima infanzia a Monaco e utilizzato negli asili della Baviera.

PTSD Post-traumatic Stress Disorder, disturbo da stress post-traumatico.

PTG Posttraumatic Growth, crescita post-traumatica.

QI Quoziente d'intelligenza.

TIP Training im Problemlösen (formazione nel problem solving), programma sviluppato dall'Istituto di psicologia dell'Università di Erlangen-Norimberga.

WTCHP World Trade Center Health Program.